MANESSE BIBLIOTHEK DER WELTGESCHICHTE

MARGARETHA VON VALOIS
IM ALTER VON ETWA 30 JAHREN
GEMÄLDE VON UNBEKANNTER HAND
(MUSÉE DE BLOIS)

Geschichte der Margaretha von Valois

Gemahlin Heinrichs IV.
Von ihr selbst beschrieben

Nebst Zusätzen und Ergänzungen
aus andern französischen Quellen

Übersetzt von Dorothea Schlegel
Zusammengestellt und mit einer Vorrede versehen
von Friedrich Schlegel

Herausgegeben und mit einem Nachwort versehen
von Michael Andermatt

MANESSE VERLAG
ZÜRICH

INHALT

Vorrede

von Friedrich Schlegel

Die Zeit, in welche uns diese Memoiren versetzen, ist keine sehr entfernte, aber doch ist sie bei weitem nicht so bekannt, als sie es zu sein verdiente. Denn es enthält jene durch den Namen der Bluthochzeit so furchtbar ausgezeichnete und verworrne, ihrem Zusammenhange und innern Triebfedern nach schwer zu ergründende Epoche in mehr als einer Rücksicht den Keim und die Erklärung sogar der neuesten Begebenheiten.

Wer sich diese deutlich zu machen strebt, dessen Nachdenken wird natürlich auf den Charakter der französischen Nation geleitet. Ein Bedürfnis, welches durch die sogenannte, alles nur auf den gegenwärtigen Zweck und Zustand beziehende Staatengeschichte gar nicht befriedigt werden kann; mehr durch die Memoiren, besonders die älteren, wiewohl auch hier eigne Benutzung und Beurteilung erfordert wird. Über den Nationalcharakter aber, dessen interessanteste Entwicklungsepoche die gegenwärtigen eben dadurch merkwürdigen Memoiren betreffen, sei es erlaubt, folgende allgemeine Erinnerung voranzuschicken.

Man irrt, wenn man, wie es gewöhnlich geschieht, den Charakter der Nation so ganz als ein menschliches Naturprodukt betrachtet, das man nur eben so in seiner aus mannigfaltigen Eigenschaften unauflöslich bestehenden Einheit auffassen, in seiner allmählichen Entstehung verfolgen, aus seinem innern Zusammenhang erklären könne, wie andre nach aller Charakteristik dennoch unbegreiflich scheinende Individuen der organischen Welt. Zwar gibt es Nationen wie einzelne Menschen, deren Charakter fast gar nicht durch Absicht und Willkür modifiziert, sondern nur ein reines Produkt ihrer eigentümlichen Natur zu sein scheint. Aber nicht mit allen ist dies der Fall, und in der Geschichte keiner Nation ist die absichtliche Behandlung ihrer Sitten und ihrer Denkart so sichtbar als in der der französischen; mit keiner Nation hat man wohl je so willkürliche Veränderungen und äußerst gewagte Versuche vorgenommen als mit dieser; zuerst unter Ludwig XIV., da man ihr in der Mitte der äußersten Geschmacklosigkeit eine Bildung und Kunst andichten wollte; und dann wieder während der Revolution, da man ihr mit der äußersten Gewaltsamkeit eine Freiheit zu erschaffen suchte.

So notwendig es nun ist, bei der Geschichte einer solchen Nation die Hauptaufmerksamkeit auf die lenkenden Absichten zu wenden, und so natürlich das Interesse diese Richtung nimmt, so darf es doch auch nicht übersehen werden, daß der Naturcharakter einer Nation trotz jener absichtlichen Umbildung dennoch immer seine Rechte behauptet; und oft gerade dann, wenn die Willkür am gewaltsamsten zu Werke geht, gleichsam die innersten verborgensten Triebfedern und Eigenschaften des natürlichen Charakters hervorgetrieben und sichtbar werden.

Die Anwendung auf die Revolution gibt sich von selbst, und gewiß wird der Leser der gegenwärtigen Memoiren mehr als einmal nicht bloß an die Schrekkenszeit erinnert und zur Parallele aufgefordert werden, sondern auch manches finden, was die neuern Begebenheiten der Zeitgeschichte durch jene ältern wirklich erklärt. Und nicht bloß von dem Terrorismus und den Intrigen der Revolution, auch von der seichten und steifen Eitelkeit, welche die Zeit Ludwigs des XIV. bezeichnet, wird man überall Spuren finden.

Nicht so anziehend können diese Memoiren sein als die von der Johanna d'Arc, welche wir vor einem Jahre den Lesern vorgelegt haben, in der Überzeugung, daß die authentische Darstellung einer ebenso einzigen als herrlichen Erscheinung ohne weitre Beziehung ein allgemeines Interesse haben müsse. Ungleich belehrender aber können die Memoiren der Margaretha von Valois für denjenigen sein, der sie mit Aufmerksamkeit liest.

Die Geschichte der Johanna kann nur noch den Eindruck machen wie ein Gedicht; so ganz fremd ist sie der jetzigen Zeit, daß selbst die Möglichkeit eines solchen Enthusiasmus auf diesem Boden zweifelhaft erscheinen muß. Die Epoche aber, in welche Margaretha uns einen so tiefen Blick tun läßt, liegt unsrer Zeit näher. Die Geschichte dieses brutalen Karl IX., dieser ruchlosen Katharina von Medici, alle diese eitlen und kleinen Menschen, unter denen Heinrich IV. als ein großer Mann erscheinen konnte; diese allgemeine Verwirrung, diese offenbaren Greuel, innre Schlechtigkeit und Niedrigkeit in den engen Raum zusammengedrängt; das ist wie ein verworren-verschlungenes, aber sich selbst deutlich aussprechendes Bild, wo alle die unwürdigen Intrigen, die uns jemals hier zum Unheil und zur Eitelkeit ersonnen wurden, in einen Brennpunkt zusammentreffen, so wie auch alle die Entsetzlichkeiten, wodurch die Geschichte dieser Nation, selbst in den neuesten Zeiten noch, das Erstaunen der Beobachter erregte.

Den Verstand und Stil der Margaretha wird das Buch selbst am besten kennen lehren. Auch werden ihre Memoiren wie ihre Geschichte es deutlich machen, warum diese Königin, mit so großen Ansprüchen geboren, mit dieser ausgezeichneten Bildung und allbewunderten Schönheit, ebenso talentvoll und verführerisch wie ihre Jugendfreundin Maria

Stuart und nur auf eine andre Art auch ebenso unglücklich; warum sie mit allen diesen Vorzügen begabt, dennoch keine größere Rolle in der Geschichte gespielt hat.

AUS DER NOTIZ DER FRANZÖSISCHEN HERAUSGEBER, NEBST EINIGEN ZUSÄTZEN AUS DER LEBENSBESCHREIBUNG VON MONGEZ[1]

Margaretha von Valois ward im Jahre 1552 am 14. Mai geboren; ihr Vater, Heinrich II., hatte eben die drei Bistümer Metz, Toul und Verdun erobert. Einige französische Schriftsteller haben diese Epoche als eine der ruhmwürdigsten der französischen Monarchie angeführt; hätten sie die Kette von Übeln, welche für die Nation aus ihr entsprang, in Betracht zu ziehen gewürdigt, so möchte sich ihr Enthusiasmus wohl abgekühlt haben. Aus den Denkmälern lernen wir, daß die Vereinigung von Metz, Toul und Verdun ihren Wert hundertfach so wohl durch den Anwachs der öffentlichen Schuldenlast als durch die Verwüstung mehrerer Provinzen und durch die Ströme Bluts bezahlt wurden, die bis zum Frieden von Cateau-Cambrésis nicht zu fließen aufhörten.

Margaretha war das achte Kind Heinrichs II. mit Katharina von Medici; einen Sohn und zwei Töchter ungerechnet, die als Kinder starben, waren es der Dauphin, nachmals Franz II., Karl IX., Heinrich III., der Herzog von Anjou, der 1584 starb, Elisabeth, Gemahlin Philipps II. von Spanien, und Claudia, Gemahlin des Herzogs von Lothringen, welche dem

Hause Valois einen dauernden Besitz der Krone Frankreichs versprachen. Aber von allen diesen Nachkommen erreichte Margaretha allein das fünfzigste Jahr ihres Lebens; keiner von denen, welche die Krone Karls des Großen trugen, hinterließ rechtmäßige Erben, und das Reich fiel Heinrich IV. zu, der bei seiner Geburt siebzehn Häupter fand, die zwischen ihm und der Krone standen.

Die ersten Jahre ihres Lebens brachte Margaretha im Schloß von St. Germain-en-Laye zu, wo sie mit großer Sorgfalt erzogen ward; ihre Talente sowohl als ihre Lernbegierde entsprachen dieser sorgfältigen Erziehung. Die Königin Johanna d'Albret, Mutter Heinrichs IV., ausgenommen, gab es keine Prinzessin ihrer Zeit, die so ausgebreitete Kenntnisse besessen hätte. Mit ihr wurden zu St. Germain ihre beiden Schwestern Elisabeth und Claudia erzogen und die Königin Maria Stuart. Zwischen dem Schicksale dieser Fürstin und dem der Margaretha ist eine gewisse Ähnlichkeit, welche schon in ihrer Kindheit und in ihrer ersten Erziehung sichtbar ist. Ihre gemeinschaftliche Erzieherin war Frau von Curton, eine sehr tugendhafte verdienstvolle Frau, die bei sieben Königinnen dasselbe ehrenvolle Amt bekleidet hatte.

Ein Jahr nach Margaretha ward Heinrich von Bourbon, Prinz von Navarra, geboren. Als er vier Jahre alt war, führte ihn der König von Navarra, sein Vater, nach Amiens, wo er ihn Heinrich II. vorstellte; er war so artig und so munter, daß der König Heinrich beschloß, ihn mit dem Dauphin Franz zusammen erziehen zu lassen. Er umarmte und liebkoste ihn und fragte ihn, ob er sein Sohn sein wollte? Der kleine Prinz antwortete in seiner Béarnschen Landessprache, indem er auf den König von Navarra zeigte: «Quet es lo seigne Pay»; dieser ist mein Herr Vater! Heinrich II. fand Vergnügen an seiner Art zu sprechen und sagte: «Nun wenn du nicht mein Sohn sein willst, möchtest du denn wohl mein Schwiegersohn werden?» «O bé!» O ja, rief der Prinz lebhaft. Und von da an ward zwischen den beiden Höfen die Vermählung der Margaretha und des Prinzen von Navarra beschlossen; unter glücklichen Vorbedeutungen, wie man damals glaubte.

Er ward also zu Vincennes mit dem Dauphin erzogen und alsdann nach dem Kollegium von Navarra geführt, wo er seine erste Jugend mit dem Herzog von Anjou und dem Prinzen von Joinville, nachmaligem Herzog von Guise, verlebte. Alle drei hießen Heinrich und erhielten dieselbe Erziehung; ihr Leben aber ward in der Folge von sehr verschiedenen und außerordentlichen Begebenheiten angefüllt, die einzig in der Geschichte von Frankreich bleiben.

Die vergiftete Luft des Hofes, an dem Margaretha zu leben bestimmt war, mußte jede Sorgfalt der tugendhaften Erzieherin vernichten. Dieser Hof, Katharina von Medici an seiner Spitze, war bekanntlich die Bühne der Verderbtheit, die Schule aller Laster und jedes Verbrechens. Wahr ist es, daß dieses Übel seinen Ursprung schon früher, unter der Regierung Franz' I., genommen hatte. Franz I., der mit dem Beinamen eines Vaters der Wissenschaften beehrt wurde, hatte durch sein Beispiel die Männer an seinem Hofe gewöhnt, keine Achtung für die guten Sitten zu haben. Als Katharina von Medici an diesen Hof kam, fand sie das Laster regierend an der Seite des Throns unter dem Namen der Herzogin von Estampes. Der schlauen Italienerin konnte es nicht entgehen, daß man dem Götzen des Tages schmeicheln müsse, um dem Monarchen zu gefallen, und sie machte diese Regel zur Grundlage ihres Betragens; bald fand sie Gelegenheit, sie bei einem Gegenstande anzuwenden, der ihr weit näher anging. Ihr Gemahl, der Dauphin Heinrich, erklärte sich öffentlich als Ritter der Diana von Poitiers; die geschmeidige Katharina teilte sogleich die Gunst ihres Gemahls mit ihr. Heinrich II. wechselte während seines ganzen Lebens zwischen seiner Gemahlin und seiner Geliebten; aber nach seinem Tode rächte Katharina sich und verschaffte ihrer Nebenbuhlerin die Überzeugung, daß man ihr nicht ungestraft das Herz des Gemahls rauben durfte.

Katharina verstand es sehr wohl, die Macht der Schönheit geltend zu machen, und diese war eine der geheimen Triebfedern ihrer Reichsverwaltung.

Es ist bekannt, daß sie nie anders als umringt von einer glänzenden Schar aufblühender Schönheiten erschien, welche gewöhnlich die Schwadron der Königin-Mutter genannt wurden. Der strenge Admiral Coligny sagte darüber mit Recht: «Keine verlorne Schlacht ist so verderblich als der Einfluß dieser Schönheiten!» Dies Mittel der Verderbnis wandte Katharina dann sehr oft zur Ausführung ihrer Projekte an.

Nachdem die guten Sitten zugrunde gerichtet waren, fehlte nichts mehr, jeden Grundsatz von Ehre und Rechtlichkeit bei den Franzosen zu vernichten, als sie in den Lehren Machiavels einzuweihen. Früher schon hatte Ludwig XI. diese abscheuliche Lehre wirklich in Ausübung gebracht; sein Nachfolger aber, der den Namen Vater des Volks wohl verdiente, weil er nur durch die Gesetze regierte, war die Ursache, daß man die Regierung jenes Tiberius und alle seinesgleichen bald vergaß. Ludwig XII., Gemahl der Anna von Bretagne, führte die Franzosen wieder zur Ehre an und gab ihnen den freien Sinn und die edlen feinen Sitten ihrer Anherrn wieder. Katharina von Medici war es aufbehalten, das Werk Ludwigs XI. wieder zu erneuen. So wie er, führte sie die Kunst, die Menschen zu *regieren*, einzig darauf zurück, sie zu *verunreinigen*; diesem Grundsatze ordnete sie alles andre unter; Heuchelei, Lügen und Meineid wurden in Frankreich einheimisch; die Nation, in den Verbrechen sogar inkonsequent und leichtsinnig, ergriff sehr bald die Frevel aller Art, als die üblichen Mittel etwas zu erreichen.

So war der herrschende Geist an Karls IX. Hof, als alle Augen auf Margaretha gerichtet waren, deren Reize sich eben zu entfalten anfingen. Wenn ihr in ihrem Porträt nicht geschmeichelt wurde, so hat in der Tat die Natur wohl nie ein schöneres Geschöpf geformt. Sie hatte etwas Erhabenes und wahrhaft Königliches in ihrem ganzen Wesen; sehr lebhafte Farben, sehr schöne schwarze Haare, und mit einem sanften liebeschmachtenden Blick, mit einem reichen vollen Wuchs und einem majestätischen Gang verband sie die Kunst, sich auf das vorteilhafteste und geschmackvollste zu kleiden, und ein sehr anmutiges Wesen, eine gewisse einschmeichelnde Gabe, jedem zu gefallen, die man wohl fühlt, aber nicht zu beschreiben vermag. Mit ihrer Schönheit, ihrer Anmut, mit ihrem Geist und ihrem Gefühl hätte Margaretha auch die strenge Tugend einer Heiligen verbinden müssen, um den schädlichen Einflüssen des bösen Beispiels und den Täuschungen der Verführung entgehen zu können. Kaum war sie in der Welt aufgetreten, so war sie auch schon in den Schlingen der Eitelkeit eingefangen; sie wollte gefallen, ohne bestimmt zu wissen wem; sie war Kokette, ohne sich weiter etwas dabei zu denken. Unbesonnenheiten dieser Art gaben ihren Verleumdern Veranlassung, die Zusammenkunft in Bayonne als die Epoche ihrer ersten Liebeshändel mit dem jungen d'Entragues und mit Charins anzugeben. *Le Divorce Satyrique*[2], *la Confession de Sancy* und *le Baron de Foeneste* setzen diese Liebesgeschichten der Margaretha zu jener Zeit. Wir zeigen diese Quellen an, als die einzigen, die diese Sagen enthalten, damit man weiß, welches Zutrauen man ihnen schenken darf; denn sie gehören zu den Haufen Satiren und Libellen aller Art, welche sowohl die unzufriedenen Katholiken als die unzufriedenen Protestanten gegen Margaretha und gegen alles, was Heinrich IV. angehörte, verbreiteten; auch berechtigt uns ihre zu große Jugend, jene Aussage zu bezweifeln; Margaretha war damals noch nicht dreizehn Jahre alt. Man suchte sie in der Folge durch solche beschimpfende Anklagen zu unterdrücken, um sie durch eine völlige Verunglimpfung von dem Throne auszuschließen, zu dem sie berechtigt war. Es gibt keine verunehrendere Verleumdung, als ihren nachmaligen Unordnungen einen solchen frühreifen Ursprung zuzuschreiben. Das Stillschweigen der Geschichte über diese Beschuldigung ist ein Zeugnis dagegen. Man darf das Privatleben der Margaretha erst vier Jahre nach der Zusammenkunft zu Bayonne in Betracht ziehen; von dieser Zeit erst erhielt sie an Karls IX. Hof eine politische Existenz. Bis dahin drehten sich ihre Beschäftigungen oder vielmehr ihre Ergötzlichkeiten in einem beständigen Kreis von Spielen, Jagd und Putz, und sie war völlig unbekannt mit den Ränken der Hofintrige, obgleich sie wie im Mittelpunkte derselben lebte. Ihr Bruder, der Herzog von Anjou, welcher nachmals unter dem Namen Heinrich III. regierte, übernahm es, sie darin einzuführen. Es war ihm wichtig, einen Agenten bei Katharina zu haben, auf dessen Anhänglichkeit er rechnen dürfte, während er sich abwesend und an der Spitze der Armeen befand. Zu dieser Rolle nun hatte er seine Schwester Margaretha ausersehen, und diese ward der Kanal der Korrespondenz zwischen ihm und seiner Mutter. Wer mit der Geschichte jener Zeit nicht unbekannt ist, wird wissen, was Margaretha in dieser Schule lernen konnte; obgleich die Lehrzeit nur sehr kurz war, so sehen wir doch an dem nachmaligen Betragen der Schülerin, welche Fortschritte sie unter den beiden Vorstehern ihrer politischen Erziehung machte.

Memoiren der Margaretha von Valois

Erstes Buch

AN BRANTÔME[3]

Weil Ihr Werk so voll ist von meinem Lobe, so kann ich es nicht so loben, als ich sonst wohl hätte tun müssen; denn jetzt würde man mein Lob als ein bloßes Selbstlob ansehen, und man würde von mir wie vom Themistokles denken, daß ich diejenigen am meisten schätze, die mich am meisten bewundern. Es ist ein ganz gewöhnlicher Fehler der Frauen, daß sie sich im Lobe, auch im unverdienten, zu sehr gefallen. Damit kann ich aber nicht übereinstimmen und möchte am liebsten in diesem Stücke gar nicht zu meinem Geschlechte gezählt werden. Demungeachtet kann ich nicht anders als stolz sein, daß ein so geehrter Mann mein Bildnis mit so reichem Pinsel zu entwerfen würdigte, wenngleich der Schmuck der Malerei bei weitem die Vortrefflichkeit der dargestellten Figur übertrifft. Besaß ich einst auch wirklich einige von den Zügen, so wie Sie sie zeichneten, so sind sie längst durch meine Leiden bis auf die leiseste Erinnerung zerstört, so daß, als ich mich in Ihrer Darstellung spiegeln wollte, es mir wie der alten Frau von Rendan erging, die sich nach ihres Mannes Tod lange nicht im Spiegel besehen hatte; als sie nun nach langer Zeit zufällig in einer Gesellschaft sich im Spiegel erblickte, fragte sie verwundert: «Wer ist denn diese?»

Meine Freunde behaupten mir zwar das Gegenteil, aber ihr Zeugnis ist mir verdächtig; ihre Augen sind von der Zuneigung geblendet. Am Ende würden Sie, glaube ich, ganz meiner Meinung sein und den Vers von Du Bellay sagen, den ich so oft anführe: *C'est chercher Rome en Rome, et rien de Rome en Rome ne trouver.* So wie man aber gern von der Zerstörung Trojas, von der Größe Athens oder von andern mächtigen Städten in ihrer höchsten Blüte liest, obgleich die Überreste so gering sind, daß man kaum noch den Platz erkennen kann, wo sie ehemals gestanden, eben so ergötzen Sie sich damit, eine Schönheit zu beschreiben, von der es weder einen Überrest, noch sonst irgend ein Zeugnis gibt, als eben Ihre Beschreibung. Natur und Schicksal haben um die Wette ihre ganze Macht um mich aufgeboten; keinen schicklichern Gegenstand hätten Sie wählen können, um den Streit der beiden Mächte zu beschreiben. Von dem, was die Natur getan, waren Sie Augenzeuge und bedürfen darüber keines weiteren Unterrichts. Meine Schicksale aber können Sie nur durch fremde Berichte erfahren haben, die doch niemals zuverlässig sind; denn oft werden sie entweder durch übelgesinnte oder auch übelunterrichtete Leute gegeben, und weder Bosheit noch Unwissenheit sind wahrhaft. Darum denke ich, wird es Ihnen nicht unangenehm sein, diese Geschichte von einer Person zu erhalten, die am besten unterrichtet ist und die zugleich das größte Interesse hat an der Wahrheit der Darstellung. Ich ward auch noch durch einige Bemerkungen bestimmt, die ich Gelegenheit hatte bei einigen Irrtümern, die sich in ihrem Werke finden, zu machen. Nämlich da, wo Sie von Pau sprechen und von meiner Reise nach Frankreich; auch wo vom Marschall von Biron die Rede ist; von Agen, auch von dem Abzug aus dem Ort des Marquis von Canillac.

Ich werde also meine Memoiren aufzeichnen, die um ihrer unverfälschten Wahrheit willen wohl verdienten, daß ich ihnen den Namen Geschichte beilegte; eine solche bedürfte aber einer sorgfältigen Ausarbeitung, zu der ich weder die Fähigkeit noch die gehörige Muße habe.

Die vorhergegangenen Vorfälle, nebst denen der letzten Zeit, zwingen mich, mit der Zeit des Königs Karl[4] anzufangen; auch ist es das erste, dessen ich mich als merkwürdig in meinem Leben entsinnen kann. So wie die Erdbeschreiber, wenn sie bis zur letzten Grenze ihres Wissens zurückgegangen, sagen: jenseits findet sich nichts als Sandwüste, unbewohntes Land und unschiffbares Meer, – so will auch ich sagen: rückwärts ist nichts als die Leere der ersten Kindheit, in der wir von der Natur allein geleitet mehr ein Pflanzenleben als ein menschliches, von der Vernunft regiertes Leben führen. Diese überflüssigen Untersuchungen will ich gern denen überlassen, die meine Kindheit erzogen und leiteten. Vielleicht findet man auch unter meinen ersten kindlichen Handlungen einige, welche ebenso des Aufschreibens würdig wären als die des Themistokles oder Alexanders; da der eine sich vor den Pferden eines Wagenführers niederwarf, der sich durch des Knaben Bitten nicht wollte abhalten lassen, durch eine enge Straße zu fahren, in der jener sich ein Spiel errichtet hatte; und der andre, der die Preise der Wettrennen verachtete, wenn er sie nicht über Könige davon getragen. So könnte auch wohl die Antwort zu diesen bemerkenswerten Zügen gehören, die ich dem Könige, meinem Vater, wenige Tage vor jenem entsetzlichen Stoße[5] gab, welcher Frankreich die Ruhe und unserm Hause sein Glück nahm. Ich war damals vier oder fünf Jahre alt[6], als mein Vater mich auf seinen Knieen haltend und mit mir spielend zu mir sagte: ich sollte wählen, welcher von den beiden, die damals im Zimmer waren und mit mir spielten, mir ergeben sein sollte: der Prinz von Joinville, nachmals der große und unglückliche Herzog von Guise[7], oder der Marquis von Beaupreau, Sohn des Prinzen La Roche-sur-Yon, den die Natur mit so außerordentlichem Verstande begabte, daß er den Neid des Schicksals auf sich zog; in seinem vierzehnten Jahre entriß der Tod ihn dem Ruhme und den Kronen, die den Tugenden und dem hohen Edelmute, welche aus seinem Verstande hervorleuchteten, bestimmt waren. Auf meines Vaters Frage sah ich beide an und wählte den Marquis. «Warum diesen?» fragte mein Vater, «er ist nicht so schön als der Prinz von Joinville»; dieser war blond und von heller Farbe, der Marquis aber war braun von Haar und Gesicht. «Weil er klüger ist», antwortete ich meinem Vater, «und weil der andere immer Meister sein will und keinen Tag ruht, bis er irgend jemand Schaden zugefügt.» Wie richtig ich ihn damals beurteilt, haben wir seitdem gesehen.

So auch der Widerstand, den ich getan, meinen Glauben zu erhalten, da der ganze Hof von Ketzerei angesteckt war; bei dem Colloquium von Poissy, den gebieterischen Überredungen vieler Herren und Damen bei Hofe, sogar meinem Bruder von Anjou, nachmaligem König von Frankreich[8], der in der Kindheit dem unglücklichen Hugenottenwesen nicht widerstehen konnte. Dieser drang unaufhörlich in mich, daß ich die Religion verändern sollte, warf meine Gebetbücher ins Feuer und gab mir an deren Stelle die Psalmen und Gebetbücher der Hugenotten. Ich überlieferte diese aber sogleich meiner Hofmeisterin, der Frau von Curton; diese war durch die Gnade Gottes eine Katholikin geblieben. Sie führte mich oft zu dem guten Kardinal von Tournon, der mich mit seinem Rat darin bestärkte, alles zu erdulden, um nur meinen Glauben zu erhalten; auch versah er mich immer wieder mit neuen katholischen Gebetbüchern und Rosenkranz, wenn mein Bruder von Anjou sie verbrannt hatte. Die vertrauten Freunde von diesem, die mich zu verderben unternommen hatten, schalten mich und begegneten mir zornig, wenn sie diese Dinge immer wieder bei mir antrafen; sie nannten es bloße Kinderei und Albernheit, sagten, ich hätte keinen Verstand und würde immer so dumm bleiben wie meine Hofmeisterin. Mein Bruder von Anjou fügte dann noch die Drohung hinzu, daß die Königin, meine Mutter, mir die Rute würde geben lassen. Dieses redete er aber nur so, ganz ohne Grund, denn die Königin Mutter wußte nichts davon, daß er in solche Irrtümer geraten war; im Gegenteil, sie bestrafte, als sie es erfahren, sowohl ihn als seinen Hofmeister, ließ sie aufs neue in der Religion unterrichten und zwang sie, den wahren heiligen alten Glauben unsrer Väter zu bekennen, von dem sie selbst sich nie entfernt hatte.

Ganz in Tränen zerfließend, zu denen man in einem Alter von sieben bis acht Jahren sehr leicht geneigt ist, antwortete ich meinem Bruder auf seine Drohungen, daß er mich peitschen, ja daß er mich könnte umbringen lassen, wenn er es wollte: ich würde alles Ersinnliche eher erdulden, als mich in die Verdammnis zu stürzen.

Manche Antworten, manche Zeichen der Entschlossenheit und der reifen Beurteilung möchten noch aufgefunden werden können; ich überlasse aber diese Untersuchungen ungestört andern und fange meine Memoiren von der Zeit an, da ich in das Gefolge der Königin Mutter kam, um es nicht wieder zu verlassen; denn gleich nach dem Kolloquium von Poissy[9], als die Kriege begannen, wurden wir Kleinen, mein Bruder von Alençon und ich[10], nach Amboise gesendet, wohin sich auch alle Damen des Landes mit uns zurückzogen; auch Ihre Tante, Frau von Dampierre[11], die damals viel Freundschaft für mich hatte, welche sie mir bis an ihren Tod erhielt; und Ihre Cousine, Frau von Retz, die damals die glückliche Nachricht erhielt, das Schicksal habe ihr in der Schlacht bei Dreux die Gunst erzeigt, ihren ersten Mann, Herrn von Annebaut, von ihr zu nehmen, der es in jeder Rücksicht nicht verdiente, eine so göttliche Frau zu besitzen. Mit Ihrer Cousine stand ich damals aber noch nicht in dem genauen Verhältnis, das noch jetzt fortwährt und gewiß ewig dauern wird[12]. Die Freundschaft Ihrer Tante für mich fing aber schon damals an; ihr hohes Alter und meine Kindheit stimmten wohl für einander. Es ist in der Art der alten Leute, die kleinen Kinder zu lieben; so wie es dem blühenden Alter, in dem Ihre Cousine damals stand, ganz natürlich ist, die lästige Einfalt der Kinder zu hassen und zu verachten.

Dort blieb ich nun bis zur großen Reise[13]; damals nahm die Königin Mutter mich zu sich an ihren Hof, den ich seitdem nicht wieder verließ. Diese Reise aber beschreibe ich auch nicht; ich war zu jung, als daß ich mir besonderer Umstände davon erinnern könnte. Außer der Erinnerung im ganzen ist mir das Übrige wie ein Traum verflogen. Sie und andre, die damals im reifern Alter und verständig genug waren, alles zu bemerken, mögen von der Pracht reden, die bei diesen Gelegenheiten erschien. So wie zu Bar le Duc bei der Taufe meines Neffen, des Prinzen von Lothringen; zu Lyon bei der Ankunft des Herzogs und der Herzogin von Savoyen; zu Bayonne bei der Zusammenkunft meiner Schwester, der Königin von Spanien, der Königin Mutter und des König Karls, meines Bruders[14]. Gewiß vergessen Sie nicht das kostbare Fest und das Ballett zu beschreiben, das meine Mutter, die Königin, auf der Insel[15] gab, wie auch den Saal, den die Natur eigentlich dazu bestimmt zu haben schien, indem sie mitten auf jener Insel eine große ovalförmige Wiese mit den höchsten Bäumen umgab, in deren Schatten die Königin Mutter rings umher große Nischen anbringen ließ und in jeder dieser Nischen eine Tafel für zwölf Personen. Am Ende dieses Saals erhob sich die Tafel für die königlichen Personen auf vier Stufen von Rasen. Alle diese Tafeln wurden von Schäfern und Schäferinnen bedient, die in Atlas und Goldstoff, in verschiedenen

Truppen und nach den verschiedenen Trachten aller französischen Provinzen gekleidet waren; wie man von Bayonne nach dieser Insel in kostbar verzierten Gondeln und Kähnen fuhr, von Tritonen und Meergöttern umgeben, die auf Hörnern bliesen und schöne Verse sangen. Bei der Landung auf der Insel, während man auf den dazu gemachten Rasen nach dem Saale ging, tanzten von beiden Seiten des Wegs auf schönen Wiesen jene Schäfer und Schäferinnen, jeder Trupp die eigentümlichen Tänze seiner Provinz; die aus Poitou mit der Schalmei; die Provenzalen ihre Volte mit den Pauken; aus Bourgogne und Champagne mit der kleinen Oboe, der Geige und dem Tambour; die Bretonen das Passe-pied und den fröhlichen Branle-Tanz; und so fort jede Provinz ihre eigentümlichen Tänze und ihre Musik. Wie nach dieser Ergötzlichkeit und nachdem die Tafel aufgehoben, ein großer helleuchtender Felsen von Satyrn hereingetragen wurde, auf diesem Felsen erschienen Nymphen, die mit ihrer Schönheit und ihrem reichen Schmuck glänzender strahlten als die künstlichen Lichter, von denen der Felsen erleuchtet war; wie dann diese Nymphen herabstiegen und ein Ballett tanzten, dessen vollkommne Schönheit das neidische Glück nicht ertrug und darum einen entsetzlichen Sturm mit Regen und Ungewitter erhob; wie hierauf die Unordnung, als man sich in der Nacht auf den Kähnen zurückbegeben mußte, den folgenden Morgen eben so viel Stoff zum Lachen gab, als das Fest selber Zufriedenheit verbreitet hatte. So werden Sie auch die Pracht aller Einzüge in allen Hauptstädten des ganzen Königreichs, dessen Provinzen sie besuchten, gewiß nicht zu beschreiben unterlassen [16].

König Karl, mein Bruder, und die Königin Mutter waren einige Jahre nach der großen Reise zu Paris. Die Hugenotten hatten den Krieg wieder angefangen [17], als ein Edelmann, den mein Bruder von Anjou, nachmaliger König von Polen, sendete, zu Paris anlangte und dem Könige die Nachricht brachte, mein Bruder von Anjou habe die Armee der Hugenotten dahin gebracht, daß er hoffen dürfe, sie in wenigen Tagen zu einer Schlacht zu zwingen; er ersuche daher um die Ehre, sie vorher noch einmal sehen zu dürfen, damit, wenn das Schicksal, aus Neid über seinen früh erworbenen Ruhm, an jenem von ihm ersehnten Tage, nachdem er seinem Könige, der Religion und dem Staate einen so wichtigen Dienst geleistet, sein Grab mit dem Triumph seines Sieges vereinigen wollte, er die Welt zufriedener verließe, wenn er die Überzeugung erlangt, der König, sein Bruder, und die Königin Mutter seien mit der Ausführung des Auftrags, mit welchem sie ihn beehrt, vollkommen zufrieden, welches ihm alsdann noch ruhmvoller sein würde, als die Trophäen seiner beiden ersten Siege. – Urteilen Sie, ob diese Worte nicht das Herz einer so gütigen Mutter bewegen mußten, die nur für ihre Kinder lebte und die zu jeder Stunde ihr Leben für das ihrer Kinder und für die Erhaltung ihrer Staaten zu opfern bereit war und die besonders diesen Sohn zärtlich liebte. Sie entschloß sich, schnell zu ihm zu reisen; der König begleitete sie sowie ihre gewöhnlich sie begleitenden Frauen, Frau von Retz, Frau von Sauve und ich. Auf Flügeln der mütterlichen Liebe getragen, legte sie den Weg von Paris nach Tours in drei und einem halben Tag zurück, welches nicht ohne große Beschwerde und viele lächerliche Unfälle geschah, besonders für den armen Kardinal von Bourbon, der sie nie verließ, der aber weder Laune noch körperliche Beschaffenheit zu dergleichen Hofdienst hatte. Zu Plessis lès Tours befand sich mein Bruder von Anjou an der Spitze aller Offiziere seiner Armee; in Gegenwart dieser Blüte der Fürsten und Herren aus ganz Frankreich hielt er dem Könige eine Anrede, worin er ihm über alles, was er ausgeführt hatte, Rechenschaft gab. Diese Rede war mit solcher Kunst und so vieler Beredsamkeit abgefaßt und mit solchem guten Anstande gesprochen, daß er die Bewunderung aller Anwesenden erhielt, um so mehr, da seine große Jugend die Würde und Wichtigkeit seiner Worte hob, die mehr einem alten graubärtigen Heerführer zukamen, als der sechzehnjährigen Jugend, in welcher er schon die Lorbeern von zwei gewonnenen Schlachten um seine Stirn gewunden hatte; dazu die Schönheit, die jeder

Handlung Anmut verleiht und die mit seinem guten Glück sich um die Wette beeiferte, ihn zu verherrlichen. Was meine Mutter dabei empfand, die ihn so einzig liebte, läßt sich nicht beschreiben, so wenig als die Trauer des Vaters der Iphigenia je dargestellt werden konnte. Bei einer jeden andern als bei ihr, aus deren Seele die Klugheit niemals wich, hätte man den Ausbruch der unmäßigen Freude in jedem Augenblick wahrgenommen; sie aber mäßigte mit Besonnenheit jede ihrer Bewegungen und zeigte, daß ein Verständiger nichts tut, was er nicht tun will. Ohne sich bei Freudensbezeugungen und Lobsprüchen zu verweilen, die ein so vollkommner und geliebter Sohn wohl verdient hätte, ergriff sie sogleich die Punkte seiner Rede, welche die Kriegsvorfälle betrafen, um mit den dabei gegenwärtigen Fürsten und Herren darüber zu Rate zu gehen, damit sie einen ordentlichen Entschluß fassen und die nötigen Vorkehrungen, den Krieg fortzuführen, treffen könnten. Zu dem Ende mußte man sich einige Tage an dem Orte aufhalten. Einen dieser Tage, als die Königin Mutter mit einigen Fürsten im Garten spazieren ging, bat mich mein Bruder von Anjou, daß ich mit ihm in einer andern Allee gehen möchte; dort hielt er mir folgende Rede: «Schwester, unsre gemeinschaftliche Erziehung verbindet uns nicht weniger als unsre Verwandtschaft; auch wirst du es wohl immer erkannt haben, daß ich zu dir immer vorzugsweise vor allen andern Geschwistern die stärkste Zuneigung hatte, so wie ich auch bemerkt, daß du mir gleiche Freundschaft schenktest. Bis hierher wurden wir absichtslos, bloß von natürlicher Zuneigung, zu diesem Verein geleitet, ohne daß unsre Verbindung uns einen andern Nutzen schaffte als das bloße Vergnügen, uns zu unterhalten. Dies ziemte der Kindheit wohl, wir sind aber jetzt nicht mehr Kinder und dürfen nicht länger als solche leben. Du siehst nun die großen und rühmlichen Ämter, zu denen Gott mich ausersehen und zu denen die Königin, unsre vortreffliche Mutter, mich gebildet. Dich liebe ich über alles auf der Welt, und du sollst dich jeder Macht, jeder Größe, die mir zu Teil wird, mit mir erfreuen. Du hast, so wie ich dich kenne, Verstand und Beurteilung genug, um mir bei der Königin Mutter zu dienen. Zur Erhaltung meines jetzigen Glücks ist es notwendig, daß sie mir gnädig bleibt, denn sie ist meine vorzüglichste Stütze; darin, befürcht' ich nun, möchte meine Abwesenheit mir schädlich sein, und doch hält mein Posten und der Krieg mich in beständiger Entfernung. Der König, unser Bruder, bleibt dagegen beständig bei ihr, schmeichelt ihr und ist ihr überall gefällig; in der Folge kann mir dieses schädlich werden; denn der König, unser Bruder, wächst heran, und sein Mut möchte sich wohl nicht immer mit der Jagd belustigen lassen; wenn er ehrgeizig wird, so könnte er am Ende die Tierhetze mit der Menschenhetze vertauschen wollen und mir die Stelle als Lieutenant des Königs, die er mir übertragen, wieder nehmen und seine Armeen selber kommandieren; dieses könnte aber nicht ohne meinen völligen Untergang geschehen, denn ehe ich diesen Fall erduldete, würde ich lieber den grausamsten Tod wählen. Ich habe auf ein Mittel gedacht, mich von dieser Furcht zu befreien, und finde es notwendig für mich, daß eine Person, die mir ganz ergeben und von meiner Partei ist, die Königin Mutter beständig umgebe. Niemand, das weiß ich, ist dazu fähiger als du, denn du bist mein anderes Ich. Du hast alle erforderlichen Verdienste, Verstand, Überlegung und Treue, wenn du die Gefälligkeit für mich haben willst, auch die gänzliche Unterwürfigkeit hinzuzufügen; denn ich muß dich bitten, beständig um die Königin Mutter zu sein; beim Lever, im Kabinett [18], beim Schlafengehen, kurz den ganzen Tag unausgesetzt. Dadurch wird sie dahin gebracht, sich dir mitzuteilen, da ich mit ihr von deinen Fähigkeiten sprechen und von dem Troste und von der Hülfe, die sie dadurch erlangen mag, und sie ersuchen werde, dir nicht länger als einem Kinde zu begegnen, sondern dich in meiner Abwesenheit wie mich selber zu behandeln. Sie wird es auch sicher tun. Sprich mit ihr mit eben dem Zutrauen und derselben Sicherheit, als ob du zu mir redetest; glaube mir, es wird sie sehr erfreuen, und für dich ist es ein großes Glück, ihr Vertrauen zu besitzen; auf diese Weise kannst du für dich wie für mich viel tun, und ich werde dir nächst Gott die Erhaltung meines Lebens verdanken.»

Welche neue Sprache für mich, die ich bis jetzt ganz ohne Absicht gelebt, an nichts denkend als an Tanzen und Jagen, sogar ohne Begierde zu gefallen oder mich zu schmücken; ich war zu jung dazu, war auch unter solchem Zwang bei der Königin Mutter erzogen worden, daß ich nicht allein mir nie getraute, sie anzureden, sondern wenn sie mich nur anblickte, so bebte ich aus Furcht, ihr durch irgend etwas mißfallen zu haben. Es fehlte wenig, so hätte ich meinem Bruder dasselbe geantwortet, was Moses dem Herrn bei der Erscheinung des brennenden Dornbusches: «Wer bin ich? mein Herr, sende, welchen du senden willst!»

Ich fand jedoch in mir, was ich vorher nicht geahndet hatte; Kräfte wurden in meinem Innern durch seine Worte erregt, die ich nie gekannt, obgleich ich mit ziemlichem Mut geboren ward. Als ich von dem ersten Erstaunen zu mir selber gekommen war, so gefielen mir die Worte meines Bruders wohl, und in dem Augenblick fühlte ich mich wie verwandelt und als ob ich höher stände als bisher. Ich erhielt Zutrauen zu mir selber und antwortete ihm: «Mein Bruder, verleiht Gott mir ebenso die Fähigkeit und die Kühnheit, mit der Königin Mutter zu sprechen, wie ich den guten Willen habe, dir in dem zu dienen, was du von mir verlangst, so zweifle nicht, daß du nicht allen Nutzen und jede Befriedigung davon ziehst, welche du dir davon versprichst. Ich werde sie so beständig umgeben, daß du es wohl einsehen wirst, wie ich dein Wohl jedem Vergnügen in der Welt vorziehe. Du tust auch sehr wohl daran, Zutrauen zu mir zu haben, denn niemand auf der Welt liebt und ehrt dich so als ich. Sei gewiß, daß es, wenn ich bei der Königin Mutter bin, ebenso gut ist, als ob du selber bei ihr wärst, und nur für dich werde ich bei ihr sein.»

Ich fühlte diese Worte besser, als ich sie auszusprechen vermochte. Der Erfolg bezeugte es; denn die Königin rief mich, als wir von da abgereist waren, zu sich in ihr Kabinett, wo sie mir folgendes sagte: «Dein Bruder hat mich von eurem Gespräch unterrichtet. Er hält dich nicht mehr für ein Kind; auch ich will dich länger nicht so halten. Es wird mir eine Freude sein, mit dir wie mit deinem Bruder reden zu können. Du mußt immer um mich sein und darfst dich nicht fürchten, ganz frei mit mir zu sprechen, denn es ist mein ausdrücklicher Wille.»

Meine Seele fühlte etwas bei diesen Worten, was sie bis dahin nie gefühlt hatte: eine so unaussprechliche Zufriedenheit, daß ich mich dünkte, es wäre alles, was ich bis dahin genossen, nur ein Schatten dieses Glücks; die Vergangenheit mit den Freuden der Kindheit, Tanzen, Jagen und die jugendlichen

Gespielinnen kamen meinen Augen verächtlich vor, als eitle, törichte Dinge. Ich gehorchte dem mir so werten Befehl der Königin Mutter, und jeden Tag war ich die erste bei ihrem Lever und die letzte, wenn sie zu Bette ging. Sie beehrte mich manchmal zu zwei, drei Stunden lang mit ihrem Gespräch, und durch die Gnade Gottes war sie so sehr mit mir zufrieden, daß sie mich nicht genug gegen ihre Frauen zu rühmen wußte. Ich sprach beständig von meinem Bruder mit ihr, und dieser ward wieder so treulich von allem, was vorging, benachrichtigt, als er es nur immer verlangen konnte.

In dieser glücklichen Lage blieb ich einige Zeit bei der Königin Mutter, während welcher die Schlacht bei Montoncourt geliefert ward. Mit der Nachricht dieser Schlacht ließ mein Bruder von Anjou, der nur darnach trachtete, selber bei der Königin Mutter zu sein, ihr sagen, er ginge nun St. Jean d'Angely zu belagern, wo die Gegenwart des Königs und der Königin Mutter notwendig sein würde. Sie, die mehr noch als er darnach verlangte, ihn zu sehen, beschloß sogleich hinzureisen; sie nahm niemand mit als ihr gewöhnliches Gefolge, zu welchem auch ich gehörte. Ich ging mit außerordentlich großer Freude und ahndete das Unglück nicht, welches das Schicksal mir bereitete. Meine unerfahrne Jugend genoß arglos den Augenblick der Wohlfahrt, den sie ewig dauernd wähnte. Aber das neidvolle Geschick duldete die Dauer meiner glücklichen Lage nicht; dies feindselige Wesen bereitete mir ebensoviel Verdruß, als ich mir Freuden gedacht hatte, weil ich meinem Bruder mit solcher Treue gedient. Seitdem dieser von mir entfernt war, hatte er den von Guast[19] bei sich und war so von ihm besessen, daß er nur durch seine Augen sah und durch seinen Mund redete. Dieser Mensch, der zum Schlechthandeln geboren war, hatte den Verstand meines Bruders völlig eingenommen und geblendet und ihn mit tausend tyrannischen Grundsätzen angefüllt: daß man niemand lieben, niemand trauen müsse als sich selber; daß man auch niemand, selbst seine Geschwister nicht, an seinem Glück müsse teilnehmen lassen, und andre schöne machiavellische Vorschriften dieser Art, die er sich in den Kopf setzen ließ und sie sogleich bei unsrer Ankunft in Ausübung brachte. Nach den ersten Begrüßungen fing meine Mutter gleich von meinem Lobe an und erzählte ihm, wie treulich ich ihm bei ihr gedient. Er gab ihr kalt zur Antwort: Es wäre ihm recht lieb, daß es ihm so wohl gelungen sei, da er mich darum gebeten – aber die Klugheit erlaube nicht, daß man sich zu jeder Zeit derselben Mittel bediene; was in einer Stunde nützlich sei, könne in der nächsten Stunde schädlich werden. Sie fragte ihn nach dem Grund dieser Äußerung, worauf er denn, da er sah, daß es eben der rechte Augenblick war, die Maschine zu meinem Ruin anzulegen, sagte: daß ich anfinge sehr schön zu werden, daß der Herzog von Guise sich um mich bewerbe und daß seine Oheime darnach trachteten, mich mit ihm zu vermählen; sobald ich also Neigung zu ihm bekäme, so wäre sehr zu fürchten, daß ich alles, was sie mir anvertraute, ihm mitteilen würde. Der Ehrgeiz dieses Hauses sei ihr wohl bekannt, und sie wisse, wie sehr es dem unsrigen immer entgegen gewesen. Es würde also ratsam sein, daß sie nicht mehr von Geschäften mit mir rede und daß sie nach und nach sich von mir zurückzöge und mich entferne[20]. Ich sah noch denselben Abend die Veränderung, die dieser verderbliche Rat bei ihr hervorbrachte. Ich sah, daß sie sich in Gegenwart meines Bruder mit mir zu reden scheute, und obgleich sie, während sie mit ihm sprach, mir drei- oder viermal befahl, mich zu Bette zu legen, wartete ich dennoch, bis er aus dem Zimmer war; dann näherte ich mich ihr und flehte sie an, mir zu sagen, ob ich unwissend das Unglück gehabt hätte, ihr Mißfallen zu erregen? Anfangs wollte sie es mir verbergen, endlich aber sagte sie: «Meine Tochter, dein Bruder ist verständig; was ich dir jetzt sagen werde, beabsichtigt nichts als Gutes, du mußt ihm deswegen nicht übelwollen.» Hierauf erzählte sie mir alles, was er ihr gesagt, und verbot mir, in Gegenwart meines Bruders wieder mit ihr zu sprechen. So wie die ersten Worte ihrer Gnade mich mit Freude erfüllt hatten, so war ein jedes dieser Worte mir wie ein Dolchstich ins

Herz. Ich unterließ nichts, um ihr meine Unschuld darzutun: wie ich von dieser ganzen Sache nie ein Wort gehört und wie, wenn der Herzog von Guise diese Absicht haben und mir etwas davon sagen möchte, ich es ihr sogleich mitteilen würde[21]. Es war aber alles umsonst; der Eindruck, den die Worte meines Bruders auf sie gemacht hatten, war so groß, und sie war so ganz davon eingenommen, daß weder Vernunft noch Wahrheit Raum bei ihr fanden. Da sagte ich ihr: Mein Gefühl bei dem Verlust meines Glücks sei weniger schmerzhaft, als es bei der Erlangung desselben freudenvoll gewesen wäre. «Mein Bruder», sagte ich, «raubt es mir, nachdem er es mir gegeben; und ebenso wie er es mir ohne mein Verdienst erlangen ließ, da er mir ein Lob erteilte, dessen ich nicht wert war, so entzieht er es mir auch wieder ohne meine Schuld und wegen einer leeren Einbildung.» Sie möchte versichert sein, setzte ich hinzu, daß die Erinnerung von dem, was mein Bruder mir zugefügt, ewig in meinem Gedächtnisse bleiben würde. Darüber ward sie sehr erzürnt und verbot mir, ihn jemals etwas davon merken zu lassen.

Von diesem Tage an verminderte sich ihre Gunst täglich gegen mich, ihrem Sohne zu gefallen, der ihr Abgott war und dem sie alles, was er verlangte, zugestand.

Der Gram, der mein Herz preßte und alle Kräfte meiner Seele unterdrückte, gab auch meinem Körper eine größere Empfänglichkeit für die Eindrücke der Epidemien, welche damals bei der Armee herrschten. Ich ward nach einigen Tagen sehr krank, an einem damals stark umgehenden hitzigen Scharlachfieber. Chappellain und Castelan, die beiden Ärzte des Königs und der Königin, waren zu gleicher Zeit davon weggerafft worden, als ob das Übel erst die Schäfer entfernen wollte, um die Herde desto leichter zu erlangen. Wenige nur, die von dieser Krankheit befallen waren, kamen davon.

Die Königin Mutter, welcher die Ursache meiner Krankheit zum Teil wohl bekannt war, unterließ nichts, mir Hülfe zu schaffen; ohne die Gefahr der Ansteckung zu scheuen, blieb sie selbst immer bei mir. So sehr sie dadurch mein Übel erleichterte, so sehr ward es durch die Verstellung meines Bruders vermehrt. Nachdem er einen solchen Verrat gegen mich verübt und sich so undankbar bezeigt hatte, kam er weder Nacht noch Tag von meinem Bette fort und wartete mich so dienstfertig, als lebten wir in der größten Freundschaft. Ich konnte ihm seine Heuchelei nur durch meine Seufzer vorrücken, so wie Brutus dem Nero, der ihn hatte vergiften lassen; nur auf diese Weise konnte ich ihm zu verstehen geben, daß meine Krankheit mehr seiner übeln Behandlung als der Bösartigkeit der Luft zuzuschreiben sei. Gott erbarmte sich meiner und rettete mich aus dieser Gefahr. Nach vierzehn Tagen, als die Armee aufbrach, ward ich in einem Tragsessel fortgebracht; jedesmal beim Nachtlager fand ich den König Karl, der sich nebst allen angesehenen Hofleuten die Mühe gab, mich mit dem Sessel bis an mein Bett zu tragen.

So kam ich krank an Körper, kränker aber noch an der Seele von St. Jean d'Angely nach Angers, wo ich zu meinem Unglück den Herzog von Guise und seine Oheime fand. Mein Bruder von Anjou war ebensosehr über ihre Gegenwart, die seine List beschönigte, erfreut, als ich in Angst war, meine Leiden vergrößert zu sehen. Er fing auch sogleich an, seinen Plan auszuspinnen; täglich kam er zu mir und brachte den Herzog von Guise mit, den er sehr zu lieben vorgab. Oft umarmte er ihn dann und sagte, damit der Herzog diesen Gedanken auffassen sollte: «Wollte Gott, du wärst mein Bruder!» Der Herzog von Guise schien ihn nicht zu verstehen, aber ich verstand diese Bosheit sehr wohl und verlor fast ganz die Geduld darüber, sie ihm nicht vorrücken zu dürfen. Zu eben der Zeit sprach man von einer Vermählung mit mir und dem Könige von Portugal, der durch Gesandte um mich anhalten ließ. Ich schmückte mich auf Befehl der Königin Mutter, um diese Gesandte zu empfangen; mein Bruder hatte ihr aber glauben gemacht, ich wollte diese Vermählung nicht, und sie sprach noch denselben Abend mit mir darüber, in der Absicht, irgend einen Grund zum

Zank in meinen Antworten zu finden. Ich sagte ihr aber: Mein Wille hatte immer von dem ihrigen abgehangen, und alles, was ihr gefalle, sei ich bereit zu tun. Darauf sagte sie in einem zornigen Ton, auf den sie sehr wohl vorbereitet war: Ich sagte ihr nicht die Wahrheit, sie wüßte es bestimmt, daß der Kardinal von Lothringen mich beredet habe, seinen Neffen zu heiraten. Darauf bat ich sie, die Heirat mit dem Könige von Portugal sogleich zu schließen, damit sie von meinem Gehorsam überzeugt würde[22].

Jeden Tag sagte man ihr etwas Neues, um sie gegen mich aufzubringen und um mich zu quälen, lauter Erfindungen aus von Guast seiner Fabrik, so daß ich nie Ruhe haben durfte. Von einer Seite verhinderte der König von Spanien meine Heirat mit dem Könige von Portugal, von der andern diente der Herzog von Guise zum Vorwand, mich beständig zu verfolgen, obgleich weder er noch seine Anverwandte mit mir redeten und er schon seit einem Jahre eine Verbindung mit der Prinzessin von Porcian suchte. Da diese Heirat aber immer wieder aufgeschoben wurde, so beschuldigte man ihn unaufhörlich, daß er nach mir trachte. Endlich fiel mir ein, mich an meine Schwester, die Herzogin von Lothringen, die alles in dem Hause vermochte, zu wenden. Ich schrieb ihr und bat sie, es dahin zu bringen, daß der Herzog von Guise den Hof verlasse und sich eilig mit seiner Geliebten, der Prinzessin von Porcian, vermähle;

dabei stellte ich ihr vor, wie man diese Erfindung mit mir zu meinem Verderb und zum Verderb des Herzogs von Guise und seines ganzen Hauses geschmiedet habe. Meine Schwester sah dies auch sehr wohl ein; sie kam sogleich an den Hof, beschleunigte jene Vermählung und befreite mich dadurch von diesen Verleumdungen. Meine Feinde mußten schweigen, und ich fand endlich Ruhe[23].

Der König von Spanien[24] unterdessen, gegen dessen Absicht es ist, wenn die Seinigen eine Verbindung außer seinem Hause suchen, brachte es dahin, daß die Unterhandlungen mit dem Könige von Portugal abgebrochen wurden, und es ward nicht weiter davon geredet[25]. Nach einigen Tagen sprach man von der Heirat mit mir und dem Prinzen von Navarra, der jetzt unser tapfrer, großer König ist[26]. Die Königin Mutter sprach bei der Tafel zuerst mit Herrn von Méru davon, denn die Montmorencys hatten zuerst davon geredet. Nach der Tafel sagte er mir, die Königin Mutter habe es ihm aufgetragen, mit mir davon zu sprechen. Ich erwiderte darauf: Es sei ganz überflüssig, mit mir zu reden, ich hätte keinen andern Willen als den ihrigen; doch flehte ich sie an, zu bedenken, daß ich eine gute Katholikin sei und daß es mich schmerzen würde, einen Gemahl zu haben, der sich zu einem andern Glauben bekennte.

Die Königin Mutter ließ mich zu sich in ihr Kabinett kommen. Hier sagte sie mir: Die Herren von

Montmorency hätten ihr diese Verbindung angetragen, sie wollte nun meine Meinung darüber hören. Darauf gab ich dieselben Worte zur Antwort: Ich hätte keinen Willen als den ihrigen, nur möchte sie erwägen, daß ich eine Katholikin sei. Das Gerede davon ward immer stärker; dann kam die Königin von Navarra, seine Mutter, an den Hof, und die Verbindung ward noch vor ihrem Tode beschlossen[27]. Einige Monate nachher kam der Prinz von Navarra, von da an König von Navarra genannt. Er war in Trauer um seine Mutter, und achthundert Edelleute, die ihm folgten, gleichfalls in Trauerkleidern[28]. Er ward vom Könige und dem ganzen Hof sehr ehrenvoll empfangen, und unsre Vermählung ward nach wenigen Tagen mit solchem Pomp und solcher Festlichkeit vollzogen, als vorher noch bei keiner meines Ranges. Der König von Navarra und sein Gefolge hatten die Trauer- gegen sehr reiche und kostbare Kleider vertauscht; der ganze Hof war in kostbarem Schmuck, wie Sie wohl wissen und wie Sie es am besten beschreiben können[29]. Ich trug die königliche Krone, den großen blauen Mantel, dessen Schleppe drei Prinzessinnen nachtrugen, und den kleinen Hermelin-Mantel. Der ganze Kronschmuck umstrahlte mich. Es waren, wie es bei den Vermählungen der Töchter der Könige von Frankreich gebräuchlich ist, Gerüste errichtet und mit Goldstoff behangen, von dem bischöflichen Palaste an bis zur Kirche Notre-

Dame. Unten erdrückte sich das Volk, um den Zug des Brautpaars und des ganzen Hofs über diese Gerüste zu sehen. An der Kirche empfing uns der Kardinal von Bourbon und sagte die dabei üblichen Worte. Dann gingen wir bis zur Tribüne, welche das Schiff vom Chor absondert. Hier waren zwei Stufen, die eine führte zum Chor, die andre durch das Schiff hinaus, über die der König von Navarra aus der Kirche ging[30].

Das Schicksal gönnt den Sterblichen kein dauerndes Glück. Diese festlichen Freuden wurden in Leiden und Schrecken verkehrt, durch die Verwundung des Admirals[31], wodurch die Partei der neuen Religion aufs äußerste beleidigt und ganz zur Verzweiflung gebracht wurde[32]. Der ältere Pardaillan und einige andre Anführer der Hugenotten redeten in einem Tone mit der Königin Mutter, der ihr üble Absichten befürchten ließ. Es ward nach dem Rat des Herzogs von Guise und meines Bruders, des Königs von Polen, nachmaligen Königs von Frankreich, der Beschluß gefaßt, ihnen zuvorzukommen. Diesem pflichtete aber König Karl keineswegs bei; er schätzte die Herren Rochefoucauld, Téligny, La Noue und einige andre Häupter der neuen Religion, die er in Flandern zu nutzen dachte. Ich habe ihn selber sagen hören, daß sie Mühe gehabt hatten, seine Einwilligung zu erlangen, und er würde sie nie gegeben haben, wenn man ihm nicht hätte zu verstehen gegeben, daß es die Sorge für den Staat und für sein Leben so erfordere. Da er Maureverts Angriff auf den Admiral erfuhr (wie er nämlich aus dem Fenster nach ihm geschossen, in der Absicht ihn zu töten; er ward aber nur in der Schulter verwundet), war er überzeugt, Maurevert habe diesen Streich auf Anstiften des Herzogs von Guise ausgeführt, der sich an dem Admiral rächen wollte, weil dieser auf eben diese Weise den Vater des Herzogs von Guise durch Poltrot hatte ermorden lassen; und er, der König Karl, geriet deshalb in eine solche Wut gegen den Herzog von Guise, daß er darauf schwur, er solle es entgelten. Der König würde ihn gewiß haben in Verhaft bringen lassen, hätte er sich nicht den ganzen Tag über verborgen gehalten. Niemals war es der Königin Mutter so schwer geworden, dem Könige begreiflich zu machen, daß es zum Wohl des Staates geschehen wäre, wegen der schon erwähnten Neigung, die er zu dem Admiral, zu La Noue und zu Téligny trug; er schätzte ihren Geist und ihre Tapferkeit; er, als ein so mut- und geistvoller Fürst, schätzte nur die Personen, bei denen er dieselben Eigenschaften wahrnahm. Obgleich sie dem Staate sehr schädlich waren, so wußten diese Füchse sich so gut zu verstellen, daß sie ganz das Herz des vortrefflichen Fürsten gewannen, indem sie ihn hoffen ließen, dem Staate zu seiner Vergrößerung nützlich zu werden, indem sie ihm gute ruhmwürdige Unternehmungen auf Flandern vorschlugen, die fähig waren, diese große königliche Seele zu reizen. Wie ihm auch die Königin Mutter vorstellen mochte, daß der Mord, den der Admiral an des Herzogs Vater hatte verüben lassen, den Sohn entschuldige, wenn er selbst Rache suche, wo er keine Gerechtigkeit erlangen könnte[33]. Auch daß der Mord des Admirals an Charry, Feldzeugmeister der Leibgarde des Königs, einem so tapfern Manne, der dem König Karl so treulich während seiner Minderjährigkeit gedient, eine solche Strafe wohl verdiene[34]. Diese Worte mußten den König Karl überzeugen, daß die Königin Mutter Charrys Tod nicht vergessen hatte; dennoch war er vom Schmerz wegen des Verlustes der Personen, die ihm einst, wie er glaubte, nützlich sein konnten, so ganz hingerissen und so ganz betäubt, daß er gar nicht daran dachte, seine leidenschaftliche Begierde, ihnen Recht widerfahren zu lassen, zu mäßigen oder zu ändern; unaufhörlich befahl er, den Herzog von Guise aufzusuchen und in Verhaft zu nehmen; er wollte durchaus diese Tat nicht unbestraft lassen.

Da endlich Pardaillan durch seine Drohungen bei der Abendtafel der Königin Mutter die übeln Gesinnungen der Hugenotten verriet und sie einsah, wie die Dinge durch diese Begebenheit so weit gediehen waren, daß die Hugenotten den König und sie selbst angreifen würden, wenn sie ihnen nicht noch in derselben Nacht zuvorkäme, so entschloß sie sich, dem

Könige die Gefahr, in welcher er sich befände, und die wahren Umstände der ganzen Sache bekannt machen zu lassen, und zwar durch den Marschall von Retz, denn sie wußte, daß der König es von diesem, als seinem Vertrautesten und Begünstigtsten, am besten aufnehmen würde. Der Marschall ging noch denselben Abend um neun oder zehn Uhr zu dem König in sein Kabinett, wo er ihm sagte: Er könne als sein treuer Diener ihm die Gefahr nicht verhehlen, wenn er in seinem Vorsatz beharren sollte, den Herzog von Guise zur Rechenschaft zu ziehen; er müsse endlich wissen, daß der Herzog von Guise nicht allein an dem Angriff des Admirals Schuld sei, sondern daß auch der König von Polen, der nachmals König von Frankreich ward, und die Königin Mutter mit von der Partie wären. Der große Schmerz der Königin Mutter bei Charrys Ermordung wäre ihm bekannt; mit großem Rechte fühle sie sich gekränkt, weil sie zu derselben Zeit wenige Diener habe, die nur von ihr abhingen; denn wie der König wohl wisse, wäre während seiner Minderjährigkeit ganz Frankreich in Parteien geteilt gewesen, die Katholiken für den Herzog von Guise und die Hugenotten für den Prinzen Condé; beide trachteten darnach, ihm die Krone zu rauben, deren Erhaltung er nächst Gott allein der Wachsamkeit und der Klugheit der Königin Mutter verdanke, und in dieser Bedrängnis hätte niemand als Charry ihr treulich beigestanden;

damals hätte sie, wie der König wohl wisse, geschworen, seine Ermordung zu rächen. Auch sähe sie ein, daß der Admiral dem Staate äußerst verderblich sei, daß er keinen andern Vorsatz habe, als Frankreich in Verwirrung zu stürzen, und das unter dem Schein, dem Könige in Flandern zu dienen. Ihr Vorsatz sei gewesen, den Admiral, diese Pest des Königreichs, allein hinwegzuräumen; zum Unglück habe Maurevert sein Ziel verfehlt, und die Hugenotten wären so in Verzweiflung geraten, daß sie nicht allein sich an dem Herzog von Guise, sondern auch an der Königin Mutter und an seinem Bruder, dem Könige von Polen, rächen wollten; und da sie sogar wähnen, er, der König habe Anteil daran, haben sie beschlossen, noch in derselben Nacht die Waffen zu ergreifen, so daß Se. Majestät sich in großer Gefahr befänden, sowohl von seiten der Hugenotten als der Katholiken um des Herzogs von Guise willen.

Der König Karl, mein Bruder, der stets sehr vernünftig und der Königin Mutter gehorsam war, der als ein aufrichtig katholischer Fürst wohl einsah, worauf es ankam, faßte den Entschluß, sich mit der Königin Mutter zu vereinigen, sich ihrem Willen zu fügen und seine Person von den Katholiken gegen die Hugenotten beschützen zu lassen, obgleich unter unaufhörlichem Bedauern, Téligny, La Noue und Herrn von la Rochefoucauld nicht retten zu können. Er begab sich zur Königin Mutter, ließ den Herzog von Guise und die andern katholischen Fürsten und Anführer kommen und beschloß mit ihnen, noch in derselben Nacht das Blutbad der St. Barthélemy zu veranstalten[35]. Sogleich ward auch Hand an das Werk gelegt, die Straßen gesperrt, Sturm geläutet, und jeder eilte nach der gegebnen Ordre nach dem ihm angewiesenen Quartier, zum Admiral und zu den andern Hugenotten. Der Herzog von Guise stand bei der Wohnung des Admirals; Besme, ein deutscher Edelmann, ging zu ihm hinauf, erstach ihn und warf den Leichnam seinem Herrn, dem Herzog von Guise, aus dem Fenster zu[36]. Mir hatte man nichts von allem dem gesagt; ich sah alles in großer Bewegung; die Hugenotten in Verzweiflung wegen der Verwundung des Admirals; die Herren von Guise sich ängstlich in den Ohren zischelnd und in Besorgnis, daß man sie zur Rechenschaft fordern würde. Die Hugenotten hielten mich als eine Katholikin für verdächtig, und die Katholiken, weil ich einen Hugenotten geheiratet hatte, so daß keiner mir etwas sagte, bis auf den Abend, da ich beim Zubettgehen der Königin Mutter neben meiner Schwester, der Herzogin von Lothringen, saß, die sehr niedergeschlagen war, die Königin Mutter, nachdem sie mit jemand leise gesprochen hatte, mich erblickte und mir befahl, mich zu Bette zu legen. Da ich mich nun verneigte und weggehen wollte, ergriff meine Schwester mich am Arm und rief, indem sie sehr weinte: «Mein Gott, Schwester, geh nicht hin!» worüber ich heftig erschrak. Die Königin Mutter merkte es, rief meine Schwester zu sich und verbot ihr sehr zornig, mir etwas davon zu sagen. Meine Schwester stellte ihr vor: man möchte mich doch nicht so als Opfer hinschicken; sie würden sich, wenn sie etwas entdecken sollten, gewiß an mir rächen. Darauf antwortete ihr die Königin Mutter: «Wenn es Gottes Wille ist, wird ihr nichts Übels geschehen.» Wie es aber auch sei, müßte ich doch gehen, um ihnen keinen Verdacht zu geben.

Ich sah, daß sie miteinander stritten, konnte aber kein Wort verstehen. Darauf befahl sie mir noch einmal sehr hart, zu Bette zu gehen. Meine Schwester, die in Tränen schwamm, wünschte mir gute Nacht, ohne mir weiter etwas sagen zu dürfen, und ich ging vor Furcht bebend, ohne zu wissen, was ich zu fürchten hätte. So bald ich in meinem Kabinett war, betete ich zu Gott, daß er mich in seinen Schutz zu nehmen würdig halten möchte und daß er mich beschütze; ich wußte aber weder gegen was, noch gegen wen. Darauf befahl mir der König, mein Gemahl, daß ich mich zu Bette legen sollte. Ich gehorchte, fand aber sein Bett umringt von dreißig bis vierzig Hugenotten, die ich noch nicht kannte, weil ich erst so kurze Zeit vermählt war [37]. Die ganze Nacht durch redeten sie zu mir vom Admiral; sie faßten den Entschluß, mit Anbruch des Tages zum Könige zu gehen, um

Genugtuung zu fordern, und im Falle daß man ihnen solche nicht gebe, sie sich selber zu verschaffen. Mir lagen noch immer die Tränen meiner Schwester am Herzen, und ich konnte vor Furcht nicht einschlafen, ohne doch zu wissen worüber. So verging die Nacht, keiner tat die Augen zu. Mit Tagesanbruch sagte der König, mein Gemahl, er wolle Ball spielen, bis der König Karl aufwache, dann wollte er sogleich zu ihm und Genugtuung fordern. Darauf verließ er mein Gemach, und seine Edelleute folgten ihm. Da ich sah, daß der Tag angebrochen war, meinte ich, die Gefahr, von welcher meine Schwester gesprochen, sei vorüber; der Schlaf überwältigte mich, ich befahl daher meiner Amme, die Türe zu verschließen, damit ich ruhig schlafen könnte[38]. Nach einer Stunde, nachdem ich fest eingeschlafen war, pochte jemand mit Händen und Füßen an die Tür und rief: «Navarra, Navarra!» Meine Amme meinte, es sei der König, mein Gemahl, und lief schnell hinzu, ihm die Türe zu öffnen. Es war ein Edelmann, namens Léran, der von einem Degenstoß über den Ellbogen und von einer Hellebarde in den Arm verwundet war; er drängte sich mit vier Häschern, die ihn verfolgten, in mein Zimmer und warf sich auf mein Bett, um sich zu retten. Da ich alle diese Menschen sah, die sich über mich herwarfen, flüchtete ich in den Gang hinter meinem Bette, er aber mir nach, indem er sich fest an mich klammerte. Ich kannte den

Mann gar nicht und wußte nicht, ob er in der Absicht gekommen war, mir Leides zu tun, oder ob die Häscher ihm oder mir etwas tun wollten. Wir schrieen beide und waren einer so erschrocken als der andre. Gott gab es, daß Herr von Nançai, Hauptmann von der Garde, dazu kommen mußte; er konnte sich des Lachens nicht erwehren, als er mich in diesem Zustand erblickte, obgleich er mich bedauern mußte; er schimpfte auf die Häscher wegen ihrer Unschicklichkeit, jagte sie hinaus und überließ mir das Leben des armen Menschen, der mich immer noch festhielt. Ich ließ ihn in mein Kabinett bringen und seine Wunden verbinden; hier blieb er bis zu seiner völligen Heilung. Während ich ein anderes Hemd anzog, weil er mich ganz blutig gemacht hatte, erzählte mir Herr von Nançai, was eben vorging, und versicherte mir, der König, mein Gemahl, wäre in dem Zimmer des Königs, wo ihm nichts Leides geschähe. Darauf ließ er mich einen Schlafrock überwerfen und führte mich in das Zimmer meiner Schwester, der Herzogin von Lothringen. Mehr tot als lebend kam ich dorthin; indem ich in den Vorsaal trat, dessen Türen ganz offen standen, ward ein Edelmann, namens Bourse, der sich vor den Häschern retten wollte, nur drei Schritte von mir, von einer Hellebarde durchstoßen. Ich fiel ohnmächtig hin. Herr von Nançai hielt mich in seinen Armen; es war mir, als träfe der Stoß uns beide. Nachdem ich mich ein wenig erholt hatte, ging ich in das kleine Schlafzimmer meiner Schwester. Kaum war ich da, als Miossans, der erste Edelmann des Königs, meines Gemahls, und Armagnac, sein erster Kammerdiener, mich daselbst aufsuchten, um mich zu bitten, daß ich ihnen das Leben retten möchte. Ich ging sogleich hin und warf mich zu den Füßen des Königs und der Königin Mutter, sie darum zu bitten; sie gestanden es mir auch zu[39]. Nach fünf oder sechs Tagen sahen es die Urheber dieser Tat ein, daß sie ihrer hauptsächlichen Absicht eigentlich zuwider gehandelt, weil sie es nicht so gegen die Hugenotten hatten, als vielmehr gegen die Prinzen von Geblüt; man war also mißvergnügt darüber, daß der König, mein Gemahl, und der Prinz Condé verschont geblieben waren[40]. Da man nun einsah, daß niemand Hand an ihn legen würde, solange ich seine Gemahlin bliebe, so spannen sie einen andern Faden. Sie beredeten die Königin Mutter, meine Ehe müsse getrennt werden. In dieser Absicht rief sie mich am Morgen eines Festtages zu sich, als wir eben zur Beichte gehen wollten, und beschwor mich, ihr die Wahrheit zu sagen, ob der König, mein Gemahl, nicht unvermögend sei? Dann, sagte sie, wenn er das ist, so wäre es ein Mittel, die Ehe aufheben zu lassen. Darauf bat ich inständigst, zu glauben, daß ich mich gar nicht auf diese Frage verstände (auch konnte ich in Wahrheit damals wie jene Römerin sagen, die ihrem Manne, als er ihr vorwarf, sie habe es ihm nie gesagt, daß er einen übelriechenden Atem habe, antwortete: sie hätte geglaubt, alle Männer hätten einen solchen Atem, weil sie vorher nie einem andern Manne nahe gekommen wäre); wie dem aber auch sein möge, so wollte ich doch in dem Stande bleiben, in den sie selbst mich gesetzt. Ich argwohnte es gleich, daß man mich nur deshalb von ihm scheiden wollte, um ihm einen bösen Streich zu spielen[41].

Bald darauf begleiteten wir den König von Polen bis nach Beaumont[42]. Ehe er Frankreich verließ, ließ er kein Mittel unversucht, mich seine Undankbarkeit vergessen zu machen und wieder mit mir auf den freundschaftlichen Fuß zu kommen, auf welchem wir sonst gewesen waren; er verlangte sogar, eh er von mir Abschied nahm, ich sollte ihm Freundschaft zuschwören[43].

Seine Entfernung und die Krankheit des Königs Karl, welche beinahe zu eben der Zeit erfolgte, weckte wieder den Geist der beiden Parteien im Königreiche und die verschiedenen Projekte im Staate. Die Hugenotten hatten nach dem Tode des Admirals den König, meinen Gemahl, und meinen Bruder, den Herzog von Alençon, beredet (den sie vor der St. Barthélemy durch die Hoffnung gewonnen hatten, ihn in Flandern zu etablieren), eine Schrift zu unterschreiben, durch welche sie sich verpflichteten, den Admiral zu rächen und sich, sobald der König und die Königin Mutter wieder nach Frankreich kommen würden, durch die Champagne davon zu machen, wo sie alsdenn Truppen zu ihrem Empfange in Bereitschaft finden sollten. Herr von Miossans, ein katholischer Edelmann, erfuhr diese Unternehmung, die dem Könige seinem Herrn nachteilig war; er teilte sie mir mit, um diese Sache zu hintertreiben, die sowohl ihnen als dem Staate so schädlich hätte werden können. Ich ging sogleich zum Könige und zur Königin Mutter und sagte ihnen, daß ich ihnen etwas sehr Wichtiges mitzuteilen hätte, ich würde es aber nur unter der Bedingung entdecken, daß sie mir das Versprechen gäben, denjenigen, die ich nennen würde, nicht zu schaden, sondern Mittel anwenden müßten, der Sache abzuhelfen, ohne sich weiter etwas merken zu lassen. Ich entdeckte ihnen hierauf, daß mein Gemahl und mein Bruder morgen zu den Hugenotten entfliehen wollten, von denen sie mit Truppen erwartet würden, um der Verbindung willen, welche sie wegen des Admirals eingegangen; ich bat sie, ihren Kindern zu verzeihen, weil sie wegen jener Verbindung sehr zu entschuldigen wären, und ihnen irgend ein Hindernis in den Weg zu legen, ohne sich aber weiter etwas merken zu lassen. Die Sache ward so vorsichtig geführt, daß sie durchaus nicht entwischen konnten, und doch wurden sie nicht gewahr, woher ihnen die Verhindrung kam. Wir kamen nach St. Germain, wo wir uns wegen der

Krankheit des Königs sehr lange aufhielten. Währenddem suchte mein Bruder, der Herzog von Alençon, sich mir angenehm zu machen, und bemühte sich sehr um meine Freundschaft, so wie ich sie für meinen Bruder, den König Karl, immer hatte; denn bis dahin hatten wir uns nur wenig gesehen, und wir waren gar nicht sehr vertraut, weil er selten bei Hofe und beständig entfernt war gehalten worden. Durch seine Unterwürfigkeit, Anhänglichkeit und zärtliche Zuneigung ward ich auch bewogen, ihn zu lieben, und entschlossen, mich seiner Angelegenheiten anzunehmen. Doch immer nur unter der einzigen Bedingung, daß es nie etwas meiner Pflicht gegen meinen Bruder, den König Karl, sein dürfte, den ich über alles ehrte. Das Wohlwollen des Herzogs von Alençon gegen mich ward nie unterbrochen und dauerte bis an seinen Tod.

Da nun die Krankheit des Königs Karl immer zunahm, hörten die Hugenotten nicht auf, etwas Neues hervorzusuchen, um den König, meinen Gemahl, und meinen Bruder, den Herzog von Alençon, vom Hofe zu entfernen; und diesesmal erfuhr ich es nicht so wie das erstemal. Gott aber gab es zu, daß die Königin Mutter selber das Feuer entdeckte, als es eben ausbrechen wollte, indem die Truppen der Hugenotten an demselben Tage in St. Germain eintreffen sollten. Wir mußten um zwei Uhr nach Mitternacht aufbrechen und den König Karl in eine Sänfte schaffen, um eiligst nach Paris zu gehen. Die Königin Mutter nahm meinen Bruder und den König, meinen Gemahl, zu sich in ihren Wagen und behandelte sie nicht so sanft als das erstemal, denn sie wurden nach Vincennes gebracht, wo sie nicht fortkonnten. Das Übel ward auch immer ärger dadurch, daß der König unaufhörlich Berichte erhielt, die seinen Argwohn und Unmut vergrößerten; worin ihn, wie ich glaube, auch die List derjenigen, die den Ruin unsers Hauses wünschten, sehr zu bestärkten suchte. Dieser Argwohn ging so weit, daß die Marschälle von Montmorency und von Cossé nach Vincennes ins Gefängnis gebracht wurden, La Molle und der Graf Coconnas aber es mit ihrem Leben bezahlen mußten[44]. Es ging so weit, daß man eine Kommission vom Parlamentshof sandte, um meinen Bruder und den König, meinen Gemahl, zu verhören. Dieser hatte niemand um sich, der ihm hätte raten können; er gab mir also Befehl, schriftlich aufzusetzen, was er zu antworten habe, um weder sich noch andere in Schaden oder in Verlegenheit zu bringen. Mit Gottes Hilfe brachte ich diese Schrift auch so gut zu Stande, daß er völlig damit zufrieden und die Herren von der Kommission sehr verwundert waren, ihn in so guter Fassung zu sehen[45]. Da ich nun sah, daß durch den Tod des La Molle und des Grafen Coconnas die Beschuldigungen gegen sie so gehäuft wurden, daß man für ihr Leben zu fürchten hatte, entschloß ich mich (ungeachtet daß ich mich so gut bei dem Könige stand und er mich über alles liebte), dennoch mein ganzes Glück aufs Spiel zu setzen, um ihnen das Leben zu retten. Ich bedachte, wie ich immer mit meiner Kutsche ein- und ausführe, ohne daß die Wachen hinein sahen noch meinen Frauen ihre Masken abnehmen ließen, ich wollte also einem von den beiden Frauenkleider anziehen und ihn in meinem Wagen mit hinaus nehmen; beide konnten nicht mitgehen, sie wurden zu genau bewacht, auch war es hinlänglich, daß einer nur frei war, um dem andern das Leben zu sichern. Aber sie konnten sich nicht darüber vereinigen, welcher von ihnen zurückbleiben sollte, jeder wollte lieber mit hinausgehen, und darum konnte aus der ganzen Sache nichts werden. Gott wendete ein Mittel an, sie zu befreien, das sehr zu meinem Unglück gereichte; denn er nahm mir den König Karl[46], die Stütze und die Sicherheit meines Lebens; ein Bruder, von dem ich nie anderes als Gutes genossen, der mich bei den Verfolgungen meines Bruders von Anjou zu Angers immer warnte, mir riet und half. Kurz, in ihm verlor ich das Größte, was ich zu verlieren hatte[47]. Nach diesem für Frankreich sowohl als für mich traurigen Fall gingen wir dem Könige von Polen nach Lyon entgegen[48]. Er war immer noch von dem von Guast eingenommen, und so hatten dieselben Ursachen immer noch dieselben Wirkungen. Er hatte diesen verderblichen Geist in Frankreich zurückgelassen[49], um seine Partei zu erhalten, weil er auf meinen Bruder von Alençon eifersüchtig war, dessen Einigkeit mit dem Könige, meinem Gemahl, ihm Verdacht einflößte; da er nun mich als das Band und das Mittel ansah, das ihre Freundschaft erhielt, so hielt er es für das sicherste Mittel, sie zu veruneinigen, wenn man einerseits suchte Mißhelligkeit zwischen mich und den König, meinen Gemahl, zu bringen und hernach es dahin zu bringen, daß Frau von Sauve, der sie beide aufwarteten, sie einer auf den andern eifersüchtig mache. Dieser abscheuliche Anschlag, die Quelle und der Ursprung so vieles Verdrusses, so vieler Widerwärtigkeiten und Übel, welche ich und mein Bruder seitdem erlitten haben, ward mit eben so großem Eifer und so vieler List ausgeführt, als er verderblich ausgedacht war.

Viele halten dafür, daß Gott die Großen in besondern Schutz nehme und daß er den Seelen in welchen er irgend eine nicht gewöhnliche Vortrefflichkeit hervorleuchten macht, durch gute Geister insgeheim die guten oder bösen Begebenheiten, welche ihnen zugedacht sind, verkündigen lasse; so wie man bei der Köngin Mutter, die wohl hiezu gerechnet werden darf, bei verschiedenen Gelegenheiten bemerken konnte. So hat sie die Nacht vor jenem unglücklichen Turniere geträumt, daß der König, mein Vater, ins Auge verwundet würde, wie auch wirklich geschehen; da sie erwachte, bat sie ihn zu wiederholten Malen, an diesem Tage nicht zu turnieren und sich bloß mit Zusehen zu vergnügen. Aber das unausweichbare Schicksal gönnte dem Reiche nicht so viel Gutes, daß der König diesem Rate gefolgt hätte. Nie verlor sie eins ihrer Kinder, ohne daß sie nicht eine große Flamme erblickte, wobei sie denn immer gleich ausrief: «Gott behüte meine Kinder!» Aber den Augenblick darauf hörte sie dann immer die betrübende Nachricht, die ihr durch die Flamme schon war angezeigt worden. Zu Metz war sie an der Pest schwer krank, welche sie in den Nonnenklöstern aufraffte, deren es eine große Anzahl in dieser Stadt gab, welche davon angesteckt waren und die sie besuchte; sie ward aber auf eine wunderbare Weise für den Staat erhalten, der ihrer noch so sehr bedurfte, durch die Sorge ihres Arztes, des Herrn Castelan, der damals als ein neuer Äskulap einen ausgezeichneten Beweis seiner vortrefflichen Kunst ablegte. Da sie nun im Fieber phantasierte und der König Karl, mein Bruder, meine Schwester und mein Bruder von Lothringen, viele Herren vom Staatsrat, Prinzessinnen und viele Damen um ihr Bette standen, ihr beistanden und sie wie ohne Hoffnung nicht einen Augenblick verlassen wollten, rief sie aus ihren Fieberträumen, als ob sie die Schlacht bei Jarnac vor sich sähe: «Seht, sie fliehen, mein Sohn siegt! – O mein Gott! hebt meinen Sohn auf, er liegt auf der Erde! Seht ihr nicht den Prinzen von Condé dort an der Hecke tot liegen?» Alle Anwesenden glaubten, es sei eine Fieberphantasie, da sie nichts im Kopfe hatte, als meinen Bruder, der, wie sie wußte, eben eine Schlacht liefern mußte. Aber in der darauffolgenden Nacht, als Herr von Losse ihr diese Nachricht eiligst als sehr unerwartet brachte und sich mit seiner Eil ein großes Verdienst erworben zu haben glaubte, sagte sie ihm: «Ihr seid sehr überlästig, mich darum aus dem Schlafe zu wecken; ich wußte es schon. Habe ich es nicht vorgestern gesehen?»

Da erkannte man es denn, daß es kein Fiebertraum gewesen, sondern ein besonderes Zeichen, das Gott den seltnen berühmten Personen sendet. Die Geschichte liefert uns so manches Beispiel davon bei den alten Heiden; so wie das Gespenst, das Brutus gesehen und viele andre, die ich nicht anführen will, da es meine Absicht nicht ist, diese Memoiren auszuschmücken, sondern wahr zu erzählen und schnell zu endigen, damit Sie sie desto früher erhalten. Solcher göttlichen Eingebung kann ich mich nicht wert achten, um aber nicht undankbar die große Gnade zu verschweigen, die Gott mir erzeigt, welche ich mein Leben lang bekennen will und soll, um ihm dafür zu danken; und damit ein jeder die Wunder seiner Allmacht und Güte und die Barmherzigkeit, welche er mir erzeigt, preise; so will ich gestehen, daß ich niemals mich einer merkwürdigen Begebenheit nähere, sie sei nun traurig oder fröhlich, ohne daß ich nicht vorher im Traume oder sonst auf irgendeine Weise davon benachrichtigt würde; und ich kann wohl den Vers sagen: «Mein Unglück und mein Glück weissagt mir selbst mein Geist.»

Diese Erfahrung machte ich wieder bei der Ankunft des Königs von Polen, da die Königin Mutter ihm entgegen gegangen war. Während sie sich umarmten und sich gegenseitig bewillkommten, überfiel mich, obgleich man im Gedränge vor Hitze fast erstickte, ein solcher Schauder, daß der, welcher mich führte, es bemerkte. Ich hatte viel Mühe, es zu verbergen, als der König, nachdem er die Königin Mutter verlassen, zu mir kam und mich begrüßte. Diese Vorbedeutung ging mir tief ans Herz. Es vergingen jedoch noch einige Tage, eh der König den Haß und den übeln Willen merken ließ, den der arglistige Guast in ihm gegen mich durch den Bericht erregt hatte, daß ich seit dem Tod des Königs und während seiner Abwesenheit die Partei des Herzogs von Alençon genommen und ihm die Zuneigung des Königs, meines Gemahls, zugewendet habe. Da sie nun immer eine Gelegenheit zu erschleichen suchten, um nach der genommenen Abrede den Herzog von Alençon und den König, meinen Gemahl, zu verun-einigen, indem sie erst mich mit meinem Gemahl entzweiten und hernach sie wieder unter einander auf Frau von Sauve eifersüchtig zu machen, so paßten sie es einmal ab, da die Königin Mutter einen Nachmittag wegen eines wichtigen Geschäftes in ihrem Kabinett war und Ihre Cousinen, Frau von Nevers und von Retz, die Fräulein von Bourdeille und von Surgères mich baten, mit ihnen in der Stadt herumzufahren; worauf Fräulein von Montigny, die Nichte von Fräulein von Uzès sagte, daß die Abtei St. Peter ein sehr schönes Frauenkloster sei, und wir entschlossen uns hinzufahren; sie bat uns, mitfahren zu dürfen, weil sie eine Tante dort habe, die sie besuchen möchte, und man nicht eingelassen würde, wenn man nicht mit einer großen Dame käme. Wir nahmen sie mit, und als wir in den Wagen stiegen, der von uns sechsen, nebst der Frau von Curton, die mich allenthalben begleitete, ganz voll war, kamen Liancourt, der erste Stallmeister des Königs, und Camille und hängten sich an den Schlag von Thorignys Wagen, wo sie sich, so gut als es angehen wollte, festhielten; da sie immer von sehr heitrer Laune waren, scherzten sie und sagten, sie wollten auch die hübschen Nonnen sehen. Die Gegenwart der Fräulein von Montigny, welche uns allen fremd, und der Männer, die Vertraute des Königs waren, betrachtete ich als eine Veranlassung der göttlichen Vorsehung, um mich vor der bösen Verleumdung zu schützen, die man erdachte. Mein Wagen war an der Vergoldung und an dem gelben, reich mit Silber besetzten Samt, womit er ausgeschlagen war, sehr kenntlich; da wir ausgestiegen und in das Kloster gegangen waren, erwartete er uns auf dem Platze, auf welchem viele Edelleute wohnten. Während wir uns in dem Kloster aufhielten, kam der König über diesen Platz, um Quélus zu besuchen, der gerade krank war; es war niemand in seinem Gefolge als der König, mein Gemahl, von O und der dicke Ruffé. Da der König meinen Wagen auf dem Platz halten sah, wendete er sich zu dem Könige, meinem Gemahl, und sagte: «Sehet, da steht der Wagen eurer Frau, und hier wohnt Bidé (derselbe, der seitdem Ihrer Cousine aufgewartet hat), er ist krank, ich wette, sie ist bei ihm.» Er schickte den dicken Ruffé hin, der als ein Freund von Guast ein sehr taugliches Instrument zu solcher Bosheit war, um nachzusehen, ob es wahr sei. Da nun Ruffé nichts fand und er doch der Absicht des Königs durch die Wahrheit nicht entgegen handeln wollte, sagte er laut, so daß der König, mein Gemahl, es hören mußte: «Die Vögel waren drin, sind aber ausgeflogen.» Dies gab nun genug Stoff zur Unterhaltung während ihres Rückwegs. Der König, mein Gemahl, zeigte hierbei die Güte und Einsicht, die ihn nie verläßt; er verwünschte im Herzen diese Bosheit und beurteilte sehr richtig, zu welchem Zwecke man sie anwenden wollte. Der König eilte, um früher als ich zurückzukommen, damit er der Königin Mutter die Erfindung mitteilen und mir eine Beschimpfung bereiten könnte; er behielt auch Zeit genug, es auszuführen, eh ich kam, und die Königin

Mutter, halb weil sie es glaubte, halb diesem Sohne zu gefallen, den sie vergötterte, sprach heftig mich tadelnd darüber in Gegenwart ihrer Damen. Da ich nun zurückkam, ging ich mit allen, die mich begleitet hatten, auf mein Zimmer, ohne etwas von allem dem zu ahnden. Sobald der König, mein Gemahl, mich kommen sah, fing er an zu lachen und sagte: «Geht zu der Königin Mutter, ich bin gewiß, ihr kommt verdrüßlich genug zurück.» Ich fragte, warum? und was es gäbe? «Ich werde Euch gewiß nichts davon sagen», erwiderte er, «es sei Euch genug, daß ich es nicht glaube, es sind lauter Erfindungen, uns zu entzweien, um dadurch euren Bruder von mir zu entfernen.» Da ich nichts mehr von ihm erfahren konnte, ging ich zur Königin Mutter. Im Saal begegnete ich dem Herzog von Guise; er war eben nicht unzufrieden mit dem Zwist, den er in unserm Hause ausbrechen sah; er als ein vorsichtiger Mann hoffte die Trümmer aus dem Schiffbruche zu sammeln. «Ich erwartete Euch hier», sagte er, «um Euch zu benachrichtigen, daß die Königin Mutter sehr aufgebracht gegen Euch ist.» Darauf erzählte er mir die ganze Geschichte, die er durch von O erfahren hatte; dieser, als der Freund Ihrer Cousine, hatte es dem Herzog in der Absicht hinterbracht, damit er uns die Nachricht davon brächte. Darauf ging ich in das Zimmer der Königin Mutter, sie war nicht darin, aber ich fand die Herzogin von Nemours, die andern

Prinzessinnen und alle Damen darin, die mir zuriefen: «O Gott, gnädige Frau! die Königin Mutter ist sehr gegen Euch aufgebracht, es ist nicht ratsam, daß Ihr jetzt zu ihr hinein geht.» «Nein», rief ich, «hätte ich getan, wessen der König mich bei ihr anklagte, so würde ich ihr ausweichen; ich bin aber ganz unschuldig und muß sie sprechen, um sie darüber aufzuklären.» Drauf ging ich zu ihr in das Kabinett, das bloß mit einer hölzernen Wand abgeteilt war, so daß man draußen alles hören konnte, was innen gesprochen ward. Sobald sie mich erblickte, warf sie Feuer und Flammen und alles, was ein ungemäßigter Zorn nur eingeben kann, gegen mich aus. Darauf versuchte ich ihr die Wahrheit vorzustellen, wie wir zehn bis zwölf Personen gewesen, und bat sie, sich darnach zu erkundigen und nicht etwa meinen Freundinnen zu glauben und denen, die mir vertraut seien, sondern die Fräulein von Montigny sollte sie fragen, die in gar keiner Verbindung mit mir stehe, und Liancourt und Camille, die Vertrauten des Königs. Sie hatte aber kein Ohr für Recht oder Vernunft und wollte gar nichts hören, es sei nun, daß sie von dieser Lüge überzeugt war, oder jenem Sohne zu gefallen, den sie aus Neigung, aus Pflicht, von Hoffnung oder von Furcht verleitet, anbetete, und hörte nicht auf zu schreien, zu zanken und zu drohen. Da ich ihr nun sagte, sicher habe der König mir diesen Dienst geleistet, geriet sie noch heftiger in Zorn und bestand darauf, daß einer ihrer Kammerdiener mich im Vorbeigehen dort gesehen hätte. Sie ward nur immer heftiger gereizt, da sie merkte, daß diese grobe schlechte Hülle von mir als solche genommen ward und daß ich mich vom Königе unendlich beleidigt hielt. Alles das ward von den Personen im äußeren Zimmer deutlich gehört. Da ich nun mit dem Verdruß hinaus und auf mein Zimmer ging, rief der König, mein Gemahl, mir entgegen:

«Nun ist es nicht so, wie ich sagte? Grämt euch aber nicht darum», fügte er hinzu, da er meine Betrübnis sah, «Liancourt und Camille werden sich beim Zubettgehen des Königs bei ihm einfinden und ihm das Unrecht, das euch geschehen, vorstellen; ich bin gewiß, morgen wird die Königin Mutter sehr mit der Aussöhnung beschäftigt sein.» «Mein König», erwiderte ich darauf, «ich habe durch diese Verleumdung eine zu öffentliche Beschimpfung erlitten, als daß ich dem, der sie verursachte, verzeihen könnte; und doch ist diese Beschimpfung noch ein geringer Schaden gegen den, den sie mir zuzufügen gedachten, indem sie, um mich ganz unglücklich zu machen, mich mit Euch veruneinigen wollten.» Darauf sagte er: «Gott sei Dank, es ist ihnen nicht gelungen!» «Ja», erwiderte ich, «Gott und eurem guten Gemüte sei es gedankt! Laßt uns aber aus diesem Übel etwas Gutes ziehen; es möge uns beiden zur Warnung dienen, damit wir die Augen offen halten gegen die List, welche der König anwenden wird, uns zu entzweien; denn wir können überzeugt sein, da er einmal diese Absicht hatte, daß er es nicht dabei bewenden lassen, sondern nicht Ruhe halten wird, bis er die Freundschaft zwischen Euch und meinem Bruder zerstört hat.» Mein Bruder kam dazu, und ich ließ sie aufs neue sich unverbrüchliche Treue schwören; welchen Schwur aber kann die Liebe nicht vereiteln? –

Tages drauf kam ein italienischer Bankier, der meinen Bruder bediente, zu ihm und bat ihn, den König, meinen Gemahl, mich und andre Prinzessinnen und Damen bei ihm in seinem schönen Garten in der Stadt zu Mittag zu essen. Da ich nun immer die Ehrfurcht gegen die Königin Mutter beobachtet hatte, solange ich bei ihr war, sowohl im verheirateten als im unverheirateten Stande, nirgend hinzugehen, ohne Urlaub von ihr zu nehmen, so ging ich auch dieses Mal in den Saal, als sie von der Messe zurückkam, und bat sie um Erlaubnis, zu dem Gastmahl gehen zu dürfen. Sie sagte darauf ganz laut und öffentlich: Ich könnte hingehen, wo es mir beliebe, es sei nicht ihre Sorge! Ihnen und allen, die meinen stolzen Geist kannten, überlasse ich es zu beurteilen, ob ich diese Beschimpfung fühlte! Während wir bei dem Gastmahl waren, ging der König zur Königin Mutter, nachdem er mit Liancourt und Camille und mit Fräulein von Montigny geredet und den Irrtum eingesehen hatte, worin er durch Ruffés Bosheit geraten war. Er war jetzt ebenso bemüht, diesen Irrtum wieder gut zu machen, als er vorher ihn schnell gefaßt und verbreitet hatte. Er gestand der Königin Mutter die Wahrheit und bat sie, es auf jede Weise wieder gut zu machen, damit ich ihm nicht feind bliebe; denn da er meine Einsicht kannte, fürchtete er, ich möchte mich zu einer Zeit eben so gut zu rächen wissen, als er mich zu beleidigen verstand. Als wir zurück von dem Gastmahl kamen, geschah, was der König, mein Gemahl, prophezeiht hatte. Die Königin Mutter ließ mich zu sich in ihr Kabinett neben dem Kabinett des Königs rufen, hier sagte sie: «Ich weiß jetzt die Wahrheit von allem, und du hast mir freilich nichts anders als die Wahrheit gesagt. Mein Kammerdiener hat gelogen, er ist ein schlechter Mensch, ich werde ihn fortjagen.» Da sie mir nun ansah, daß ich mich davon gar nicht betrügen ließ, war sie auf jede Weise bemüht, meine Meinung zu ändern, daß es nämlich der König sei, der mir den übeln Dienst erzeigt. Er war in seinem Kabinett und hörte, wie sie durchaus meine Meinung nicht ändern konnte und wie sie nichts bei mir ausrichtete; er trat also zu uns herein, machte mir eine Menge Entschuldigungen, wie man ihn mit dieser falschen Beschuldigung betrogen, und gab mir alle Genugtuung und jede Versichrung der Freundschaft, die ich verlangen konnte[50].

Nachdem wir einige Zeit zu Lyon zugebracht, reisten wir nach Avignon[51]. Da Guast dergleichen Verleumdungen nicht mehr ersinnen durfte und ich mich hütete, durch irgend eine meiner Handlungen eine Blöße zu geben, so daß er mich durch Eifersucht mit meinem Gemahl hätte veruneinigen oder die Freundschaft zwischen ihm und meinem Bruder hätte wankend machen können, schlug er einen andern Weg ein; nämlich er gewann Frau von Sauve, so daß sie sich völlig von ihm regieren ließ; sie folgte in allem seinen Lehren, die nicht weniger schädlich sind, als die man in der *Celestina*[52] findet. Sie brachte die Liebe meines Bruders und des Königs, meines Gemahls (die erst gemäßigt war und sanft, wie gewöhnlich bei so jungen Personen), zu einer solchen Heftigkeit, daß sie Ehrgeiz, Pflicht und jede andre Absicht vergaßen und ihnen nichts so wichtig ward, als diese Frau zu gewinnen; und endlich wurden sie so eifersüchtig auf einander, daß, obgleich Frau von Sauve auch vom Herzog von Guise, von Guast, von Souvray und von vielen andern noch gesucht ward, die alle mehr als jene von ihr geliebt wurden, sie sich doch gar nicht um alle diese bekümmerten, sondern einer fürchtete immer nur den andern. Um ihr Spiel noch besser zu führen, beredete diese Frau den König, meinen Gemahl, daß ich eifersüchtig sei und deshalb meinen Bruder bei ihr zu unterstützen suchte. Wie leicht glaubt man nicht alles, was geliebte Personen sagen! Der König, mein Gemahl, glaubt ihr, entfernt sich von mir und verbirgt sich mehr vor mir als vor jeden andern, welches er bis dahin nie getan; denn er hatte mir immer von seiner Phantasie für sie aufrichtig, wie zu einer Schwester gesprochen, weil er wohl wußte, daß ich auf keine Weise eifersüchtig auf ihn war und daß ich nichts wünschte als seine Zufriedenheit. Da ich nun sehen mußte, daß, was ich am meisten gefürchtet, nun doch eingetroffen war, daß ich nämlich sein Wohlwollen verloren, indem er nicht mehr freimütig mit mir redete wie bisher (Mißtrauen aber und Mangel an Freimütigkeit ist der Ursprung allen Hasses zwischen Verwandten wie zwischen Freunden), und da ich nun wußte, daß, wenn ich die Neigung meines Bruders zur Frau von Sauve abwenden könnte, würde ich den Grund von Guast seiner Intrige untergraben, wandte ich alles an, meinen Bruder von ihr abzuziehen. Bei jedem andern, dessen Seele nicht so verblendet von Leidenschaft und nicht so in den Netzen der List verstrickt gewesen wäre, hätte ich etwas ausrichten können; mein Bruder, der zu niemand so viel Zutrauen hatte als zu mir, konnte dies doch nie über sich gewinnen, zu meinem Heil wie zu seinem, so mächtig waren die Reize dieser Circe und der teuflische Geist des Guast, der sie unterstützte; anstatt meinen Rat zu benutzen und meinen Bitten zu folgen, brachte mein Bruder jedes meiner Worte der Frau von Sauve wieder zu. Was kann man wohl dem geliebten Gegenstande verhehlen? Aus Wut gegen mich diente sie dem Guast in seinen Absichten nur um desto eifriger, und um sich an mir zu rächen, nahm sie den König, meinen Gemahl, immer mehr gegen mich ein, so daß er sich immer mehr von mir entfremdete und gar nicht mehr mit mir sprach. Er kam immer sehr spät von ihr nach Hause, und des Morgens ganz früh mußte er sich auf ihren Befehl, um zu verhindern, daß er mit mir spreche, beim Lever der Königin Mutter einfinden, wo sie zugegen sein mußte; den ganzen übrigen Tag blieb er bei ihr. Eben so eifrig war mein Bruder um sie bemüht, und jedem bildete sie ein, er wäre allein und besonders von ihr geliebt; so ward der Zwist durch die Eifersucht bis zu unserm Verderben befördert.

Nach einem langen Aufenthalt zu Avignon und einer Reise durch die Champagne und Bourgogne begaben wir uns nach Reims zur Vermählung des Königs[53] und von da nach Paris, währenddem es immer bei dem alten blieb. In Paris kam mein Bruder näher mit Bussy[54] zusammen und achtete ihn so hoch, als seine Tapferkeit es wert war. Mein Bruder und ich waren immer zusammen, und er hatte allen den Seinigen befohlen, mich nicht weniger als ihn zu ehren und mir zu gehorchen; sie gehorchten mit Freuden und waren mir ebenso als ihm zugetan; da nun Bussy viel um meinen Bruder war, so war er auch natürlich viel bei mir. Ihre Tante sagte mir darüber, die schöne Einigkeit zwischen meinem Bruder und mir erinnerte sie an die Zeit des Herzogs von Orléans, meines Oheims, und der Herzogin von Savoyen, meiner Tante; Guast der Pilz gab ihr aber eine sehr verkehrte Auslegung und benutzte es als ein schönes Mittel zu seinem Zweck. Durch Frau von Sauve hatte er sich in der Gunst des Königs, meines Gemahls, eingeschlichen und suchte ihn nun zu bereden, daß Bussy mein Liebhaber sei; da er nichts damit ausrichtete, denn die Leute des Königs, meines Gemahls, die mich stets umgaben, waren Zeugen meines Betragens, das auf keine Weise Anlaß zu einem Argwohn der Art gab, so wandte er sich an den König, der leichter zu überreden war, teils weil er meinem Bruder und mir nicht wohl wollte, unsre Einigkeit war ihm verdächtig und verhaßt; teils weil er Bussy haßte, der zuerst ihm zugehörte und ihn verlassen hatte, um meinem Bruder zu dienen. Diese Eroberung Bussys vergrößerte sowohl den Ruhm meines Bruders als den Neid unsrer Feinde; denn Bussy war der erste seiner Zeit an Ruhm, an Tapferkeit, an Verstand und Anmut; darum auch viele meinten, wenn man wie eine Sekte der Philosophen an die Seelenwanderung glauben wollte, so könnte man gewiß annehmen, daß Bussy von der Seele Ihres tapfern Bruders, von Hardelay, belebt würde.

Der König ließ sich von Guast seiner Verräterei

einnehmen und bat die Königin Mutter, mit dem Könige, meinem Gemahl, darüber zu sprechen, und suchte sie, wie zu Lyon, gegen mich aufzubringen. Aber sie wies ihn zurück und sagte: «Ich weiß nicht, wer die Anhetzer sein mögen, die euch dergleichen in den Kopf setzen. Meine Tochter ist sehr unglücklich, in dieser schlechten Zeit geboren zu sein. Zu meiner Zeit sprach man frei mit jedermann, und alle rechtlichen Leute im Gefolge des Königs, Eures Vaters, der Dauphin und der Herzog von Orléans, eure Oheime, waren gewöhnlich bei Eurer Tante, der Prinzessin Margaretha, oder bei mir im Zimmer, ohne daß je ein Mensch daran zu tadeln fand. Bussy sieht meine Tochter in eurer, in ihres Gemahls Gegenwart in ihrem Zimmer und in Gegenwart aller Leute ihres Gemahls und vor der ganzen Welt; es geschieht weder im geheim noch bei verschloßnen Türen; Bussy ist von Stande und der erste bei eurem Bruder, was ist dabei weiter zu denken oder zu reden? Wißt ihr irgend sonst noch etwas darüber außer durch Klätscherei? Ihr waret Schuld, daß ich ihr zu Lyon einen Schimpf antat, den sie, fürcht' ich, nie vergessen wird.» Der König war ganz erschrocken und sagte: «Gnädige Frau, ich sage nichts, als was die andern sagen!» – «Wer sind diese andern?» erwiderte sie, «mein Sohn, das sind Leute, die Euch mit den eurigen veruneinigen wollen.» Der König entfernte sich; darauf erzählte sie mir alles und fügte hinzu:

«Du bist in einer erbärmlichen Zeit geboren!» Sie rief darauf Ihre Tante, Frau von Dampierre, zu sich und unterhielt sich mit ihr von der anständigen Freiheit und den Ergötzlichkeiten ihrer Zeit, in welcher sie nicht wie wir den Verleumdungen so ausgesetzt waren. Da Guast sah, daß die Mine aufgedeckt war und nicht gezündet hatte, wandte er sich an einige Edelleute, die damals im Gefolge des Königs, meines Gemahls, waren, bis dahin Gefährten von Bussy und seine Freunde, nun aber seine Feinde aus Neid wegen seines Ruhms und seiner Beförderung. Diesem neidischen Haß fügten sie noch den unbedachtsamen Eifer für ihren Herrn zu, oder besser, sie verdeckten ihren Neid unter diesem Vorwand, und eines Abends, als er spät von seinem Herrn kam und nach Hause gehen wollte, lauerten sie ihm auf, um ihn zu ermorden; da die rechtlichen Leute aus meines Bruders Gefolge ihn gewöhnlich begleiteten, wußten jene es also, daß sie ihn nicht ohne eine Begleitung von fünfzehn oder zwanzig ehrlichen Leuten antreffen würden; und obgleich er wegen der Wunde an seinem rechten Arm, die er einige Tage zuvor in dem Gefecht mit St. Phal erhielt, keinen Degen trug, seine Gegenwart allein schon hinreichend wäre, den Mut seiner Begleiter zu verdoppeln; sie beschlossen also, ihn mit zwei- bis dreihundert Mann anzugreifen, und hofften, die Nacht würde diesen Meuchelmord mit ihrem Schleier verdecken. Guast, der das Leibregiment kommandierte, gab ihnen Soldaten; sie stellten sich in fünf oder sechs Haufen eingeteilt in der nächsten Straße, die zu seiner Wohnung führte, und überfielen ihn, als er durchgehen wollte; zugleich löschten sie alle Lichter und Fackeln aus. Nach einer Salve aus ihren Büchsen und Pistolen, die hinreichend hätte sein können, ein ganzes Regiment anzugreifen, kamen sie miteinander ins Handgemenge. Sie suchten nur immer ihn in der Finsternis nicht zu verfehlen, denn er war an einer colombinefarbnen Schärpe kenntlich, in welcher er seinen verwundeten Arm trug (sehr zu ihrem Glück, da sie sonst seine Schwere wohl hätten empfinden sollen). Der kleine Haufen, der ihn umgab, hielt sich gut; trotz des unerwarteten Anfalls und des Schreckens der Nacht verloren sie weder den Kopf noch den Mut; sie gaben ebenso große Beweise der Tapferkeit als der Treue für ihren Freund, den sie, indem sie sich glücklich durchschlugen, nach seiner Wohnung brachten, ohne einen Mann zu verlieren, außer einen Edelmann, der mit ihm erzogen war und der auch wegen einer Wunde seinen Arm in einer colombinefarbnen Schärpe trug, nur war diese nicht so reich gestickt als jene. War es nun die Dunkelheit oder die blinde Wut der Meuchelmörder, die den Befehl hatten, auf die colombinefarbne Schärpe zu fallen, genug, der ganze Haufen warf sich auf den armen Edelmann, den sie für Bussy hielten, und er blieb für tot auf der Straße liegen. Ein italienischer Edelmann meines Bruders, der dabei war, lief gleich nach dem ersten Angriff zurück ins Louvre, kam ganz blutig in das Schlafzimmer meines Bruders, der schon zu Bette war, und schrie: «Man ermordet Bussy!» Mein Bruder wollte sogleich hin; zum Glück hatte ich mich noch nicht zu Bette gelegt, und da ich ganz nahe bei meinem Bruder wohnte, hatte ich schon den Menschen gehört, wie er noch auf der Treppe diese entsetzliche Nachricht ausrief. Ich lief sogleich zu meinem Bruder, um ihn am Ausgehen zu verhindern, und da ich sah, daß sein gerechter Schmerz ihn so außer sich selbst brachte, daß er, ohne sich zu bedenken, in die größten Gefahren stürzen könnte, um sich zu rächen, schickte ich zur Königin Mutter, damit sie kommen und ihn zurückhalten möchte. Wir konnten ihn nur mit vieler Mühe halten. Die Königin Mutter stellte ihm vor, er dürfe unmöglich allein, unbegleitet in der Nacht ausgehen; Guast sei vielleicht boshaft genug, es eigentlich so zu veranstalten, daß er herausgehe, um ihn dann in irgend ein Unglück zu stürzen. In seiner Verzweiflung hatten alle diese Reden keine Kraft; aber sie brauchte ihr Ansehen, hielt ihn fest, befahl der Wache an der Türe, ihn nicht hinaus zu lassen, und blieb bei ihm, bis die wahre Nachricht kam. Bussy, welchen Gott auf wunderbare Weise aus dieser Gefahr errettete, war gar nicht bestürzt wegen dieser Begebenheit, seine Seele war keiner Furcht fähig, er war dazu geboren, der Schrecken seiner Feinde, der Ruhm seines Herrn und die Hoffnung seiner Freunde zu sein. Sobald er glücklich in seiner Wohnung angelangt war, dachte er daran, was sein Herr leiden würde, wenn diese Nachricht so unzuverläßig zu ihm käme; er fürchtete, es möchte ihn so weit bringen, daß er sich selbst in die Netze seiner Feinde stürze, so wie es ohne Zweifel auch würde geschehen sein, wenn die Königin Mutter ihn nicht daran verhindert hätte. Er sendete daher gleich einen der Seinigen, der die umständliche und wahrhafte Nachricht an meinen Bruder bringen mußte. Sobald es Tag ward, kam er selber ohne Furcht vor seinen Feinden so mutig und fröhlich auf das Louvre, als käme er von einem Turnier. Mein Bruder, ebenso voll Freude ihn wieder zu sehen als voll Ärger und Begierde sich zu rächen, zeigte es genugsam, wie sehr er die Beleidigung fühlte, da man ihn des tapfersten und würdigsten Dieners berauben wollte, den je ein Fürst gekannt, und daß Guast den Bussy angefallen, bloß weil er nicht an ihn selber reichen konnte. Die Königin Mutter, die einsichtsvollste und verständigste aller Frauen, sah die Wichtigkeit dieser Begebenheit sogleich ein und sah voraus, daß ihre beiden Söhne sich endlich darüber entzweien könnten; sie riet also meinem Bruder, um allen Vorwand aus dem Wege zu räumen, daß er Bussy auf einige Zeit vom Hofe entfernen sollte. Auf meine Bitten willigte mein Bruder auch sogleich ein, denn wäre er geblieben, so hätte Guast ihn immer ins Spiel gemischt und ihn zu seinen verderblichen Absichten als Decke gebraucht. Bussy, der keinen Willen hatte als den seines Herrn, reiste ab, begleitet von den bravsten Edelleuten an meines Bruders Hofe.

Der König, mein Gemahl, hatte zu derselben Zeit in einer Nacht eine sehr heftige Ohnmacht, die wohl über eine Stunde lang dauerte (sie war, glaube ich, eine Folge von Ausschweifungen mit Frauen, denn ich hatte bis dahin nie dergleichen an ihm bemerkt); ich kam ihm während dieses Zufalls zur Hilfe, wie meine Pflicht es erforderte; darüber war er so zufrieden mit mir, daß er es gegen jedermann rühmte, wobei er sagte, daß, wenn ich es nicht zuerst gemerkt hätte und ihm zur Hilfe gekommen wäre, so würde er haben sterben müssen. Da Guast nun merkte, daß er mir darum besser begegnete und auch daß seine Freundschaft mit meinem Bruder wieder lebhafter ward, von der er mich immer als die Ursach ansah, und meinte, ich sei ihnen (was man bei allen Dingen in der Welt, am deutlichsten aber bei den entzwei geschnittenen Schlangen wahrnimmt) ein gewisser natürlicher Balsam, der die getrennten Teile wieder zusammenfügt und vereinigt, verfolgte er immer seine verderbliche Absicht und suchte neue Erfindungen zu schmieden. Er setzte dem Könige in den Kopf, der seit einigen Tagen, gleichfalls auf die Veranstaltung des Guast, eine der Fräuleins der Königin, seiner gesalbten, tugendhaften guten Fürstin, fortgeschickt hatte, die sie sehr liebte, die mit ihr auferzogen war, sie hieß Changi; er sollte es dahin bringen, daß der König, mein Gemahl, dasselbe an mir täte und die, welche ich am meisten liebte, sie hieß Thorigny, fortschicken möchte, ohne andre Ursache, als daß man den jungen Prinzessinnen keine Fräuleins lassen müßte, auf welche sie so großes Vertrauen setzen. Der König ließ sich von diesem schlechten Menschen bereden und sprach mehreremal mit meinem Gemahl darüber; dieser antwortete ihm: er würde mir damit einen grausamen Verdruß zufügen; ich liebte die Thorigny nicht ohne Grund; denn außer daß sie mit der Königin von Spanien, meiner Schwester, und mit mir von Kindheit auf zusammen erzogen wäre, hätte sie viel Verstand, und ihm selber hätte sie während seiner Gefangenschaft zu Vincennes sehr gedient; er würde undankbar sein, wenn er es ihr je vergessen könnte, er habe ja selbst gesehen, daß Se. Majestät vormals viel von ihr gehalten haben. Auf diese Weise lehnte er es also immer ab; aber Guast ließ nicht ab, in den König zu dringen; es ging so weit, daß dieser dem Könige, meinem Gemahl, sagen mußte, er würde ihm nie gewogen sein, wenn er nicht den andern Tag die Thorigny fortschickte. Er war also gegen seinen Willen und mit Verdruß dazu gezwungen, wie er seitdem mir gestanden, mich darum zu bitten und es mir zu befehlen. Das war mir so bitter und schmerzte mich so tief, daß ich meine Tränen nicht zurückhalten konnte; ich stellte ihm vor, daß nicht die Entfernung dieser werten Person, die mir von Kindheit an treu gedient, mich allein schmerze; da man es aber wisse, wie sehr ich sie liebe, würde ihre plötzliche übereilte Entfernung meinem guten Rufe sehr schaden. Da meine Entschuldigungen nichts galten, wegen des Versprechens, welches er dem Könige gegeben, mir diesen Verdruß zu machen, so mußte sie noch denselben Tag fort; sie begab sich zu einem ihrer Anverwandten, Herrn von Chastelas.

Ich war so beleidigt von dieser unwürdigen Behandlung, der so viele der Art vorausgegangen waren, daß ich meinem gerechten Schmerz nicht widerstehen konnte; aller Klugheit beraubt und ganz meinen Gefühlen hingegeben, hatte ich nicht mehr so viel Gewalt über mich, die Freundschaft des Königs, meines Gemahls, zu suchen, und da Guast und Frau von Sauve ihn von einer Seite von mir entfernten und ich von der andern nichts tat, ihm näher zu kommen, so redeten und schliefen wir nicht mehr miteinander.

Zweites Buch

Nach einiger Zeit, als die treuen Anhänger des Königs, meines Gemahls, ihm hatten die Arglist zu erkennen gegeben, mit welcher man ihn ins Verderben stürzen wollte, indem man ihn von mir und von meinem Bruder zu entfernen suche, um ihn, wann er von allen denen getrennt sei, auf die er am meisten rechnen könne, dann zu verlassen und sich nicht weiter um ihn zu kümmern; wie denn auch der König wirklich anfing ihn zu vergessen und nicht auf ihn zu achten; brachten sie es dahin, daß er mit meinem Bruder sprechen mußte, der nach Bussys Abreise seine Lage eben nicht gebessert fühlte, denn Guast ließ ihn täglich irgend eine neue Unwürdigkeit erfahren. Da sie es nun überlegten, daß sie beide zu einer Klasse an diesem Hofe gehörten, der eine so ungünstig angesehen wie der andre, daß Guast allein alles regierte, daß sie bei ihm erbetteln mußten, was sie beim Könige erlangen wollten, daß sie mit Verachtung abgewiesen wurden, wenn sie etwas forderten, daß, wenn sie sich einen treuen Diener erwürben, er sogleich von allen Seiten angefeindet und angefochten würde; so beschlossen sie sich wieder zu vereinigen, den Hof zu verlassen, ihre Freunde und Diener zu versammeln und dann vom Könige eine anständigere Behandlung und eine ihrem Stande angemeßnere Lage zu verlangen. Mein Bruder hatte bis dahin seine Apanage nicht erhalten können und mußte sich von einigen Pensionen zu unterhalten suchen, die nur selten, und wenn es Guast gelegen war, ausgezahlt wurden. So auch hatte der König, mein Gemahl, von seinem Gouvernement in der Guyenne gar keinen Nutzen, er durfte weder dorthin noch sonst nach einem seiner Länder. Als sie unter sich die Sache beschlossen hatten, erzählte es mir mein Bruder und bat mich, da er mit dem Könige, meinem Gemahl, nun wieder gut stände, mich doch auch wieder mit ihm auszusöhnen und alles Vergangene zu vergessen; der König, mein Gemahl, habe ihm gesagt, wie sehr er alles bereue; er sähe es jetzt ein, daß unsre Feinde schlauer gewesen wären als wir, er sei nun entschlossen, mir wieder zugetan zu sein und mehr zu meiner Zufriedenheit beizutragen; er wünsche und bäte mich, ihn zu lieben und ihn in seiner Abwesenheit in seinen Angelegenheiten zu unterstützen.

Es war beschlossen, daß mein Bruder zuerst in einem Wagen, so gut es anginge, entfliehen sollte, der König, mein Gemahl, aber sollte ihm einige Tage nachher, unter dem Vorwande einer Jagd, nachfolgen. Sie bedauerten es, mich nicht mitnehmen zu können, doch waren sie insofern ruhig über mich, daß man mir nichts Unangenehmes erzeigen könnte, sobald sie einmal draußen sein würden. Sie gaben auch bald die Beweise, wie ihre Absicht gar nicht sei, Frankreich zu beunruhigen, sondern nur sich eine ihrem Stande angemessene Lage und Sicherheit zu verschaffen, denn sie waren während dieser Händel gar nicht ohne Besorgnis wegen ihres Lebens, sei es, daß dies wirklich in Gefahr war oder daß die, welche den Fall und den Untergang unsres Hauses wünschten, sie unaufhörlich mit Warnungen und Winken der Art in Unruhe setzten, um sich es hernach zu Nutze zu machen und im Trüben zu fischen [55].

Auf den Abend [56], kurz vor dem Nachtessen des Königs, hüllte mein Bruder sich in einen fremden Mantel und ging zu Fuß, in Begleitung eines Menschen, den niemand kannte, bis zu dem Tor St. Honoré; hier fand er seinen Kammerherrn Simier mit einem Wagen, den er von einer Dame geliehen hatte; in diesem fuhr er bis zu einigen Häusern, eine Viertelstunde von Paris; hier erwarteten ihn Reitpferde, und einige Stunden von dort, auf dem vorher bestimmten Ort, fand er zwei- bis dreihundert seiner Leute zu Pferde.

Man merkte seine Entweichung nicht vor neun Uhr des Abends. Der König und die Königin Mutter fragten mich, warum er nicht mit ihnen zu Abend gegessen? ob er etwa krank sei? Ich sagte, ich hätte ihn seit dem Nachmittag nicht gesehen; drauf schickten sie nach seinem Zimmer, um sich nach ihm zu erkundigen, er war nicht auf seinem Zimmer; sie befahlen, ihn in den Zimmern der Damen zu suchen, die er zu besuchen pflegte; man sucht im Schloß, in der Stadt, er ist nirgend zu finden. Nun wird der Lärm heiß; der König wird zornig, heftig, droht, schickt nach allen Prinzen und Herren des Hofes, gebietet ihnen, zu Pferde zu steigen und ihm meinen Bruder tot oder lebendig wieder zu bringen; schreit, er gehe nur, um gegen den Staat Krieg zu führen, den Staat zu zerstören, aber er würde ihm wohl weisen, was es für eine Narrheit sei, einen so mächtigen König anzugreifen! Viele der Herren lehnten diesen Auftrag ab, zeigten dem Könige die Wichtigkeit desselben; ihre Schuldigkeit sei es, ihr Leben zu geben für alles, was zum Dienste des Königs gehöre; gegen den Bruder des Königs aber könnten sie nicht gehen, weil sie wüßten, daß der König es ihnen am Ende schlechten Dank wissen würde. Er könne sicher sein, daß sein Bruder nichts unternehmen würde, was Sr. Majestät mißfallen oder seinem Staate schädlich sein könnte; ihnen dünke es gut, daß, bevor er so strenge Maßregeln gegen ihn ergreife, er zu ihm senden und ihn fragen lassen sollte, was ihn fortzugehen bewogen habe? Einige der Herren nahmen es an und machten sich bereit, zu Pferde zu steigen. Sie konnten aber doch mit der möglichsten Eil erst mit Tagesanbruch fertig werden, so daß sie meinen Bruder nicht mehr einholten und unverrichteter Sache zurück kamen.

Der König zeigte nach dieser Entweichung meines Bruders dem Könige, meinem Gemahl, eben kein besseres Gesicht; er begegnete ihm auf die alte gewöhnliche Weise, das heißt, er bekümmerte sich nicht um ihn. Dies bestätigte seinen Entschluß. Nach einigen Tagen nahm er unter dem Vorwand einer Jagd die Flucht [57]. Ich war den Morgen nach der Abreise meines Bruders ganz krank von den Tränen, welche ich die Nacht durch vergossen hatte. Das Gesicht war mir angeschwollen, und ich ward vom Fieber und von den Schmerzen einige Tage lang im Bette gehalten. Während dieser Krankheit sah ich den König, meinen Gemahl, gar nicht bei mir, es sei nun, daß er mit seiner nahen Abreise beschäftigt gewesen war oder daß er sich in den letzten Tagen nicht von seiner Geliebten, der Frau von Sauve, entfernen wollte; genug, er fand keine Zeit mich zu sehen und kam nach seiner Gewohnheit immer erst um ein oder zwei Uhr ins Schlafzimmer; da wir nun jeder in einem besondren Bette schliefen, so hörte ich ihn nicht kommen, und da er wieder, eh ich erwachte, aufstand, um sich, wie ich schon gesagt, beim Lever meiner Frau Mutter einzufinden, wo Frau von Sauve immer dabei sein mußte, so vergaß er das Versprechen, das er meinem Bruder gegeben, und reiste ab, ohne mir Lebewohl zu sagen [58]. Doch unterließ der

König nicht, mich in Verdacht zu haben, als wäre ich Schuld an seiner Flucht; er war rasend zornig auf mich; ohne die Königin Mutter, die ihn zurückhielt, hätte er in seinem Grimm mein Leben nicht verschont; da er aber nicht das Ärgste tun konnte, indem sie es verhinderte, befahl er, man solle mich wenigstens bewachen, damit ich dem Könige, meinem Gemahl, nicht folgte und damit auch niemand zu mir käme, durch den ich jenem könnte Nachricht geben lassen. Die Königin Mutter, die alles nur gern in der Güte ausrichten wollte und froh, seine erste Hitze gedämpft zu sehen, sagte ihm: sie fände das sehr gut, sie wollte aber selber zu mir gehen und mich vorbereiten, damit ich diese Behandlung nicht zu hart fände; daß diese Erbitterungen nicht immer so bleiben könnten, daß alles von verschiedenen Seiten betrachtet werden könnte; diese erste wäre nun die traurige und erschreckliche; würde erst die andre herausgekehrt, die ruhiger sei und angenehmer, so würde man andern Rat pflegen. Dann würde man vielleicht meiner bedürfen; eben so, wie es der Klugheit gemäß sei, mit seinen Freunden so umzugehen, als könnten sie einst unsre Feinde werden, so müßte man auch seine Feinde so behandeln, daß sie einst unsre Freunde werden könnten! Diese Vorstellungen brachten es bei dem Könige so weit, daß er mir nichts zu Leide tat (wie er eigentlich gern wollte). Guast erfand etwas, woran er unterdessen sein Gift ausließ.

Um mir das unangenehmste, das sich erdenken ließ, zu erzeigen, schickte er Leute nach dem Hause des Chastelas, des Vetters der Thorigny, die sie, unter dem Vorwande sie zum Könige zu bringen, in dem Fluß ersäufen sollten, von dem das Haus nicht entfernt lag. Chastelas, der sich nichts vermutete, ließ sie frei in sein Haus ein; sogleich fingen die stärksten unter ihnen an, ihren Auftrag ohne alle Vernunft oder Schonung auszuführen, sie ergriffen die Thorigny, banden sie und sperrten sie ein. Während sie auf ihre Pferde warten mußten, bis sie ausgeruht und gefüttert hatten, sahen sie sich auf keine Weise vor, nach der Franzosen Art, und füllten sich die Hälse mit dem Besten, was im Hause war. Chastelas ließ sie machen, was sie wollten, auf Unkosten seiner Vorräte, um seiner Anverwandten nur Zeit gewinnen zu lassen; er dachte, Zeit gewonnen, alles gewonnen, und hoffte, Gott würde vielleicht das Herz des Königs lenken, daß er seinen Befehl widerrufe, um mich nicht so schmerzlich zu kränken. Chastelas durfte nichts zu ihrer Befreiung unternehmen, obgleich er Leute genug dazu hatte. Ich wußte nichts von allem dem, aber Gott wendete die Betrübnis von mir ab und sendete unerwartete Hilfe zur rechten Zeit, besser als ich hätte tun können, wenn ich etwas davon gewußt.

Einige Diener aus Chastelas' Hause waren aus Furcht vor den Trabanten geflohen, die im Hause wirtschafteten, als ob sie es plündern wollten; eine Viertelstunde davon führte Gott Laferte und Avantigny, beides Kammerherrn meines Bruders, ihnen entgegen, die mit ihren Haufen, wohl zweihundert Reiter, zur Armee meines Bruders stoßen wollten. Laferte erkannte unter den Bauern einen von Chastelas' Leuten, der ganz bestürzt und betrübt war, und fragte ihn was ihm fehle? ob einer von den Soldaten ihm etwas zu Leide getan habe? Nein, sagte der Mann, die Ursache seiner Bestürzung sei, daß er seinen Herrn in Not gelassen habe, man wolle seine Anverwandte fortführen. Sogleich beschlossen Laferte und Avantigny, mir diesen großen Dienst zu leisten und die Thorigny zu befreien; sie dankten Gott, daß er ihnen eine so schöne Gelegenheit gegeben, mir ihre Ergebenheit zu bezeigen. Sie eilten mit ihren Haufen nach Chastelas' Hause und kamen grade noch zur rechten Zeit in dem Moment an, als die Soldaten eben die Thorigny auf ein Pferd binden wollten, um sie in den Fluß zu werfen. Sie ritten alle mit gezognen Schwertern in den Hof und riefen: «Haltet ein, Schurken, geschieht ihr ein Leides, so seid ihr des Todes!» Sie hauten auf sie ein, jene flohen und ließen ihre Gefangene zurück, die vor Schrecken und Freude halb tot war. Nachdem sie Gott und ihren Befreiern gedankt, fuhr sie in dem Wagen ihrer Muhme Chastelas, von ihrem Vetter und den Haufen jener rechtlichen Männer begleitet, zu meinem

Bruder, der sehr vergnügt war, eine Person, die ich so liebte, bei sich zu haben, da er mich selber nicht bei sich sehen konnte. Sie blieb die ganze Zeit der Gefahr über bei ihm und ward so gut behandelt und gehalten als bei mir.

Während der König das schöne Geschäft mit der Thorigny verrichtete, kam die Königin Mutter, die davon nichts wußte, zu mir in mein Zimmer, wo ich mich eben ankleidete; ich wollte, obgleich noch nicht frei von Schmerzen, kränker aber noch an Seele als an Körper, diesen Tag zum ersten Mal wieder mein Zimmer verlassen, um zu sehen, was auf diese Vorfälle in der Welt vorginge; denn ich war beständig in Sorge, man möchte etwas gegen meinen Bruder oder gegen den König, meinen Gemahl, unternehmen. «Mein Kind», redete die Königin Mutter mich an, «du hast nicht nötig, dich heute anzukleiden! Ich bitte dich, sei nicht verdrießlich über das, was ich dir zu sagen habe. Du hast Einsicht genug, gewiß, du kannst es nicht tadeln, daß der König sich von deinem Bruder und deinem Gemahl für beleidigt hält; und da er die Verbindung zwischen Euch dreien weiß und dich, meine Tochter, als die Mitwisserin ihrer Flucht hält, daß er dich als Geisel zurückzubehalten beschlossen hat. Er weiß, wie sehr dein Gemahl dich liebt, und kann kein teureres Unterpfand von ihm haben als dich. Er hat aus dieser Ursache befohlen, daß du Wache haben sollst, damit du nicht von deinem Zimmer kannst. Auch geschieht es mit darum, weil die Räte dem Könige vorgestellt, daß, wenn du frei unter uns umhergehen dürftest, du alles, was man gegen deinen Bruder und gegen deinen Gemahl beschließen würde, ihnen wieder berichten möchtest. Ich bitte dich, nimm es nicht übel auf, wills Gott, soll es nicht lange dauern. Sei auch nicht traurig, wenn ich nicht oft zu dir komme, um dem Könige keinen Verdacht zu geben, sei aber versichert, daß man dir keine Art des Mißvergnügens zufügen soll, ich werde sicher nichts der Art zugeben, und ich werde alles anwenden, um Frieden zwischen Euren Brüdern zu stiften.» Darauf stellte ich ihr vor, wie man mir Unrecht täte. Ich wollte es nicht verleugnen, sagte ich ihr, daß mein Bruder mir immer seine gerechten Ursachen zum Mißvergnügen mitgeteilt; der König, mein Gemahl, aber habe, seitdem er mir die Thorigny genommen, nicht mit mir geredet, ja er habe mich während meiner Krankheit nicht besucht und mir kein Lebewohl gesagt vor seiner Abreise. Darauf erwiderte sie: «Das sind kleine Neckereien zwischen Mann und Frau, aber man weiß wohl, daß er mit Liebesbriefchen dein Herz wieder erobern wird; und wenn er dich dann zu ihm zu kommen bittet, so gehst du hin, und eben das will mein Sohn, der König, verhindern.»

Sie verließ mich hierauf, und ich blieb einige Monate in dieser Lage, ohne daß irgend ein Mensch, nicht einmal meine vertrautesten Freunde es wagten, zu mir zu kommen[59]. An den Höfen ist das Unglück immer einsam, das Glück hat aber ein reiches Gefolge; die besten Freunde stehen der Verfolgung bei! – Der einzige Crillon, der Brave, verachtete alle Verbote und Ungnaden und besuchte mich fünf oder sechs Mal. Die Höllenhunde vor meiner Türe, die mich bewachen sollten, hatten eine solche Furcht vor ihm, daß sie ihm den Eingang nie verwehrten.

Währenddem war der König, mein Gemahl, in seinen Provinzen angelangt und hatte seine Freunde und Diener versammelt. Sie zeigten ihm, wie Unrecht er getan, daß er abgereist sei, ohne von mir Abschied zu nehmen; ich hätte Einsichten, sagten sie, könnte ihm sehr nützlich sein, und er müsse durchaus mich wieder zu gewinnen suchen, er sollte also, sobald die Sachen wieder friedlicher würden, es dahin bringen, daß ich wieder zu ihm käme. Er war von seiner Circe, Frau von Sauve, entfernt, also leicht zu überreden; ihre Reize hatten durch die Abwesenheit die Macht verloren. Er schrieb mir einen sehr verbindlichen Brief, worin er mich bat, alles Vergangene zu vergessen; er liebe mich und wollte es mehr als jemals beweisen, wie sehr er mich liebe. Er befahl mir auch, ihn von allem, was um mich vorging, zu benachrichtigen, besonders was meine Lage und die meines Bruders beträfe; denn sie waren von einander entfernt, obgleich sie als Freunde gemeinschaftlich handelten; mein Bruder war in der Gegend der Champagne und mein Gemahl war in Gascogne. Diesen Brief erhielt ich während meiner Gefangenschaft, er gab meinem Herzen Trost und Erleichterung. Die Notwendigkeit, Mutter der Erfindung, half mir, daß ich von dieser Zeit an, obgleich die Wache Befehl hatte, mich nicht schreiben zu lassen, sehr oft an ihn schrieb und immer Mittel fand, meine Briefe an ihn gelangen zu lassen. Mein Bruder erfuhr meine Verhaftnehmung einige Tage nachher; er würde, aus Verdruß darüber, sicher einen schrecklichen Krieg angefangen haben, zu dem er alle Mittel besaß, denn er hatte damals eine schöne Armee, und die Völker hätten die Leiden ihrer Fürsten tragen müssen, wenn die Liebe zu seinem Vaterlande meinen Bruder nicht zurückgehalten hätte. Er schrieb an die Königin Mutter, man würde ihn zur Verzweiflung treiben, wenn man fortführe, mich so zu behandeln. Sie, aus Furcht, der Krieg würde so erbittert werden, daß ihr kein Mittel bleiben würde, wieder Frieden zu stiften, zeigte dem Könige die Wichtigkeit dieses Krieges, und sie fand ihn aufgelegt, ihren Gründen Gehör zu geben; sein Zorn wurde etwas gedämpft, da er erfuhr, in welcher Gefahr er sich befände; er war vom Könige, meinem Gemahl, und den Hugenotten, die schon verschiedene gute Orte eingenommen hatten, in Gascogne, in der Dauphine, Languedoc und Poitou angegriffen; von meinem

Bruder, mit einer großen Armee vom bravsten Adel Frankreichs, in der Champagne[60]. Dazu noch die Erinnerung, daß er damals, als mein Bruder entflohen war, niemand von allen den Prinzen und Herrn gegen ihn ins Feld kriegen konnte, sie fürchteten alle, den Finger zwischen zwei Mühlsteine zu stecken. Kurz, nach reiflicher Überlegung lieh der König den Vorstellungen der Königin Mutter ein geneigtes Ohr und bat sie, sich für den Frieden zu verwenden. Sie entschloß sich sogleich, zu meinem Bruder zu reisen, und stellte dem Könige vor, wie notwendig es sei, daß ich mitreise; das wollte aber der König durchaus nicht zugeben, weil er mich als Geisel zurückbehalten wollte. Sie reiste also ohne mich und ohne mir etwas davon zu sagen. Da mein Bruder sie ohne mich kommen sah, erklärte er ihr sein gerechtes Mißvergnügen, sowohl wegen der üblen Behandlung, die er bei Hofe erfahren, als wegen der Beschimpfung, die ich erhielt, da man mich gefangen hielt und die Thorigny, um mich zu beleidigen, grausam mißhandelt hatte; er erklärte, nie etwas von Frieden anhören zu wollen, bis ich Genugtuung erhalten hätte und er mich frei und vergnügt sähe. Mit dieser Antwort kam die Königin Mutter zurück, und sie erklärte dem Könige: daß, wenn er den Frieden wolle, so müßte sie wieder zu meinem Bruder zurückreisen, käme sie aber ohne mich, so wäre ihre Reise gewiß wieder unnütz, und das Übel würde hernach eher schlimmer als besser; ja man müßte mich sogar erst völlig zufriedenstellen, ehe sie mich hinführte, ich würde sonst dort mehr schaden als nützen. Man müßte befürchten, daß ich nicht wieder mit ihr zurückreisen, sondern zu meinem Gemahl würde gehen wollen; ich müßte also zuerst sogleich von der Wache befreit werden, und man müsse suchen, mir das Geschehene vergessen zu machen. Der König fand alles gut und war mit allem zufrieden. Sie schickte sogleich nach mir, ließ mich holen und sagte: Sie hätte es so weit gebracht, daß man sich zum Frieden neige; der Friede wäre das Wohl des Staates, nach welchem ich so wohl als mein Bruder immer gestrebt hätten; jetzt könnte nun ein für meinen Bruder so vorteilhafter Frieden geschlossen werden, daß er sicher zufrieden sein und nichts mehr nach der Tyrannei des Guast oder andern schlechten Umgebungen des Königs zu fragen haben würde. Sie selber würde ich außerdem von einem tödlichen Verdruß befreien, wenn ich etwas beitragen wollte, den König und meinen Bruder auszusöhnen; sie wäre in der schmerzlichen Verlegenheit, daß jeder Sieg einer ihrer Söhne über den andern ihr tödliche Angst verursache; sie bat mich flehentlich, ich möchte mehr den Frieden suchen als nach Rache streben. Der König bereue die Beleidigung, die er mir angetan, sie habe ihn Tränen darüber vergießen sehen, und er würde mir jede Genugtuung geben, die ich verlange. Darauf erwiderte ich, wie ich nie mein eignes Wohl dem Wohl meiner Brüder und des Staates vorziehe, für dessen Ruhe und Frieden ich mich sehr gerne aufopfern wollte; ich wünschte nichts so sehr als einen guten Frieden und würde alles, was in meinem Vermögen stehe, dazu verwenden. Hierauf kam der König hinein, verschwendete unendlich viele schöne Worte und schwor mir seine Freundschaft, da er sah, daß ich weder mit Worten noch Gebärden irgend einen Verdruß über die Beleidigung, die mir widerfahren, merken ließ; ich tat es aber mehr aus Verachtung der Beleidigung als um seiner Zufriedenheit willen.

Die Zeit meiner Gefangenschaft hatte ich genützt, viel zu studieren, woran ich damals anfing einen Gefallen zu finden; dies verdankte ich aber nicht etwa dem Zufall, sondern vielmehr der göttlichen Vorsehung, die damals anfing, mich mit einem so trefflichen Mittel zu beschenken, womit ich mich in dem vielen Unglück, das mir bereitet war, immer zu trösten wußte. Auch war diese Liebe zu den Studien der Weg zur wahren Andacht für mich, indem ich in dem schönen großen Buche der Natur die Wunder ihres Schöpfers zu verstehen anfing. Jede schöne Seele, welche in diesen Kenntnissen nur eine Leiter sieht, deren höchste Stufe Gott ist, wird entzückt in der Anbetung des wundervollen Lichts und in dem Geheimnis des unbegreiflichen Wesens sich verlieren; sie weiß nichts erfreulicheres, als jener Kette Homers zu folgen, diesem freudigen Inbegriff aller Wissenschaften, die von Gott selber, dem Ursprung und dem Ende aller Dinge, ausgeht und wieder zurückkehrt[61]. Die Traurigkeit, entgegengesetzt der Freude, welche den Gedanken unsrer Handlungen immer außer uns selber sucht und setzt, weckt unsre Seele in uns, so daß sie alle ihre Kräfte sammelt, um das Böse auszustoßen und das Gute in sich aufzunehmen, immer und unaufhörlich wieder daran denkt, sich das höchste Gut zu erwählen, in welchem sie mit Sicherheit die Ruhe findet; diese Traurigkeit verschafft uns gute Anlagen, um zur Erkenntnis der Liebe zu Gott zu gelangen. Der Traurigkeit und der Einsamkeit meiner Gefangenschaft verdanke ich das Gute, gern zu studieren und mich der Andacht ergeben zu können, welches ich in dem Glanz und der Eitelkeit meines Glücks weder konnte noch zu schätzen verstand.

Da nun der König, wie gesagt, kein Zeichen des Mißvergnügens an mir wahrnehmen konnte, sagte er mir: Die Königin Mutter ginge zu meinem Bruder nach der Champagne, um den Frieden zu unterhandeln; er bäte mich, sie zu begleiten und ihr alle gute Dienste, die ich vermöchte, zu leisten; er wüßte wohl, daß mein Bruder mehr Vertrauen in mich als in jeden andern setze; was also Gutes aus dieser Reise entstände, würde er mir verdanken und sollte allein zu meiner Ehre gereichen. Ich versprach ihm, was ich zu leisten auch gesonnen war; denn ich wußte, daß es das Wohl meines Bruders und des Staates beförderte, wenn ich ihn zufrieden stellte.

Die Königin Mutter reiste mit mir nach Sens; die Konferenz sollte eine Stunde von da bei einem Edelmann statthaben. Den andern Morgen begaben wir uns an den bestimmten Ort; hier fanden wir meinen Bruder, begleitet von einigen Truppen und von den vornehmsten Herrn und Anführern der Katholiken und der Hugenotten, bei seiner Armee; unter diesen war der Herzog Casimir und der Oberste, der auf Vermittlung der Protestanten meinem Bruder, um des Königs, meines Gemahls, willen, sechstausend Reiter zugeführt hatte.

Einige Tage wurden mit den Friedensunterhandlungen zugebracht, weil es über verschiedene Artikel Streit gab, vorzüglich wegen der Protestanten, denen man vorteilhaftere Bedingungen einräumte, als man ihnen zu halten Willens war, wie man nachher wohl einsah; die Königin Mutter tat nur alles, um den Frieden zu haben, die Reiter zurück schicken und meinen Bruder von den Leuten losmachen zu können, von denen er selbst nicht wenig Lust hatte sich zu trennen, weil er immer ein sehr guter Katholik gewesen und sich der Hugenotten bloß in der Not bedient hatte. Bei diesem Friedensschluß erhielt mein Bruder seinen Anteil nach seinem Stande, worin, wie er verlangte, der meinige mit begriffen sein sollte; Herr von Beauvais, sein Abgeordneter, drang sehr darauf, daß man mir eine Verschreibung meiner Mitgift in Ländereien ausfertige; die Königin Mutter bat mich aber, es nicht zuzugeben, und versicherte mich, ich würde alles, was ich verlangte, vom Könige erhalten. Ich bat also meinen Bruder, das, was meine Angelegenheiten beträfe, nur herauszulassen, ich wollte lieber, was der König und die Königin Mutter mir geben würden, als ein freiwilliges Geschenk ansehen, dann wäre es mir um desto gewisser.

Der Frieden war geschlossen[62], die Sicherheiten von beiden Seiten gegeben, und die Königin Mutter bereitet sich zur Rückreise, als ich Briefe vom Könige, meinem Gemahl, erhielt, in denen er mir seine Begierde, mich wieder zu sehen, bezeigte und mich bat, Urlaub zu nehmen und zu ihm zu reisen, sobald der Frieden geschlossen sein würde. Die Königin Mutter versagte mir den Urlaub und suchte mich durch alle ersinnliche Überredung von diesem Vorhaben abzubringen. Sie sagte: Damals als ich nach der St. Barthélemy ihren Vorschlag, meine Ehe zu trennen, nicht annehmen wollte, hätte ich ihren Beifall gehabt, weil mein Gemahl damals den katholischen Glauben angenommen hatte; nun er aber wieder zu den Hugenotten übergegangen sei, könnte sie es nicht zugeben, daß ich mich wieder mit ihm vereinige. Da ich nun aber nicht abließ, Urlaub zu begehren, sagte sie mir mit Tränen in den Augen, daß ich sie ins Verderben stürze, wenn ich nicht mit ihr zurück ginge, sie hätte es dem Könige versprochen, mich zurück zu bringen und mich dahin zu vermögen, daß ich bis zur Zurückkunft meines Bruders dort bliebe; sobald dieser wieder am Hofe sein würde, sollte ich sicher Urlaub haben.

Wir kehrten wieder nach Paris zurück; der König war mit dem Frieden sehr vergnügt, doch gefielen ihm die vorteilhaften Bedingungen der Hugenotten nicht, und er war Willens, unter irgend einem Vorwand den Krieg wieder mit ihnen anzufangen, sobald er nur erst meinen Bruder wieder an seinem Hofe haben würde, damit sie das, was man ihnen wider Willen zugestanden, nicht länger genießen möchten, bis er wieder von ihnen los sei. Er blieb noch einige Monate zurück und verabschiedete die Reiter nebst den übrigen, dann kam er mit dem ganzen katholischen Adel an den Hof. Der König empfing sie ehrenvoll, bezeugte seine Zufriedenheit, sie wieder zu sehen, und war auch freundlich gegen Bussy, denn Guast war tot; Gottes Gericht hatte ihn getötet, da er eben eine Schweißkur brauchte; von allen Lastern verdorben, war sein Leib lange vor seinem Tode schon der Fäulnis sowie seine Seele den Teufeln überlassen, denen er durch Zauberei und alle Bosheiten ergeben war[63]. Da dieses Werkzeug des Hasses und der Zwietracht erst aus der Welt war und der König auf nichts sann, als die Hugenotten zu verderben, sich meines Bruders gegen sie bedienen wollte, damit dieser sich nicht wieder mit ihnen aussöhnen könnte; dann aber befürchtete, daß ich zum Könige, meinem Gemahl, gehen würde, bezeigte er uns alle erdenkliche Freundlichkeit und schmeichelte uns auf alle Weise, damit es uns nur an seinem Hof gefallen möchte[64]. Zu gleicher Zeit kam Herr von Duras vom Könige, meinem Gemahl, um mich abzuholen; ich drang also sehr in ihn, mich fortzulassen; da er mir nun den Urlaub nicht länger versagen konnte, versicherte er mir, es geschähe bloß aus Liebe zu mir, er sei überzeugt, ich sei die größte Zierde seines Hofes, er könne mir also die Erlaubnis abzureisen nur so spät als möglich gewähren; er wolle mich nach Poitiers begleiten; und mit dieser Versicherung schickte er Herrn von Duras zurück. Er verzog aber dennoch einige Tage in Paris, schob es immer auf, mir meinen Urlaub offen zu versagen, bis er im Stande war, den Hugenotten, folglich auch dem Könige, meinem Gemahl, den Krieg zu erklären. Zum Vorwande dazu ward ein Gerücht verbreitet, als beklagten sich die Katholiken über die vorteilhaften Bedingungen, die den Hugenotten beim Frieden von Sens waren eingeräumt worden; das Murren und die Unzufriedenheit der Katholiken ging so weit, daß sie an den Hof kamen, um sich zu verbünden; nach den Provinzen und den Städten sich anwerben ließen, sich unterzeichneten und viel Geräusch machten (mit stillschweigendem Mitwissen des Königs), auch den Herzog von Guise zum Anführer verlangten. Man sprach von nichts, als von dieser Liga bei Hofe und von Paris bis nach Blois, wo der König die Stände zusammen berufen hatte. Eh sie eröffnet wurden, rief der König meinen Bruder in sein Kabinett, wo sich die Königin Mutter und einige Herren aus dem Staatsrat befanden. Er stellte ihnen vor, von welcher Wichtigkeit diese Liga der Katholischen für sein Ansehen und für den Staat sei, wenn sie so weit gehen sollten, sich Häupter zu erwählen und die Guisen dazu ausersähen[65]. Ihn und meinen Bruder beträfe dies am allermeisten; die Katholiken hätten recht, sich zu beklagen, Pflicht und Gewissen geböten ihm, eher die Hugenotten als die Katholiken mißvergnügt zu machen; er bat und beschwor also meinen Bruder, als einen Sohn Frankreichs und guten Katholiken, daß er ihm rate und beistehe, wo es auf seine Krone und auf die katholische Religion ankäme. Dann fügte er noch hinzu: Es dünke ihm gut, um dieser gefährlichen Liga den Weg abzuschneiden, müsse man sich selber zum Oberhaupt derselben machen! Um nun seinen Eifer für den Glauben an den Tag zu legen und jene zu verhindern, daß sie sich nicht einen andern Anführer wählten, wollte er selber sich als Chef unterzeichnen, alsdann sollte mein Bruder es tun und nach ihm alle Fürsten und Herren sowie jeder, der in seinem Königreiche eine Würde bekleidete. Mein Bruder konnte hierauf nichts tun, als seine Dienste, die er Sr. Majestät und der Aufrechterhaltung des katholischen Glaubens schuldig war, anzubieten. Sobald der König sich meines Bruders versichert hatte, welches der eigentliche listige Zweck der Liga war, ließ er alle Prinzen und Herrn seines Hofes zusammenberufen, ließ sich die Liste der Liga bringen, unterzeichnete zuerst als Chef, hierauf folgte mein Bruder und die übrigen, die bis dahin noch nicht unterzeichnet hatten. Des andern Tages wurden die Stände eröffnet[66]; nach dem Gutachten der Herrn Bischöfe von Lyon, von Ambrun und von Vienne und der andern am Hofe befindlichen Prälaten konnte, dem Krönungseid des Königs zufolge, kein Eid gültig sein, den er den Ketzern geleistet; jener Krönungseid erließ ihm von selbst die den Hugenotten gegebenen Versprechungen; dieses ward bei Eröffnung der Stände vorgetragen, den Hugenotten der Krieg erklärt[67], und Génissac, der Hugenotte, der seit wenig Tagen als Abgeordneter des Königs, meines Gemahls, zugegen war, um meine Abreise zu beschleunigen, mit harten Drohworten zurückgeschickt; der König ließ meinem Gemahl durch Génissac sagen: er habe seine Schwester einem Katholiken und nicht einem Hugenotten gegeben, wenn der König, mein Gemahl, mich wieder haben wollte, müsse er die katholische Religion wieder annehmen.

Alle Kriegzurüstungen wurden gemacht, bei Hofe ward von nichts als vom Kriege geredet, und um meinen Bruder unwiderruflich von den Hugenotten zu trennen, machte ihn der König zum General einer Armee. Da Génissac zu mir kam und mir den harten Bescheid des Königs meldete, ging ich sogleich in das Kabinett der Königin Mutter, wo ich den König fand. Ich beklagte mich gegen ihn, daß er mich so lange getäuscht; er habe beständig mich verhindert, zum Könige, meinem Gemahl, zu gehen, indem er sich gestellt, als ginge er von Paris, um mich bis Poitiers zu begleiten, und doch habe er die entgegengesetzte Absicht. Ich stellte ihm vor, wie ich mich weder zu meiner Zufriedenheit noch nach meinem Willen vermählt habe, sondern es wäre der Wille des Königs Karl, meines Bruders, der Königin Mutter und sein eigner so gewesen; nun sie mir aber einen Gemahl gegeben, könnten sie mich nicht abhalten, seinem Schicksale zu folgen; ich wollte es und würde, sofern sie mir die Erlaubnis dazu verweigerten, mich heimlich davon machen und komme es, wie es wolle, zum Könige, meinem Gemahl, gehen, wenn auch mit Gefahr meines Lebens! Darauf antwortete mir der König: «Schwester, es ist nun nicht mehr die Zeit, mich mit diesem Urlaub zu quälen. Ich gestehe es, ich habe ihn nur darum immer aufgeschoben, um ihn zuletzt ganz versagen zu können; denn seitdem der König von Navarra wieder hugenottisch geworden, kann ich es durchaus nicht gut finden, daß Ihr zu ihm geht. Was wir in dieser Sache tun, die Königin Mutter und ich, geschieht zu Eurem Besten. Ich will den Hugenotten den Krieg machen und diese elende Religion durchaus vertilgen, die uns so viel Übels zufügt. Daß nun Ihr, eine Katholikin und meine Schwester, als eine Geisel in ihren Händen bleibt, wäre sehr unschicklich, und wer weiß, ob sie nicht mir zur unauslöschlichen Schmach an Eurem Leben den Schaden rächen würden, den ich ihnen zuzufügen gesonnen bin? Nein, nein, Ihr sollt nicht hingehen! und wenn Ihr heimlich Euch davon machet, wie Ihr eben sagtet, so dürft Ihr nur darauf rechnen, mich und die Königin Mutter als Eure unversöhnlichsten Feinde zu sehen und daß wir unsre Feindseligkeit, so viel wir vermögen, ausüben und Ihr dadurch die Lage Eures Gemahls eher verschlimmern als verbessern werdet.» Ich entfernte mich äußerst mißvergnügt über diesen grausamen Anspruch. Meine Freunde und Freundinnen und die Ersten des Hofes, deren Rat ich verlangte, stellten mir vor, daß es gar nicht schicklich für mich sein würde, an einem gegen den König, meinen Gemahl, feindlichen Hof zu leben, von dem aus man ihm den Krieg machen werde. Sie rieten mir, mich während dieses Krieges vom Hofe zu entfernen; es würde sogar ehrenvoller für mich sein, wenn ich einen Vorwand finden könnte, Frankreich zu verlassen, es sei zu einer Wallfahrt oder um einen meiner Anverwandten zu besuchen. Die Prinzessin von La Roche-sur-Yon war unter denen, die ich um Rat fragte; diese wollte eben zu den Bädern nach Spa reisen. Mein Bruder war auch zugegen, er hatte Mondoucet mit eingeführt, der Agent des Königs in Flandern gewesen und kürzlich von da zurückgekommen war. Er hatte dem Könige vorgestellt, wie die Flamänder mit Unwillen die Usurpation des Spaniers[68], gegen die Gesetze von Flandern, an der Oberherrschaft und Verwaltung von Frankreich litten; wie verschiedene Herren und Bürgerschaften ihm zu verstehen gegeben haben, daß sie im Herzen gut französisch seien und daß alles die Hände nach dem Könige von Frankreich ausstreckte. Da nun aber Mondoucet sah, daß der König seinen Wink nicht achtete, weil er nichts im Kopfe hatte als die Hugenotten, die er es fühlen lassen wollte, daß sie ihn beleidigt, indem sie meinem Bruder gegen ihn beistanden, sprach er nicht weiter mit ihm davon und wandte sich zu meinem Bruder, der mit einem wahrhaft fürstlichen Sinn keine andre als kühne, gefahrvolle Unternehmungen liebte, der mehr zum Erobern als zum Erhalten geschaffen war; dieser ging sogleich ein in diese Unternehmung, die ihn um so besser dünkte, weil keine Ungerechtigkeit darin lag, da er nur für Frankreich wieder erobern wollte, was der Spanier usurpiert hatte[69]. Mondoucet war deshalb in den Dienst meines Bruders getreten, und dieser schickte ihn nach Flandern zurück, unter dem Vorwande, die Prinzessin La Roche-sur-Yon nach den Bädern von Spa zu begleiten. Da nun jeder nach einem Vorwand suchte, mich während dem Kriege aus Frankreich zu schaffen – der eine sagte, nach Lothringen; einer, nach Savoyen; einer, nach St. Claude; einer, nach Unsrer lieben Frau zu Loretto –, sagte Mondoucet leise zu meinem Bruder: «Wenn die Königin von Navarra irgend eine Unpäßlichkeit vorschützen könnte, zu der die Bäder von Spa ratsam wären, wo die Prinzessin von La Roche-sur-Yon hinreisen will, das könnte für Eure Unternehmung auf Flandern von großem Nutzen sein!» Mein Bruder fand diesen Vorschlag gleich sehr gut und rief voller Freude: «O Königin, sucht nicht länger, Ihr müßt nach den Bädern von Spa mit der Prinzessin von La Roche-sur-Yon. Ich habe bemerkt, daß Ihr oft die Rose am Arm habt; sagt nur, die Ärzte hätten es Euch schon damals verordnet, die Jahreszeit war aber damals nicht gut dazu; jetzt wäre es die Jahreszeit zu den Bädern, und ihr bittet darum den König, Euch nun die Reise nach Spa zu erlauben.» Er erklärte sich weiter nicht vor dieser Versammlung, warum er es eigentlich wünsche, weil der Kardinal von Bourbon dabei war, den er für spanisch und für guisisch hielt; ich aber verstand es sogleich, daß es wegen der flandrischen Unternehmung geschähe, von welcher Mondoucet mit uns beiden gesprochen. Die ganze

Versammlung war damit zufrieden, und die Prinzessin La Roche-sur-Yon, die mich sehr liebte, freute sich ungemein darüber; sie versprach mir, sich mit mir zu gleicher Zeit bei der Königin Mutter einzufinden, wenn ich mit ihr davon sprechen würde, um sie dazu zu bereden. Den andern Morgen fand ich die Königin Mutter, und ich stellte ihr vor, wie groß mein Mißvergnügen sei, den König, meinen Gemahl, im Kriege gegen den König begriffen und mich von ihm entfernt zu sehen. Es würde, so lange dieser Krieg dauere, weder ehrenvoll noch schicklich für mich sein, am Hof zu leben. Ich müßte, wenn ich bliebe, eins von den beiden Übeln erleiden, daß entweder der König, mein Gemahl, glaube, ich täte es zu meinem Vergnügen und ich diente ihm nicht, wie ich sollte; oder daß der König Argwohn gegen mich fasse und glaube, ich entdecke alles dem Könige, meinem Gemahl. Beides wäre sehr unglücklich für mich. Sie möchte es daher doch für gut finden, daß ich mich vom Hofe entferne, um dem auszuweichen. Die Ärzte haben mir vor einiger Zeit die Bäder von Spa verordnet, wegen der Rose am Arm, ein Zufall, dem ich so oft ausgesetzt sei. Es wäre grade die Jahreszeit zu den Bädern, die Reise wäre mit ihrem Gutachten sehr schicklich, um mich in diesem Augenblick nicht allein vom Hofe, sondern auch aus Frankreich zu entfernen, um dem Könige, meinem Gemahl, zu erkennen zu geben, daß, da ich wegen des Argwohns des Königs nicht mit ihm sein könnte, ich doch auch nicht an dem Ort sein möchte, wo man Krieg gegen ihn führt. Ich hoffte, sie würde mit ihrer Einsicht die Dinge mit der Zeit so ordnen, daß der König, mein Gemahl, den Frieden und die Gnade des Königs wieder erhielte. Diese glückliche Nachricht wollte ich abwarten, und dann wieder um Urlaub, zum Könige, meinem Gemahl, mich begeben zu dürfen, anhalten. Die Prinzessin La Roche-sur-Yon, die hier zugegen war, wollte mich auf der Reise nach Spa begleiten.

Die Königin Mutter billigte meinen Vorschlag und sagte, sie wäre sehr froh, daß ich diese Maßregel ergriffen; sie habe großen Ärger über den schlechten Rat, den jene Bischöfe dem Könige gegeben, sein Wort nicht zu halten und alles, was sie in seinem Namen versprochen und bedungen, zu vernichten, sie habe aus mehr als einer Rücksicht großen Verdruß davon; daß sie sehen müsse, wie dieser reißende Strom die besten Diener des Königs mit sich fort zöge und verderbe; denn der König hatte vier oder fünfe der ältesten und angesehensten Männer aus dem Staatsrat entfernt. Was ihr aber am meisten im Sinn läge, sei eben das, was ich soeben vorgestellt; daß ich nämlich immer auf eine Art unglücklich sein würde, wenn ich am Hofe lebte. Sie beredete den König, mich nach Spa reisen zu lassen; der König sprach ohne Zorn mit mir darüber und war nur zufrieden, daß ich nicht zum Könige, meinem Gemahl, reisen wollte, den er über alles haßte. Er befahl sogleich einen Kurier an Dom Juan von Österreich[70] zu schicken, der für den König von Spanien in Flandern regierte, ihn um die nötigen Pässe zu bitten, um frei durch die Länder reisen zu dürfen, die unter seiner Botmäßigkeit lagen; man mußte durch einen großen Teil von Flandern, um nach Spa zu kommen, welches in den Ländern des Bistums Lüttich liegt. Nach wenigen Tagen, die mein Bruder dazu anwendete, mich zu unterrichten, was ich für seine flandrische Unternehmung für ihn zu tun habe, trennten wir uns allesamt. Der König und die Königin Mutter gingen nach Poitiers, um der Armee des Herrn von Mayenne, der Breue belagerte, näher zu sein, von da sollte diese Armee nach der Gascogne gegen den König, meinen Gemahl; mein Bruder mit seiner Armee um Issoire, und die andern Plätze zu belagern, die er alle damals einnahm, und ich nach Flandern, begleitet von der Prinzessin La Roche-sur-Yon, meiner Oberhofmeisterin Frau von Tournon, Frau von Mouy aus der Picardie, Frau von Castelaine von Millon, Fräulein von Atrie, Fräulein von Tournon und von sieben oder acht andern Damen. Die Männer in meiner Begleitung waren: der Kardinal von Lenoncourt, der Bischof von Langres, Herr von Mouy aus der Picardie, jetziger Schwiegervater eines Bruders der Königin Louise, Graf von Chaligny genannt mein erster Haushofmeister, meine Stallmeister und andre Edelleute meines Hauses. Diese Versammlung gefiel in der Fremde allgemein sehr wohl, und die Fremden bewunderten sie und bekamen viel Achtung für Frankreich durch sie. Ich reiste in einer Sänfte mit Säulen, mit inkarnatfarbnem Samt ausgeschlagen, der reich mit Gold und mit vielen seidnen Devisen gestickt war; die großen Fensterscheiben waren ebenfalls ganz mit sinnreichen Devisen bemalt; es waren wohl vierzig verschiedene Devisen auf die Sonne und ihre Wirkungen, mit den Auflösungen in spanischer und italienischer Sprache. Meiner Sänfte folgte die der Prinzessin La Roche-sur-Yon und die der Frau von Tournon, meiner Oberhofmeisterin; diesen folgten zehn junge Damen mit ihrer Hofmeisterin zu Pferde und sechs Wagen, worin sich die übrigen Damen und Fräulein befanden[71].

Ich kam durch die Picardie, wo die Städte Befehl vom Könige hatten, mich nach Würden als seine Schwester zu empfangen, welches sie auch so ehrenvoll, als ich nur verlangen konnte, ausführten.

In Castelet, einer Festung drei Stunden von der Grenze von Cambrésis, welches damals der Kirche zugehörte und unabhängig war und den König von Spanien bloß als Protektor anerkannte, sandte der Bischof von Cambrai mir einen Edelmann entgegen, der sich erkundigte, wenn ich von Castelet abreisen würde, damit der Bischof mir bis an die Grenze seines Landes entgegen kommen könnte. Ich fand ihn wirklich daselbst, in schöner Begleitung von vielen Frauen, welche die Kleidung und das ganze Ansehen von wahren Flammänderen hatten, denn die Leute in diesem Lande sind sehr stark und dick. Der Bischof war aus dem Hause von Barlemont, einem der vornehmsten in Flandern, die aber ein spanisches Herz hatten, wie sie es auch gezeigt haben, da sie dem Juan am meisten beistanden. Er unterließ nicht, mich mit vielen Ehrenbezeugungen und nicht weniger spanischem Zeremoniell zu empfangen. Ich fand diese Stadt Cambrai, obgleich nicht mit so guten Materialien erbaut als die französischen, dennoch angenehmer, weil die Straßen und Plätze eine viel beßre Proportion haben und weit besser angelegt sind; die großen sehr schönen Kirchen sind eine allgemeine Zierde aller flandrischen Städte. Was ich an Cambray am merkwürdigsten und schätzbarsten fand, war die Zitadelle, die schönste und vollendetste der Christenheit; wie sie es in der Folge, als mein Bruder sie inne hatte, den Spaniern wohl fühlen ließ. Ein rechtschaffner Mann, mit Namen Herr von Ainsi, war zu der Zeit Gouverneur darin; Herr von Ainsi war von Anstand und Bildung und an allem, was einem vollkommen wohlerzognen Mann ziemt, unsern vorzüglichsten Hofleuten gleich, und er hatte ganz und gar nichts von dem rohen Wesen an sich, das den Flammändern natürlich zu sein scheint. Der Bischof gab uns eine Mahlzeit, und nach dem Nachtessen verschaffte er uns das Vergnügen eines Balls, zu welchem er alle Damen der Stadt eingeladen hatte. Da er selber sich nicht dabei einfand, sondern sich gleich nach dem Nachtessen wegbegeben hatte, denn er war, wie gesagt, von zeremoniellem spanischem Gemüt, so ließ er Herrn von Ainsi als den ansehnlichsten der Gesellschaft zurück, mich während des Balls zu unterhalten und mich nachher zur Kollation zu führen; mich dünkt, es war sehr unvorsichtig, da ihm die Zitadelle aufgetragen war. Ich rede nach der Erfahrung, die ich auf meine Unkosten gemacht habe, davon, wie man sich betragen muß, wenn man den Auftrag hat, eine Festung zu bewachen, ich habe es mehr, als es mir lieb ist, erfahren.

Das Andenken an meinen Bruder verließ mich keinen Augenblick, denn er war mir über alles lieb und wert. Da ich mich nun der Vorschriften, die er mir gegeben, erinnerte, sah ich ein, daß dies eine sehr schöne Gelegenheit zu einem Dienst in den flandrischen Angelegenheiten sei. Diese Stadt Cambrai war gleichsam der Schlüssel zu Flandern; ich ließ sie daher nicht ungenützt vorübergehen und wandte allen Verstand, den Gott mir gegeben, dazu an, Herrn von Ainsi für Frankreich und für meinen Bruder geneigt zu machen. Gott gab, daß es mir gelang, Herrn von Ainsi gefielen meine Reden; er beschloß, so lange als möglich bei mir zu sein und mich zu begleiten, so lange ich in Flandern sein würde. Er forderte Urlaub bei seinem Oberherrn, um mich bis Namur begleiten zu dürfen, wo Dom Juan von Österreich mich erwartete, und gab vor, er wünsche die Feierlichkeiten dieses Empfangs zu sehen. Der hispanisierte Flammänder war so unklug, ihm Urlaub zu geben. Während dieser Reise, die zehn bis zwölf Tage dauerte, redete er so oft mit mir, als es anging. Er entdeckte mir offen sein ganz französisches Herz; daß er sich sehne, einen so hohen Prinzen als meinen Bruder zum Herrn und Meister zu haben, und daß er die Unterwürfigkeit gegen seinen Bischof und dessen Oberherrschaft verachte, der zwar ein Regent, aber doch nur ein Edelmann war wie Herr von Ainsi selber und ihm an Eigenschaften des Geistes und des Körpers sehr untergeordnet.

Von Cambrai aus hielt ich Nachtlager in Valenciennes; ein flandrisches Land, wo Graf von Lalain, sein Bruder, Herr von Montigny, und eine Menge andrer Edelleute, zwei- bis dreihundert an der Zahl, mir entgegenkamen, um mich am Ausgang der Länder von Cambrésis, so weit der Bischof von Cambrai mich begleitet hatte, zu empfangen. Valenciennes steht an Macht zwar Cambrai nach, aber nicht an der Zierde der schönen Plätze und schönen Kirchen. Die Springbrunnen und die Uhren, welche mit dem den Deutschen eignen Kunstfleiß gemacht waren, veranlaßten bei unsern Franzosen keine geringe Bewunderung; denn sie hatten vorher nie gehört, wie Uhren mit verschiednen Stimmen eine angenehme Musik aufführen wie von ebensoviel Personen, wie es jetzt in dem kleinen Schloß in der Vorstadt St. Germain zu hören ist. Die Stadt stand unter dem Gouvernement des Grafen Lalain, er bewirtete daselbst die Herrn und Edelleute aus meinem Gefolge; die Damen aber zu bewirten, verschob er bis Mons, wo seine Gemahlin, seine Schwiegerin Frau von Avrec nebst den vorzüglichsten, artigsten Damen mich erwarteten; der Graf und sein Gefolge führten mich den andern Tag ihnen zu. Er nannte sich einen Anverwandten des Königs, meines Gemahls, und war ein Mann von großem Ansehen und Macht; die spanische Herrschaft war ihm beständig verhaßt gewesen, wegen der Hinrichtung des Grafen Egmont[72], seines nahen Verwandten; obgleich er sein Gouvernement erhalten hatte, ohne sich in das Bündnis des Prinzen von Oranien[73] oder der Hugenotten eingelassen zu haben, weil er ein eifriger Katholik war, so wollte er doch weder Dom Juan jemals sehen noch erlauben, daß er oder irgend einer von der spanischen Partei in die Länder seines Gouvernements komme. Dom Juan durfte ihn nie mit Gewalt dazu zwingen, weil er fürchtete, es möchten sich, wenn er ihn angriffe, die verbündeten Katholiken in Flandern, welche man die vereinigten Staaten nennet, mit denen des Prinzen von Oranien und der Hugenotten vereinigen, welches seitdem auch diejenigen wohl erfahren haben, die für den König von Spanien waren. Graf Lalain konnte mir also bei seiner Art zu denken nicht genug seine Freude über meine Gegenwart bezeigen; er hätte seinem natürlichen Herrn und Fürsten nicht mehr Ehre, mehr Freude und Zuneigung erweisen können. Als ich zu Mons in dem Hause des Grafen ankam, wo man mir eine Wohnung bestimmt hatte, fand ich seine Gemahlin auf dem Vorhofe mit wohl achtzig oder hundert Damen aus der Stadt und des Landes, von denen ich empfangen wurde, nicht wie eine fremde, sondern wie ihre regierende Fürstin. Die Flammänderinnen sind von Natur zutraulich, freundlich und fröhlich; und da die Gräfin Lalain mit dieser Gemütsart vielen und erhabenen Verstand vereinigte (sie war so wohl hierin als nicht weniger von Ansehen und Betragen Ihrer Cousine sehr ähnlich), so war ich gleich gewiß, mit ihr eine recht genaue Freundschaft stiften zu können; diese Freundschaft war für die Absichten meines Bruders sehr günstig, denn sie hatte großen Einfluß auf ihren Gemahl und vermochte alles über ihn.

Zur Zeit des Nachtessens hatten wir ein großes Gastmahl und nachher Ball; solange ich in Mons blieb, war es alle Tage so, und ich blieb länger dort, als ich erst wollte; denn ich war erst Willens, den andern Morgen wieder abzureisen, aber diese artige

Frau beredete mich, eine ganze Woche bei ihnen zuzubringen; anfangs wollte ich es nicht, aus Besorgnis ihnen beschwerlich zu sein, aber weder sie noch ihr Gemahl hörten auf, deshalb in mich zu dringen, bis ich endlich nachgab; und auch am Ende der Woche ließen sie mich ungern fort! Ich lebte in großer Vertraulichkeit mit der Gräfin Lalain; sie blieb bei mir, wenn ich mich zu Bette legte, in später Nacht und wäre gern immer länger geblieben; dies ist von einer Dame ihres Standes etwas Außerordentliches und zeigt eine überaus große Güte des Herzens und ein ungezwungenes natürliches Wesen an. Sie säugte auch ihren kleinen Sohn selber; als sie den andern Tag bei der Mittagstafel neben mir saß, wo man in diesem Lande sich mit der größten Freimütigkeit mitzuteilen pflegt, mein ganzer Sinn aber nur darauf gerichtet war, wie ich die Absichten meines Bruders befördern möchte, brachte man ihr ihren kleinen Sohn, damit sie ihm zu trinken gebe. Sie war sehr geputzt und ganz bedeckt von Schmuck und reicher Stickerei; sie hatte eine spanische Robille an, von Goldstoff mit schwarzem Grunde, worauf Streifen von Stickerei mit goldner und silberner Cantille; ein kleines Wams von weißem Silberstoff mit goldner Stickerei und mit großen diamantnen Knöpfen zugeknöpft; diesen Anzug fand ich sehr passend für eine säugende Frau. Sie legte das Kind, das auch in sehr reichen Windeln lag, zwischen uns beiden auf die Tafel, knöpfte ganz frei ihr Wams auf und gab dem Kinde die Brust. Bei einer andern hätte man dies vielleicht unschicklich finden können, sie tat es aber, wie alles was sie tat, mit so viel Anmut und Naivheit, daß sie ebenso viel Beifall erhielt als die Gesellschaft Vergnügen. Nach aufgehobener Tafel fing der Ball in demselben Saale an, der sehr groß und schön war. Da wir nebeneinander saßen, sagte ich ihr: «Obgleich das Vergnügen, welches ich in dieser Gesellschaft fühle, zu den größten gehört, die ich je gekannt; so wünschte ich fast, es nie gekannt zu haben, wegen des Unmuts, wenn ich sie nun verlassen muß; mit der Überzeugung, daß das Schicksal uns wohl die Freude, uns wieder zu sehen, versagen wird. Es ist ein Unglück für mich, daß wir dem Himmel nicht ein gemeinschaftliches Vaterland verdanken!» Ich fing dieses Gespräch mit ihr an, um sie hinein zu ziehen, weil es den Absichten meines Bruders dienlich war. Sie antwortete mir: «Dies Land war vormals französisch, bei Gericht wird auch die französische Sprache noch gebraucht, und aus den Herzen der meisten unter uns ist die natürliche Neigung zu Frankreich nicht gewichen. Ich wenigstens trage nichts so sehr am Herzen, seitdem ich Euch zu sehen das Glück habe. Ehedem waren wir dem Hause Österreich zugetan; seit der Hinrichtung der Grafen Egmont, Horn, des Barons Montigny und der andern damals hingerichteten Herrn, die alle unsre nahe

Anverwandte und verwandt mit dem größten Teil des Adels dieses Landes waren, ist uns nichts so sehr verhaßt als diese spanische Herrschaft, und wir wünschen eifrig, uns von ihrer Tyrannei zu befreien. Wir wissen es aber noch nicht anzufangen, denn das Land ist uneinig wegen der verschiedenen Religionsparteien. Wären wir vereint, wir hätten die Spanier bald hinausgetrieben, so einzeln aber sind wir nicht mächtig genug. Wollte Gott, es gefiele dem Könige von Frankreich, Eurem Bruder, das Land wieder zu erobern, das von Alters her schon sein ist! Mit offenen Armen würden wir ihn empfangen!» Sie sagte das zwar wie aus dem Stegreif, aber es war wohl vorher bedacht, Hülfe bei Frankreich zu suchen. Da ich nun so den Weg zu meinen Absichten gebahnt fand, sagte ich ihr: «Mein Bruder, der König von Frankreich, ist nicht gesonnen, einen Krieg in der Fremde zu unternehmen, da er in seinem eignen Reich den Krieg mit den Hugenotten führt, er ist also an jeder auswärtigen Unternehmung verhindert. Aber mein Bruder, der Herzog von Alençon, der an Tapferkeit, Einsicht und Gütigkeit keinem meiner königlichen Ahnen und Brüder etwas nachgibt, könnte sich eher zu dieser Unternehmung verstehen, und er besitzt nicht weniger Mittel, Euch zu helfen, als mein Bruder, der König von Frankreich. Er ist in den Waffen erzogen und als einer der besten Heerführer unsrer Zeit geschätzt. Er kommandiert auch in diesem Augenblick eine Armee des Königs gegen die Hugenotten; seitdem ich weg bin, hat er eine sehr starke Festung, Issoire, und noch einige andre eingenommen. Keinen andern Fürsten könntet Ihr zur Hülfe rufen, der Euch so nützlich wäre, denn er ist Euch benachbart, und das große Frankreich steht ihm zu Gebote, woher er alle Mittel und Kriegsbedürfnisse mit Leichtigkeit ziehen kann. Seid versichert, wenn der Graf, Euer Gemahl, ihm diese Gefälligkeit erzeigt, daß er jeden Teil an seinem Glücke nehmen soll, den er selber nur verlangt; denn mein Bruder ist sanft, nicht undankbar, und nichts ist ihm angenehmer, als für einen guten Dienst oder eine Gefälligkeit erkenntlich sein zu können. Er liebt und verehrt die tapfern und ehrliebenden Männer; auch sind die Besten Frankreichs in seinem Dienste. Man wird, glaube ich, in Frankreich bald einen Frieden mit den Hugenotten machen, es ist möglich, daß ich ihn bei meiner Zurückkunft schon geschlossen finde; ist nun der Graf, Euer Gemahl, mit Euch gleichen Sinnes, so berichte er mir, ob ich meinen Bruder dazu bewegen soll; ich bin gewiß, dies Land, und vorzüglich Euer Haus, wird sich sehr wohl dabei befinden. Erhält mein Bruder durch Eure Vermittlung die Oberherrschaft des Landes, so werdet ihr mich sicher sehr oft hier sehen; denn die Liebe zwischen uns beiden ist so groß, als sie nur immer zwischen Bruder und Schwester stattfinden kann.»

Sie bezeigte mir ihre Zufriedenheit über diese Eröffnung und sagte, sie hätte nicht bloß von ungefähr so zu mir geredet; sondern da sie sich mit meiner Liebe beehrt gesehen, hätte sie beschlossen, mich nicht fortreisen zu lassen, ohne mir ihre Lage zu entdecken und ohne mich zu bitten, daß ich ihnen von Seiten Frankreichs Hülfe schaffe, um sie von der Furcht zu befreien, sich entweder in ewige Kriege verwickelt oder unter der spanischen Tyrannei gebeugt zu sehen. Sie bat mich hierauf um Erlaubnis, ihrem Gemahle alles mitteilen zu dürfen, was wir zusammen gesprochen, damit sie beide den andern Tag das weitere mit mir verabreden könnten; worin ich natürlich gleich willigte. Wir brachten den ganzen Nachmittag mit dergleichen Gesprächen zu, die ich zu meinen Absichten dienlich glaubte, woran sie auch viel Vergnügen fand. Nach geendigtem Ball gingen wir in die Vesper, zu den Stiftsdamen; ein Nonnenorden, den wir in Frankreich nicht haben. Es sind Fräulein, die man als Kinder hineingibt, um sie hernach vorteilhafter zu verheiraten und daselbst bleiben zu lassen, bis sie in dem Alter dazu sind. Sie haben kein gemeinschaftliches Schlafzimmer, sondern abgesonderte Häuser, jedoch alle in demselben Bezirk, wie die Stiftsherren. In jedem Hause wohnen drei, vier, bis sechs junge Fräulein mit einer Alten; diese sind diejenigen, die nicht geheiratet haben, so wie auch die Äbtissin nicht heiratet[74]. Die Nonnenkleidung tragen sie bloß in der Kirche, des Morgens während des Gottesdienstes und nachmittags in der Vesper. Nach geendigtem Gottesdienste kleiden sie sich wieder um und ziehen sich wie junge Mädchen an und gehen frei wie die andern zu den Bällen und Lustbarkeiten; sie kleiden sich folglich viermal täglich um. Sie kamen alle Tage zu uns zum Ball und zum Gastmahl und tanzten gewöhnlich mit.

Der Gräfin Lalain ward die Zeit lang, eh sie mit ihrem Gemahl von dem glücklichen Anfang ihrer Geschäfte reden konnte; sie tat es aber noch in derselben Nacht und führte den Morgen drauf ihren Gemahl zu mir. Dieser hielt mir eine lange Rede über die gerechten Ursachen, die er habe, sich von dem spanischen Joche zu befreien. Er glaubte hiebei, nichts gegen seinen rechtmäßigen Fürsten zu unternehmen, denn er wußte, daß die Herrschaft über Flandern dem Könige von Frankreich zukomme. Er zeigte mir die Mittel, die er in Händen hatte, meinem Bruder die Oberherrschaft in Flandern zu verschaffen, denn das ganze Hennegau, welches sich beinah bis an Brüssel erstreckt, war ihm ergeben. Er war nur wegen des Cambrésis besorgt, das zwischen Flandern und Hennegau liegt, und meinte, es wäre gut, den Herrn von Ainsi zu gewinnen, der noch bei uns war. Ich wollte es dem Grafen nicht sagen, daß ich schon das Wort des Herrn von Ainsi hatte, sondern bat ihn, sich selber um ihn zu bemühen, er könnte es, als sein Nachbar und sein Freund, füglicher tun als ich. Nachher beschlossen wir, nachdem ich ihm die Versicherung gegeben, wie sehr er auf das Zutrauen und die Liebe meines Bruders rechnen dürfe, an dessen Glück er, seinem ausgezeichneten Verdienst gemäß, allen Anteil nehmen würde; wir beschlossen, daß ich bei meiner Zurückkunft mich zu La Fère aufhalten sollte, wo mein Bruder und Herr von Montigny, Bruder des Grafen Lalain, hinkommen und die Sache zusammen verabreden sollten; ich tat alles, um ihn in seinen Vorsätzen zu befestigen, und die Gräfin war nicht weniger tätig dabei als ich.

Den Tag, als ich mich von dieser schönen Gesellschaft zu Mons trennen mußte, waren wir alle, sowohl ich als die flammändischen Damen und besonders die Gräfin Lalain, sehr traurig. Sie hatte mir ihre ganze Freundschaft geschenkt, und ich mußte es ihr zusagen, auf der Rückreise wieder durch Mons zu kommen. Ich gab ihr ein Schmuckkästchen und ihrem Gemahl einen Orden und Ordenskette von Edelsteinen, von großem Wert; jene aber schätzten es mehr, weil es aus den Händen einer Person kam, die sie sehr liebten, als wegen des Werts. Alle Damen blieben dort, nur Frau von Harrach ging mit nach Namur, wo ich übernachtete. Ihr Gemahl und ihr Schwager, der Herzog von Arschot, wohnten daselbst seit dem Frieden zwischen dem Könige von Spanien und den Staaten von Flandern. Obgleich sie zu der Flandrischen Partei gehörten, war doch der Herzog von Arschot, zur Zeit als er in Flandern und in England war, einer der allergalantesten Hofleute am Hofe des Königs Philipp; auch gefiel er sich nirgend als an den Höfen und bei den Großen. Graf Lalain und der übrige Adel begleiteten mich so weit sie konnten, an zwei Stunden weit außerhalb seines Gouvernements und bis man das Gefolge des Dom Juan erblickte, dann nahm er Abschied, denn sie wollten sich, wie gesagt, nicht sehen. Herr von Ainsi allein ging weiter mit, weil sein Herr, der Bischof von Cambrai, von der spanischen Partei war. Kurz darauf, nachdem jener schöne Haufe mich verlassen, traf ich Dom Juan von Österreich, begleitet von gewaltig viel Lakaien, aber nur von zwanzig oder dreißigen zu Pferde. Mit ihm waren der Herzog von Arschot, Herr von Harrach, Marquis von Varembon und der junge Balançon, Gouverneur der Grafschaft Burgund für den König von Spanien; alle diese waren, als höfliche feine Männer, mit Post gekommen, um sich da auf meinem Wege zu finden. Unter den Dienern des Dom Juan war keiner von bedeutendem Namen oder Ansehen als ein Ludwig von Gonzaga, der sich für einen Verwandten des Herzogs von Mantua ausgab. Die übrigen waren geringe Leute von schlechtem Ansehen; kein Adliger von Flandern war darunter. Dom Juan stieg vom Pferde, um mich in meiner Sänfte zu begrüßen; sie war ganz offen und die Vorhänge von allen Seiten aufgezogen. Ich grüßte nach französischer Sitte sowohl ihn als den Herzog von Arschot und Herrn von Harrach. Nach einigen höflichen Worten stieg er wieder zu Pferde und unterhielt sich beständig mit mir, bis wir an die Stadt kamen, welche wir erst sehr spät erreichten, weil die Damen zu Mons mich sehr lange aufgehalten hatten. Sogar schon in der Sänfte sitzend, mußte ich dennoch wohl noch eine Stunde ihnen die Devisen alle daran erklären, an welchen sie außerordentlich viel Vergnügen fanden. Es war aber, wie denn die Spanier darin wirklich Meister sind, in Namur alles so schön angeordnet und die Stadt so erleuchtet, daß man von dem Schein der vielen Lichter in den Fenstern und in den Boutiken einen neuen Tag leuchten zu sehen glaubte. Denselben Abend ließ Dom Juan mich und die meinigen in unsern Zimmern speisen, in der Meinung, daß es nicht vernünftig sei, uns nach einer langen beschwerlichen Reise mit einem Gastmahle zu bemühen. Das Haus, welches er mich bewohnen ließ, war zu meinem Empfang eigentlich eingerichtet; man hatte Mittel gefunden, einen großen schönen Saal und ein vollständiges Appartement für mich mit den dazu gehörigen Zimmern, Vorzimmern, Kabinetten und Salons einzurichten, alle mit den schönsten und kostbarsten Möbeln versehen, die ich je gesehen. Die Tapeten waren alle von Samt oder Atlas, zwischen großen Säulen von Silberstoff, mit reicher Stickerei von dicken Schnüren und Leisten von goldner Stickerei, welche sich auf die schönste und reichste Weise von der Welt hervorheben, an diesen Säulen waren die Bildnisse großer Männer in antiker Kleidung mit derselben Stickerei. Der Herr Kardinal von Lenoncourt, der einen wißbegierigen sinnreichen Geist besaß, war vertraut worden mit dem Herzog von Arschot, der, wie ich schon gesagt, ein alter Hofmann war, von höflichen feinen Sitten, und gewiß die ganze Zierde des Gefolges des Dom Juans. Als er nun, während wir uns da aufhielten, die kostbaren und vortrefflichen Möbeln betrachtete, sagte er ihm: «Mich dünken diese Möbeln schicklicher für einen großen König als für einen jungen Prinzen wie Señor Dom Juan.» Darauf antwortete der Herzog von Arschot: «Auch sind sie durch einen Zufall hier und weder aus Pracht noch mit Absicht. Die Stoffe sind dem Prinzen von einem Pascha des Großsultans übersendet, dessen Kinder er in dem berühmten Siege gegen die Türken zu Gefangenen gemacht hatte. Da nun Señor Dom Juan so edelmütig war, sie ihm, ohne Ranzion zu verlangen, wiederzuschicken, so hat ihm der Pascha ein Geschenk gemacht von vielen goldnen und silbernen Stoffen; er erhielt sie gerade, als er in Mailand war, wo man dergleichen am besten zu benutzen weiß. Er ließ dort diese Tapeten davon machen, und zum Andenken der ruhmvollen Gelegenheit, die sie ihm verschaffte, ließ er an den Bettvorhängen und den Tapeten des Zimmers, welches die Königin bewohnt, die Seeschlachten in Stickerei arbeiten, welche seinen glorreichen Sieg über die Türken in jener berühmten Schlacht bei Lepanto vorstellt.»

Den Morgen ließ Dom Juan uns eine Messe hören nach spanischer Weise mit der vollen Musik von Geigen und Hörnern; von da gingen wir zum Mittagmahl in den großen Saal. Er und ich saßen allein an einem Tisch; drei Schritte von uns stand die große Tafel, woran die andren Damen und Herrn saßen. Dom Juan ließ sich von Ludwig von Gonzaga knieend bedienen. Nach der Tafel war Ball, der den ganzen Abend durch währte. Dom Juan unterhielt mich und sagte mir oft, er bewundre meine Ähnlichkeit mit seiner Gebieterin, der seligen Königin, meiner Schwester, welche er sehr verehrte[75]. Er bezeigte mir und meinem Gefolge durch alle ersinnliche Höflichkeit und Ehrenbezeugungen seine Freude, mich bei sich zu sehen. Die Fahrzeuge, mit welchen ich über die Maas bis nach Lüttich fahren sollte, wurden nicht fertig; ich mußte also den andern Tag noch verweilen; den Vormittag brachten wir wie den ersten zu; den Nachmittag setzten wir uns in ein sehr schönes Fahrzeug auf den Fluß, umringt von andern Fahrzeugen, auf denen sich Musiker mit Oboen, Geigen und Hörnern befanden. Wir fuhren nach einer Insel, wo Dom Juan, in einem Saal von Epheu umgeben, ein Gastmahl hatte zubereiten lassen; rings umher waren Lauben, worin Musik von Oboen und andern Instrumenten während der Mahlzeit ertönte. Nach aufgehobener Tafel und nach dem Ball, der einige Stunden währte, kehrten wir in dieselben Fahrzeuge, welche uns hingebracht und Dom Juan zu meiner Reise hatte machen lassen, wieder zurück. Den andern Morgen bei der Abreise begleitete mich Dom Juan bis an das Fahrzeug. Nach einem ehrenvollen höflichen Abschied ließ er mir Herrn und Frau von Harrach zurück, mich bis Huy zu begleiten, die erste Stadt des Bistums Lüttich, wo ich die Nacht bleiben wollte. Herr von Ainsi blieb noch nach Dom Juan in dem Fahrzeuge, dann nahm er traurig Abschied von mir und unter den heiligsten Versicherungen, mir und meinem Bruder ewig ergeben zu sein. Er hatte nicht Urlaub, mich weiter zu begleiten.

Das neidische verräterische Geschick ertrug länger nicht den Ruhm, der mich auf dieser Reise begleitete: Es verkündete mir durch zwei traurige Vorbedeutungen das Übel, das ihr Neid mir bei meiner Zurückkunft bereitete. Die erste war, daß, sobald das Fahrzeug anfing, sich vom Ufer zu entfernen, Fräulein Tournon, die Tochter meiner Oberhofmeisterin, von einem so heftigen Übel befallen ward, daß sie vor entsetzlichem Schmerz laut aufschreien mußte. Sie fühlte einen heftigen Druck auf dem Herzen; die Ärzte vermochten durch kein Mittel weder ihn zu lindern, noch konnten sie ihren Tod verhindern; wenige Tage nach meiner Ankunft in Lüttich starb sie. Ich werde ihre traurige Geschichte gehörigen Orts erzählen, denn sie ist merkwürdig. Die zweite üble Vorbedeutung war, daß, als wir zu Huy ankamen, einer Stadt, welche am Abhang eines Berges liegt, ein reißender Strom vom Berge herunter den Fluß plötzlich so anschwellen machte, in dem Augenblick als unser Fahrzeug landete, daß wir kaum Zeit hatten, in vollem Lauf die Anhöhe zu gewinnen. Das Wasser folgte uns auf dem Fuße nach, alle Straßen überschwemmend, und war mit uns zu gleicher Zeit in der für uns bestimmten Wohnung in der am höchsten gelegenen Straße. Wir mußten uns denselben Abend mit dem behelfen, was der Herr vom Hause uns geben konnte; es war nicht möglich, weder meine Leute noch meine Kleider aus dem Fahrzeuge holen zu lassen, noch weniger konnte man etwas aus der ganz überschwemmten Stadt holen; sie wurde nicht weniger wunderbar von dieser Sündflut befreit, als sie davon ergriffen worden war; denn mit Anbruch des Tages hatte sich das Wasser wieder zurückgezogen und in sein gewöhnliches Bett begeben.

Herr und Frau von Harrach kehrten wieder nach Namur zurück, zu Dom Juan, und ich begab mich wieder in mein Fahrzeug, um noch denselben Abend in Lüttich zu sein. Der Bischof von Lüttich empfing mich ehrenvoll und gab alle Beweise des guten Willens, die man von einer höflichen und wohlwollenden Person erwarten darf. Er war ein sehr tugendhafter, gütiger und verständiger Herr; er sprach sehr gut französisch, seine Person war angenehm, seine Sitten edel und prachtliebend, und er war ein liebenswürdiger Gesellschafter. In seinem Gefolge waren einige Domherrn und das ganze Kapitel, lauter Herzoge, Grafen und großer Herrn Söhne aus Deutschland; denn das Bistum Lüttich ist ein eigner Staat für sich von nicht geringem Umfange, mit vielen ansehnlichen Städten versehen, und besitzt große Einkünfte. Aus den Domherrn, die alle von Adel sein und ein Jahr daselbst gewohnt haben müssen, wird jedesmal der Bischof gewählt. Die Stadt ist fast wie Lyon, aber größer; die Maas fließt durch; sie ist sehr gut gebauet, jedes Domherrn Haus ist ein schöner Palast; lange und breite Straßen; große Plätze mit schönen Springbrunnen, die mit so vielem Marmor verziert sind, den sie ganz noch dabei haben, daß sie ganz von Marmor erbaut scheinen; die Uhren mit deutscher Künstlichkeit verfertigt, mit ihrem verschiedenen musikalischen Glockenspiel, als ob es ebenso viele menschliche Stimmen wären.

Der Bischof empfing mich, als ich aus dem Fahrzeug ans Land stieg, und führte mich in seinen herrlichen Palast, den er verlassen hatte, um ihn mir ganz einzuräumen. Für ein Haus in der Stadt ist es schöner und bequemer eingerichtet, als ich vorher je gesehen hatte; denn es sind mehrere Gärten mit schönen Springbrunnen dabei und Galerien mit so vielen vortrefflichen Gemälden und so reich mit Vergoldungen und Marmor verziert, wie man nichts Köstlicheres und Prachtvolleres sehen kann.

Da die Quellen von Spa nur drei oder vier Stunden von dort liegen und sich nur ein kleines Dorf von einigen elenden Häusern dabei befindet, so rieten die Ärzte der Prinzessin La Roche-sur-Yon, sich das Wasser nach Lüttich kommen zu lassen; wenn man es nur bei Nacht, ehe die Sonne aufgegangen, bringen läßt, so behält es dieselbe Kraft und Eigenschaft als an der Quelle. Ich war sehr froh, daß wir nun in einem so bequemen Haus und in so guter Gesellschaft bleiben durften. Außer der Gesellschaft Sr. Gnaden (so wird der Bischof von Lüttich genannt, eben wie man einen König «Se. Majestät» oder einen Prinzen «Se. Hoheit» nennt) kamen noch auf das Gerücht, daß ich mich dort befände, verschiedene Herrschaften aus Deutschland hin, um mich zu sehen, unter andern die Gräfin Aremberg, dieselbe, welche die Ehre hatte, die Königin Elisabeth nach Mézières zu begleiten, als sie mit dem Könige Karl, meinem Bruder, vermählt ward, und hernach begleitete sie meine älteste Schwester zum Könige von Spanien, ihrem Gemahl; eine Dame, die von der Kaiserin, vom Kaiser und von allen christlichen Fürsten sehr geschätzt ward. Ihre Schwester, die Frau Landgräfin, Frau von Aremberg ihre Tochter, Graf Aremberg ihr Sohn, ein rechtschaffner artiger Mann, das wahre Bild seines Vaters, der damals meinem Bruder, dem König Karl, die Hülfe aus Spanien brachte, wobei er sich so viel Ehre und guten Ruf erwarb. Die Freude, sie ankommen zu sehen, ward durch den unglücklichen Tod der Fräulein Tournon sehr getrübt, deren merkwürdige Geschichte ich hier nicht übergehen kann, und ihr zu Gefallen muß ich hier eine Abschweifung in meiner Erzählung machen.

Die älteste Tochter meiner Oberhofmeisterin, der Frau von Tournon, hatte Herrn von Balançon geheiratet, Gouverneur für den König von Spanien von der Grafschaft Burgund. Sie bat ihre Mutter, ihr die jüngere Schwester, Fräulein von Tournon, mitzugeben, damit sie ihr in ihrem Hause beistehen und ihr Gesellschaft leisten möchte, da sie von allen ihren Verwandten entfernt ward und in die Fremde mußte. Die Mutter gab es zu, sie blieb einige Jahre dort und wußte sich sehr angenehm und beliebt zu machen, obgleich sie eben nicht schön war, aber ihre Schönheit bestand in ihren liebenswürdigen Eigenschaften, ihrer Tugend und anmutigem Wesen. Der Marquis von Varembon wohnte mit seinem Bruder, Herrn von Balançon, in einem Hause mit ihr, er war damals zur Kirche bestimmt; er faßte aber eine heftige Liebe zur Fräulein von Tournon und wollte sich mit ihr vermählen; er hatte sein Gelübde noch nicht abgelegt. Er erklärte dieses ihren und seinen Anverwandten; von ihrer Seite fand man nichts dagegen, aber Herr von Balançon, der es für sich von größerm Nutzen hielt, wenn sein Bruder Geistlicher wurde, widersetzte sich mit dem größten Eigensinn der Heirat. Frau von Tournon, eine verständige, vorsichtige Frau, findet sich beleidigt und nimmt ihre Tochter wieder von ihrer Schwester, der Frau von Balançon, fort und wieder zu sich. Sie war eine etwas harte, zornmütige Frau und begegnete ihrer Tochter ohne Schonung, obgleich sie doch schon erwachsen war und eine sanftere Behandlung wohl verdiente. Nie hatte Fräulein Tournon trockne Augen; ihre Mutter schalt sie und schrie unaufhörlich mit ihr; gleichwohl tat sie nie etwas, das Tadel verdiente, aber es war einmal die natürliche strenge Gemütsart ihrer Mutter. Da sie nun sehr wünschte, von dieser Tyrannei befreit zu werden, freute sie sich, als sie hörte, ich würde nach Flandern reisen, denn sie dachte gleich, daß der Marquis von Varembon sich einfinden würde, wie es auch wirklich geschah. Da er nun damals den geistlichen Stand dennoch völlig verlassen und also im Stande war, sie zu heiraten, hoffte sie, er würde bei ihrer Mutter um sie anhalten. Zu Namur fanden sich auch, wie ich schon gesagt, der Marquis von Varembon und der jüngste Balançon ein. Der jüngste Balançon, der bei weitem nicht so liebenswürdig war als sein Bruder, redete Fräulein Tournon an, bemühte sich um sie, aber der Marquis von Varembon tat, solange wir in Namur waren, als hätte er sie nie gekannt. Sie strengte gewaltsam alle ihre Kräfte an, um ihn merken zu lassen, was sie fühle, aber ihr Herz war von Angst, Verdruß und Schmerz gepreßt, und in dem Augenblick, als er das Schiff verließ, wo er Abschied von uns genommen, fühlte sie sich so angegriffen und zerstört, daß sie ohne heftiges Schreien und ohne die tödlichsten Schmerzen nicht mehr atmen konnte. Es war kein einziger Grund zu ihrer Krankheit vorhanden als dieser innere Schmerz; ihre Jugend kämpfte noch einige Tage mit dem Tode, aber dieser siegte und raubte sie mir und ihrer Mutter, die nicht mehr als ich über diesen Verlust trauern konnte; ihre Mutter liebte sie sehr, obgleich sie ihr hart begegnete. Ihre Beerdigung geschah so ehrenvoll als möglich, denn sie war aus einem großen Hause und gehörte eigentlich der Königin Mutter. Viere von meinen Edelleuten erhielten Befehl, ihre Leiche zu Grabe zu tragen; einer von ihnen war La Boessière, der sie leidenschaftlich geliebt hatte, ohne es ihr jemals zu sagen; er kannte ihre strenge Tugend, und seine Geburt war der ihrigen nicht gleich. Dieser nun trug ihre sterbliche Hülle; selber den Tod erleidend durch ihren Tod, so wie er ehemals ihn schon erlitt durch seine Liebe!

Der strafbare Marquis von Varembon bereute

einige Tage nach meiner Abreise von Namur seine Grausamkeit. Seine Liebe, o wunderbares Schicksal! die in der Gegenwart erloschen war, entzündete in der Abwesenheit sich aufs neue! Er entschließt sich zurückzureisen und bei ihrer Mutter um sie anzuhalten, vertrauend seinem guten Glück, denn alle Frauen liebten ihn, von denen er geliebt zu sein wünschte, wie er dann auch seit kurzem eine große Dame gegen den Willen ihrer Eltern geheiratet; und hoffte mit Gewißheit, seine Gebieterin würde ihm verzeihen; er wiederholte sich die italienischen Worte: *che la forza d'amore non risguarda al delitto*. Er bat Dom Juan, ihm einen Auftrag an mich zu geben, reiste eiligst zurück und kam in demselben Moment zu Lüttich an, als man den Leib der Unglücklichen, Schuldlosen in der Glorie ihrer Jungfräulichkeit durch die große Straße zur Kirche trug, um ihn in die Erde zu senken. Das Gedränge des Leichenzugs versperrt ihm den Weg, er schaut hin, was es sein mag, erblickt von weitem mitten unter einem zahlreichen Haufen von Leuten in Trauerkleidern ein weißes Leichentuch mit Blumenkränzen bedeckt. Ein Bürger antwortet ihm auf seine Fragen, es würde jemand begraben; er wird neugieriger, drängt sich bis zu dem Vordersten des Leichenzugs und hört mit immer steigender Unruhe nicht auf zu fragen, bis er es erfährt, wer es sei. O tödlicher Bericht! So rächte sich die Liebe an der undankbaren Treulosigkeit und ließ ihn fühlen, was seine Geliebte bei seinem strafbaren Vergessen gefühlt hatte; den Pfeil des Todes! «Es ist die Leiche der Fräulein von Tournon!» wird ihm zugerufen, und ohnmächtig sinkt er vom Pferde. Man bringt ihn für tot in ein Haus; zu spät war es, sich im Leben mit ihr zu vereinigen, nun wollte er es im Tode tun. Seine Seele verließ seinen Körper, um ihre Seele jenseits des Lebens zu suchen und ihre Verzeihung zu erflehen; dann kehrte sie wieder zu ihm zurück, damit er länger ihren Verlust fühle, er wäre sonst für seine Treulosigkeit nicht hart genug bestraft gewesen.

Nach dieser traurigen Pflicht wollte ich, um dieser fremden Versammlung keine Langeweile zu verursachen, mich meiner Traurigkeit über den Verlust des liebenswürdigen Mädchens nicht überlassen, ich ging also täglich, von dem Bischof (Se. Gnaden genannt), von seinen Domherrn und von den fremden Herren und Damen begleitet, in unterschiedliche Häuser und Gärten spazieren, deren es in dieser Stadt und auch umher sehr schöne gibt. Die Gesellschaft kam jeden Morgen und holte mich zu diesen Spaziergängen ab, wobei ich das Spawasser trank, denn man muß dabei spazieren gehen. Mein Bruder war zwar der Arzt, auf dessen Verordnung ich es trank, gleichwohl tat es doch sehr gute Wirkung; denn ich habe nachher sechs oder sieben Jahre nichts von der Rose am Arm gespürt. Nachher brachten wir den ganzen Tag zusammen zu; des Mittags war jedesmal irgendwo ein Gastmahl, nach diesem ein Ball; hernach gingen wir in irgend ein Frauenkloster zur Vesper; nach dem Abendessen war wieder entweder Ball oder wir fuhren aufs Wasser mit Musik. So vergingen sechs Wochen; das ist die bestimmte Zeit, den Spabrunnen zu trinken, es war auch der Prinzessin La Roche-sur-Yon so verordnet. Da wir eben nach Frankreich zurückreisen wollten, kam Frau von Harrach an, die zu ihrem Mann nach Lothringen wollte. Sie gab uns Nachricht von den Veränderungen, welche in Namur sowohl als in dem ganzen Lande seit meiner Durchreise sich zugetragen. Als Dom Juan aus meinem Schiff und zu Pferde gestiegen war, nahm er unter dem Vorwand, auf die Jagd zu gehen, den Weg vor dem Schloß von Namur vorbei, welches noch nicht in seinen Händen war. Er tat, als wollte er es bei dieser Gelegenheit besehen, ritt hinein, bemächtigte sich desselben und ließ die Besatzung der Staaten abziehen, gegen seine Abrede mit den Staaten. Außerdem hatte er sich des Herzogs von Arschot, des Herrn und der Frau von Harrach bemächtigt; auf dringendes Bitten hatte er die beiden erstern wieder freigelassen; Frau von Harrach aber mußte bis dahin als Geisel bei ihm zurückbleiben, damit jene nichts gegen ihn unternehmen möchten. Das ganze Land wäre in Krieg und Brand; es seien drei Parteien da; die Partei der Staaten, das heißt, der flandrischen Katholiken; die des Prinzen von Oranien und der Hugenotten, welche zusammen nur eine machten, und die spanische unter Dom Juan. Nun war ich so verwickelt, daß ich notwendig durch eine oder die andre durch mußte. Mein Bruder hatte mir einen Edelmann namens Lescart geschickt, durch diesen schrieb er mir; er habe, seitdem ich den Hof verlassen, dem Könige mit der ihm anvertrauten Armee große Dienste geleistet; alle Städte, die er ihm anzugreifen befohlen, habe er genommen, die Hugenotten aus allen Provinzen, welche ihm angewiesen worden, verjagt; dann wäre er an den Hof nach Poitiers zurückgekommen, wo sich der König während der Belagerung von Brouage aufgehalten, um in der Nähe der Armee des Herzogs von Mayenne zu sein, damit er ihm desto schneller mit allem Notwendigen zu Hilfe kommen könnte. «Der Hof», schrieb er, «ist ja stündlich verändert, wie ein Proteus, ich habe ihn bei meiner Ankunft ganz umgewandelt gefunden; man war so kalt gegen mich, als hätte ich gar nichts im Dienste des Königs ausgerichtet. Der König, der vor dem Auszuge sehr freundlich mit Bussy gewesen, ist jetzt ebenso vom Neide verfolgt und so übel angesehen als zu Guast seiner Zeit; doch hat Bussy dem Könige treu gedient mit seinen Freunden wie mit seiner eignen Person, denn er hat, als Issoire bestürmt wurde, seinen Bruder dabei verloren. Täglich beleidigt man uns. Die Mignons[76] des Königs haben mir einige der rechtlichsten Männer unter meinen Leuten abwendig gemacht, nämlich Maugiron, La Vallette, Mauléon, Livarrot und noch einige; sie haben meinen Dienst verlassen und sind zum Könige gegangen.» Er wisse aus guter Hand, setzte er noch hinzu, daß der König es bereue, ihm den Zug nach Flandern erlaubt zu haben; mir aber suche man aus Haß gegen ihn auf meiner Rückreise einen bösen Streich zu spielen; entweder durch die Spanier, indem man sie warne, ich unterhandle in Flandern für ihn, oder durch die Hugenotten, damit sie an mir das Unrecht rächen sollten, das er ihnen getan, indem er ihr Feind wurde, nachdem sie ihn unterstützt hatten. Alles das machte mir nicht wenig Sorge; nicht allein ich mußte durch eine von beiden Parteien, sondern auch die vornehmsten meiner Reisegesellschaft waren entweder den Spaniern oder den Hugenotten zugetan. Der Herr Kardinal von Lenoncourt war im Verdacht, die Hugenotten zu begünstigen, und Herr Descarts, Bruder des Bischofs von Lisieux, war oft im Verdacht, im Herzen spanisch zu sein. In dieser Verwirrung konnte ich mich niemand anvertrauen als der Prinzessin La Roche-sur-Yon und der Frau von Tournon; diese sahen die Gefahr, in welcher wir uns befanden, wohl ein; wir hatten fünf oder sechs Tagereisen bis zu La Fère, während welchen wir immer in der Gewalt des einen oder des andern waren. Mit Tränen in den Augen sagten sie: Gott allein vermöchte es, uns aus dieser Gefahr zu erretten; ich sollte mich ihm wohl empfehlen und tun, was er mir zu tun eingeben würde, was sie beide beträfe, sie wollten sich alles gefallen lassen, wenn ich nur gerettet würde; sie wären zu den stärksten Tagereisen bereit, obgleich die eine krank und die andre sehr alt war. Ich redete mit dem Bischof von Lüttich darüber, dieser half mir wie ein wahrer Vater. Er gab mir seinen Haushofmeister mit, seine Pferde, die mich, so weit ich es verlangte, bringen sollten. Da ich notwendig einen Paß vom Prinzen von Oranien haben mußte, so schickte ich Mondoucet zu ihm, der mit ihm vertraut war und ein wenig zu dieser Religion hinneigte; er kam aber nicht wieder. Ich erwartete ihn zwei, drei Tage und glaube, ich hätte bis heute auf ihn warten können. Da der Herr Kardinal von Lenoncourt und der Ritter Salviati, mein Oberstallmeister, die zu derselben Kabale gehörten, mir unaufhörlich rieten, nicht ohne Paß zu reisen, und ich argwohnte, man könnte mir unterdessen noch etwas Schlimmeres entgegenstellen, entschloß ich mich, den andern Morgen in der Frühe abzureisen. Da sie sahen, daß man mich unter dem Vorwande des Passes nicht länger zurückhalten konnte, ließ mein Schatzmeister, gleichfalls ein heimlicher Hugenotte, dem Ritter Salviati sagen, es wäre kein Geld da, die Gastwirte zu bezahlen; dies war durchaus eine Lüge, denn als ich zu La Fère angekommen war, verlangte ich meine Rechnungen noch zu sehen, und da fand es sich, daß, außer dem nötigen Reisegelde, noch Geld genug da war, meinen Haushalt sechs Wochen lang zu führen. Sie ließen meine Pferde anhalten und fügten zu der Gefahr noch diese Verunglimpfung hinzu. Die Prinzessin La Roche-sur-Yon ertrug diese Niederträchtigkeit länger nicht, sie lieh mir in dieser Verlegenheit das nötige Geld, und jene blieben verwirrt. Nachdem ich dem Bischof von Lüttich einen Diamant, dreitausend Taler an Wert, und seinen Dienern Ringe oder goldne Ketten geschenkt hatte, reiste ich ab und kam noch denselben Tag bis Huy; ohne einen andern Paß als meine Hoffnung auf die Hilfe Gottes. Huy gehörte, wie ich schon bemerkt, zu den Ländern des Bischofs von Lüttich; dennoch war es in vollem Aufruhr und Rebellion (so wie keine der Provinzen von der allgemeinen Revolution in den Niederlanden verschont blieb) und wollte seinen Bischof nicht anerkennen, weil er neutral blieb und jene zur Partei der Staaten gehörten; sie wollten also den Haushofmeister des Bischofs, der mit uns war, nicht anerkennen; sie waren noch in Alarm darüber, daß Dom Juan sich bei meiner Durchreise Namurs bemächtigt hatte; sobald wir also in unsre Wohnungen eingekehrt waren, zogen sie die Sturmglocke, schleppten die Artillerie in die Straßen und pflanzten sie gegen meine Haustüre, sperrten die Gassen, damit wir nicht zusammenkommen konnten, und hielten uns so die ganze Nacht in Schrecken, ohne daß es möglich war, mit einem von ihnen zu sprechen, denn es war nichts als gemeines Volk, grobe, unvernünftige Leute. Den Morgen ließen sie uns reisen, hatten aber die ganze Straße mit Bewaffneten besetzt.

Den Abend kamen wir nach Dinant, hier hatten sie zum Unglück denselben Tag ihre Burgemeisterwahl gehabt; alles schmauste, alles war betrunken, es war ein wahres Chaos. Unsern Zustand zu verschlimmern, war der Haushofmeister des Bischofs ihnen verhaßt, der ehemals ihnen den Krieg gemacht hatte. Diese Stadt ist, wenn sie nüchtern ist, für die Partei der Staaten; regiert aber Bacchus darin, so kennt sie weder sich selbst noch andre. Sobald sie mein großes Gefolge in der Vorstadt ankommen sahen, gerieten sie in Schrecken. Sie verließen die Flaschen, griffen zu den Waffen, und statt uns die Tore zu öffnen, laufen sie in der größten Unordnung hin und verschließen sie. Ich hatte einen Edelmann mit dem Fourier und dem Quartiermeister vorausgeschickt, sie um die Erlaubnis zu bitten, durchreisen zu dürfen; aber als ich ankam, standen sie noch da, schrieen unter einander, und keiner verstand den andern. Endlich stehe ich in meiner Sänfte auf, nehme meine Maske herunter und winke den ansehnlichsten unter ihnen zu mir; als er heran kam, bat ich ihn, doch Stillschweigen zu gebieten, damit ich gehört werden könnte. Dies geschah denn nach vieler Mühe, und ich machte ihnen begreiflich, wer ich sei und warum ich reise; daß, weit gefehlt, ihnen durch meine Ankunft irgend ein Übel zu verursachen, wollte ich vielmehr ihnen nicht einmal Anlaß zum Argwohn geben; ich ersuchte sie darum, nur mich und meine Frauen, nebst so wenigen von meinen Leuten, als sie selber mir erlauben würden, auf diese Nacht in die Stadt zu lassen; das übrige Gefolge könnte in der Vorstadt bleiben. Sie waren gleich mit diesem Vorschlag zufrieden und gestatteten ihn mir. Ich ging also mit den ansehnlichsten aus meinen Haufen in die Stadt, unter ihnen der Haushofmeister des Bischofs von Lüttich, der zum Unglück erkannt ward, als ich von diesem betrunknen und bewaffneten Volk begleitet, mich nach meinem Quartier begab; nun schimpften sie ihn und wollten den guten alten Mann totschießen; es war ein achtzigjähriger ehrwürdiger Greis mit einem weißen, bis auf den Gürtel reichenden Bart. Ich ließ ihn in das Haus, und die Trunkenbolde feuerten ihre Gewehre unaufhörlich gegen die Mauer ab, die bloß von Lehm war. Ich fragte nach dem Wirt vom Hause; zum Glücke war er gegenwärtig. Ich bat ihn, sich an das Fenster zu stellen und es dahin zu bringen, daß ich mit den Angesehensten reden könne. Nachdem er lange vom Fenster hinunter geschrieen hatte, kamen die Burgermeister zu mir herauf; aber so betrunken, daß sie nicht wußten, was sie sprachen, noch was sie wollten. Ich gab ihnen die Versicherung, ich hätte nicht gewußt, daß dieser Haushofmeister ihr Feind sei; zeigte ihnen, von welcher Wichtigkeit es sei, eine Person von meinem Range zu beleidigen, eine Freundin der vornehmsten Herrn der Staaten; ich sei gewiß, Graf Lalain und alle andre Chefs würden die Aufnahme, welche ich hier fände, sehr übelnehmen. Bei dem Namen Graf Lalain waren sie gleich ganz verwandelt; sie hatten mehr Respekt für diesen Namen als für die Namen aller Könige, denen ich angehörte. Der älteste unter ihnen fragte mich stammelnd und lächelnd: Ob ich denn eine Freundin des Grafen Lalain sei? Da ich sogleich merkte, daß seine Verwandtschaft mir mehr hier hülfe als die Verwandtschaft aller Potentaten der Christenheit, sagte ich: «Jawohl, ich bin seine Freundin und seine Verwandte!» Nun machten sie mir große Reverenz, reichten mir die Hand und erzeigten mir so viel Höflichkeiten als vorher Grobheiten, baten mich um Verzeihung und versprachen mir, den guten alten Haushofmeister in Frieden mit mir ziehen zu lassen. Den Morgen drauf, als ich eben zur Messe gehen wollte, kam Dubois an, der Agent des Königs bei Dom Juan, der sehr spanisch gesinnt war. Er gab vor, Briefe vom Könige zu haben, worin er ihm Befehl erteilte, mich abzuholen und mich sicher zurückzugeleiten; zu dem Ende habe er Dom Juan gebeten, ihm Barlemont und einen Haufen Leute zu

Pferde zu geben, um mich zu eskortieren und mich sicher nach Namur zu bringen; ich mußte also die aus der Stadt Dinant ersuchen, daß sie Herrn von Barlemont, der ein Eingeborner sei, und seinen Haufen Reiter in die Stadt lassen möchten, damit sie mich begleiten könnten. Dies hatte nun einen doppelten Endzweck; erstlich wollte er sich für Dom Juan der Stadt bemeistern und zweitens sollte ich in die Hände der Spanier fallen. Ich war in großer Verlegenheit, und da ich sie dem Kardinal von Lenoncourt mitteilte, der so wenig Lust hatte als ich, den Spaniern in die Hände zu fallen, beschlossen wir, von denen aus der Stadt zu erfahren, ob wir nicht einen andern Weg nehmen könnten, auf welchem wir dem Haufen des Herrn von Barlemont auswichen. Ich übergab dem Herrn Kardinal von Lenoncourt den kleinen Agenten Dubois, damit er ihn aufhalte; währenddessen ging ich in ein andres Zimmer, wo ich die aus der Stadt zu mir kommen ließ und ihnen zu verstehen gab, daß sie verloren wären, wenn sie Herrn von Barlemont mit seinen Reitern einließen, weil er sich der Stadt für Dom Juan bemächtigen wollte; ich riet ihnen, sich zu bewaffnen, sich am Tore bereit zu halten und sehen zu lassen, daß sie wohl unterrichtet und gerüstet seien und sich nicht überrumpeln ließen; Herrn von Barlemont sollten sie einlassen, sonst aber niemand. Da der Wein von Tags vorher verdampft war, fanden sie meine Gründe gut, hatten

Zutrauen zu mir und boten mir ihre Dienste und ihr Leben an. Sie gaben mir einen Wegweiser, der mich einen Weg führen sollte, auf welchem ich den Fluß zwischen mir und den Truppen des Dom Juan haben und diese so weit zurück lassen würde, daß sie mich nicht mehr erreichen könnten, da ich immer durch Städte kommen würde, die den Staaten angehören. Nachdem ich dies mit ihnen abgeredet, schickte ich sie hin, Herrn von Barlemont allein hineinkommen zu lassen. Sobald dieser in der Stadt war, wollte er sie bereden, auch seinen Truppen freien Einzug zu verstatten; darüber wurden sie aber so aufgebracht, daß wenig fehlte, sie hätten ihn umgebracht, sie kündigten ihm an, daß, wofern er sie nicht würde der Stadt aus dem Gesichte ziehen lassen, sie ihr Geschütz gegen sie richten wollten. Das verlangten sie, um mir Zeit zu verschaffen, über den Fluß zu gehen, ehe dieser Haufe mich einholen könnte. Herr von Barlemont und der Agent Dubois wendeten nun alles an, mich zu bereden, daß ich nach Namur gehen sollte, wo Dom Juan mich erwarte. Ich stellte mich, als willigte ich ein, und nachdem ich Messe gehört und eine kurze Mittagsmahlzeit zu mir genommen hatte, verließ ich mein Quartier, begleitet von zwei- bis dreihundert bewaffneten Männern aus der Stadt, und indem ich immerwährend mich mit Herrn von Barlemont und dem Agenten Dubois unterhielt, nahm ich den Weg gerade nach dem Tore gegen den Fluß zu, welches dem Wege nach Namur, wo sich des Herrn von Barlemont Reiter befanden, gerade entgegengesetzt war; da jene es merkten, erinnerten sie mich und sagten, ich ginge nicht recht; ich führte sie aber, beständig redend, immer weiter, bis ich an das Tor kam; dann ging ich, von einem guten Teil derer aus der Stadt begleitet, hinaus; verdoppelte meine Schritte gegen den Fluß, stieg in das Schiff und ließ eiligst die meinigen mit einsteigen. Herr von Barlemont und der Agent Dubois standen am Ufer und schrieen: «Ihr seid Unrecht! das ist nicht der Wille des Königs, er will, daß Ihr nach Namur gehen sollt!» Trotz dem Schreien fuhren wir schnell hinüber, und während man die Sänften und Pferde hinüberschaffte, hielten die aus der Stadt, in der Absicht mir Zeit gewinnen zu lassen, Herrn von Barlemont und den Agenten Dubois mit Klagen und Zänkereien auf, machten ihnen Vorwürfe in ihrer platten Mundart über Dom Juans Unrecht, den Frieden und seine Treue gegen die Staaten gebrochen zu haben; und über den alten Zank wegen Graf Egmonts Hinrichtung, unter immerwährender Drohung, auf die Truppen zu feuern, sobald sie sich noch an der Stadt sehen ließen. So erhielt ich Zeit, mich zu entfernen, von Gott und jenem Führer geleitet, den mir die Leute aus Dinant mitgegeben hatten[77].

Dieselbe Nacht blieb ich in einem festen Schloß, Fleurines genannt; es gehörte einem Edelmann von der Partei der Staaten, den ich bei dem Grafen Lalain gesehen. Zum Unglück war aber dieser Edelmann gerade nicht zu Hause; es war niemand da als seine Frau. Da wir in den offen stehenden Vorhof hineinkamen, geriet sie in Schrecken, floh nach ihrem festen Turm, ließ die Brücke aufziehen und war entschlossen, uns unter keinem Vorwande einzulassen. Inzwischen ließen sich dreihundert Edelleute auf einer Anhöhe etwa tausend Schritte davon erblicken; Dom Juan hatte sie geschickt, uns den Weg abzuschneiden und sich des Schlosses Fleurines zu bemächtigen; da sie uns in den Vorhof hineingehen sahen, vermuteten sie, wir wären mit in den Turm gelassen, und blieben auf der Anhöhe stehen, um uns den andern Morgen bei unsrer Abreise zu fangen. Wir standen in dem Hof, der bloß von einer schlechten Mauer umgeben und mit einer schlechten Türe befestigt war, die man ohne alle Mühe hätte einstoßen können, und kapitulierten mit der Dame im Schloß, die aber unerbittlich blieb, und befanden uns in der größten Not; als durch die Gnade Gottes der Herr von Fleurines mit hereinbrechender Nacht ankam. Er ließ uns sogleich in das Schloß ein und zürnte mit seiner Frau wegen ihrer unvernünftigen Unhöflichkeit. Herr von Lalain hatte uns den Herrn von Fleurines geschickt, um mich sicher durch die Städte der Staaten zu schaffen, da er selber die Armee, deren Chef er war, nicht verlassen konnte, um mich zu begleiten. Es war ein großes Glück für uns; Herr von Fleurines erbot sich, mich bis nach Frankreich zu begleiten; wir wurden also durch alle Städte, welche wir durch kamen, die den Staaten zugehörten, ruhig und mit gebührender Achtung empfangen. Die einzige Unannehmlichkeit hatte ich nun noch, daß ich nicht durch Mons konnte, wie ich es der Gräfin Lalain versprochen hatte; ich konnte nicht weiter als bis nach Nivelles kommen, das noch sieben starke Stunden von Mons liegt; wegen des damals sehr hitzigen Krieges konnten wir uns also nicht sehen, auch den Grafen Lalain nicht, der mit seiner Armee bei Antwerpen stand. Ich schrieb der Gräfin von Nivelles aus; sobald sie wußte, daß ich dort war, schickte sie mir einen der angesehensten Edelleute, die zurück geblieben waren, um mich bis an die französische Grenze zu begleiten; denn ich hatte noch durch ganz Cambrésis zu reisen, das halb spanisch und halb für die Staaten war; in dieser Begleitung ging ich bis nach dem Schloß Cambrésis, wo ich blieb und jene wieder zur Gräfin Lalain zurückgingen; ich überschickte ihr mit ihnen als ein Andenken, sich meiner zu erinnern, eins meiner Kleider, welches sie bei meiner Anwesenheit zu Mons sehr schön gefunden; es war von schwarzem Atlas, von schwerer reicher Stickerei ganz bedeckt, es hatte acht- bis neunhundert Taler gekostet.

Im Schloß Cambrésis erhielt ich Nachricht, daß

einige Haufen Hugenotten mich zwischen der flandrischen und französischen Grenze angreifen wollten; ich teilte diese Nachricht nur wenigen mit und war nach einer Stunde zum Aufbruch bereit; als ich aber nach den Sänften und Pferden schickte, machte es der Ritter Salviati wie zu Lüttich. Da ich nun seine Absicht einsah, ließ ich meine Sänfte im Stich, setzte mich zu Pferde, die, welche zuerst fertig waren, folgten mir, so daß ich um zehn Uhr des Morgens im Châtelet anlangte, und war allein mit Gottes Hilfe allen Fallstricken und Hinterlisten meiner Feinde entgangen. Von da ging ich nach La Fère, hier wollte ich bis zum Friedensschlusse bleiben. Daselbst fand ich einen Kurier von meinem Bruder, der mich zu erwarten Befehl hatte, um die Nachricht davon aufs eiligste meinem Bruder zu überbringen. Er schrieb mir, der Frieden wäre gemacht und der König auf dem Wege nach Paris. Was ihn selber beträfe, so würde seine Lage immer unangenehmer; es gäbe keine Art von Mißhandlung und Beleidigung, die er und die Seinigen nicht zu erdulden hätten, und täglich erregte man neue Zänkereien gegen Bussy und seine Leute. Er erwarte also meine Ankunft zu La Fère mit Ungeduld, weil er dort zu mir kommen wollte. Ich schickte ihm sogleich seinen Kurier zurück; sobald er die Nachricht erhielt, schickte er Bussy und sein ganzes Haus nach Angers, nahm nur fünfzehn oder zwanzig Leute mit sich zur Begleitung und kam mit

Postpferden zu mir nach La Fère. Es war eine der größten Freuden für mich, die ich je empfunden, eine Person, die ich so sehr liebte und ehrte, bei mir zu sehen. Ich gab mir alle ersinnliche Mühe, ihm seinen Aufenthalt bei mir so angenehm als möglich zu machen, er war auch so vergnügt darüber, daß er gern wie St. Peter gesagt hätte: Laßt uns hier Hütten bauen, wenn der wahrhaft königliche Heldenmut seiner Sele ihn nicht zu größern Dingen aufforderte. Das ruhige Leben an unserm Hof dünkte ihn nach jenem, welches er verlassen, so angenehm, daß er sich nicht enthalten konnte, immer auszurufen: «O meine Königin, wie schön ist es hier bei Euch! Mein Gott, diese Gesellschaft ist ein Paradies, voll von Freude und Vergnügen; wo ich herkomme, ist die Hölle voller Furien und Qualen!» [78] Zwei Monate brachten wir so in diesem glücklichen Zustande zu, uns schienen sie zwei kurze Tage; während denen erstattete ich ihm Bericht von dem, was ich in Flandern für ihn getan. Er fand es ratsam, daß Graf von Montigny, Bruder des Grafen Lalain, kommen und mit ihm die übrigen Maßregeln nehmen sollte, auch um sich einer dem andern die gehörigen Sicherheiten zu geben. Graf Montigny kam also mit vier oder fünf der Angesehensten aus dem Hennegau; einer von ihnen hatte einen Brief von Herrn von Ainsi an meinen Bruder, worin er ihm seine Dienste aufs neue anbot und ihm die Zitadelle von Cambrai zusicherte. Graf von Montigny brachte ihm die Versicherung vom Grafen Lalain, Hennegau und Artois in seine Hände zu geben, worin sich mehrere ansehnliche Städte befinden. Nachdem mein Bruder diese Anerbietungen und Versicherungen erhalten, schickte er die Herren zurück, nachdem er ihnen goldne Medaillen geschenkt, worauf mein Brustbild und das seinige abgebildet war, und nachdem er ihnen aufs neue die Versicherung alles dessen, was sie von ihm zu hoffen, gegeben hatte. Sie gingen nun, alles zu seinem Empfang vorzubereiten, in ihr Land und er an den Hof zurück, wo er versuchen wollte, was er von dem Könige zu dieser Unternehmung erlangen könnte, weil er seine Macht in Bereitschaft halten wollte, um in kurzer Zeit hingehen zu können.

Ich meinerseits wollte meine Reise nach der Gascogne antreten; da alles dazu in Bereitschaft war, ging ich nach Paris. Eine Tagesreise von Paris kam mein Bruder mir entgegen; und der König, die Königin Mutter, die Königin Louise [79] und der ganze Hof erzeigten mir die Ehre, mir bis zu St. Denis, wo ich zu Mittag speisen wollte, entgegenzukommen. Sie empfingen mich ehrenvoll und mit Freundlichkeit, und es gefiel ihnen, mich von der Pracht und den Festlichkeiten in Lüttich erzählen zu hören, nebst den Abenteuern meiner Rückreise. Unter diesen angenehmen Unterhaltungen kamen wir in den Wagen der Königin Mutter nach Paris. Nach dem Souper und dem Ball[80] nahte ich mich dem Könige und der Königin Mutter und bat sie, mir zu erlauben, daß ich mich zu dem Könige, meinem Gemahl, begeben dürfe; da der Frieden nun geschlossen sei, könnte ihnen diese Bitte auf keine Weise irgend einen Verdacht geben, es wäre aber nicht schicklich und mir sehr nachteilig, wenn ich nicht zu ihm ginge. Sie bezeigten beide ihre Zufriedenheit mit meinem Verlangen und gaben mir ihre Einwilligung. Die Königin Mutter sagte, sie wolle mich begleiten, weil auch sie notwendig und in Geschäften des Königs hinzureisen habe. Auch sagte sie dem Könige, er müsse mir die Mittel zu dieser Reise geben; welches er auch sogleich bewilligte. Da ich nun nichts zurücklassen wollte, was mich wieder an den Hof rufen könnte, denn mir konnte an demselben, wenn mein Bruder nicht da war, nichts gefallen, und diesen sah ich alle Anstalten treffen, um nach Flandern zu gehen; bat ich die Königin Mutter, sich dessen zu erinnern, was sie mir bei dem Frieden mit meinem Bruder versprochen; daß sie mir nämlich, wenn ich nach der Gascogne gehen würde, eine Verschreibung über die Ländereien meiner Mitgabe ausfertigen wollte. Sie erinnerte sich dessen, der König fand es billig und versprach mir, sie solle ausgefertigt werden. Ich bat ihn, daß es bald geschehen möchte, weil ich, wenn es ihm gefiele, mit Anfang des künftigen Monats abzureisen gedächte. Es ward auch beschlossen, aber auf die gewöhnliche Weise des Hofs; das heißt: anstatt mich schnell abzufertigen, wie ich alle Tage darum bat und flehte, ließen sie fünf bis sechs Monate hinziehen. Meinem Bruder, der seine Reise nach Flandern gern befördern wollte, geschah dasselbe. Er stellte dem Könige vor, wie es zum Ruhm und zur Vergrößerung Frankreichs geschähe, wie es ein vortreffliches Mittel sei, den innern Krieg zu verhindern, wenn man allen unruhigen und Neuerungen liebenden Köpfen einen Weg nach Flandern öffne, wo sie ihren Rausch verdampfen und des Kriegs überdrüssig werden könnten; so auch, daß diese Unternehmung ebenso wie Piemont eine Schule in den Waffen für den französischen Adel werden und wieder Montlucs und Brissons, Termes und Bellegardes erwekken könnte, die dann, so wie diese großen Feldherrn, die sich in dem piemontesischen Kriege gebildet, einst dem Könige und dem Vaterlande glorreich dienen würden. Alle diese Vorstellungen waren schön und wahr, aber sie hatten nicht genug Gewicht, um den Neid aufzuwiegen, der sich der Vergrößerung meines Bruders entgegensetzte. Täglich schuf man neue Verhinderungen, sein Unternehmen rückgängig zu machen, während er und Bussy und seine andren Diener tausend Mißhandlungen erfahren mußten. Bussy ward verschiedene Male angegriffen, bald von Quélus, bald von Gramont, in der Nacht wie am Tage und zu jeder Stunde, weil man immer hoffte, mein Bruder würde sich einmal dabei hervormachen. Dies geschah zwar ohne des Königs Vorwissen, aber Maugiron, der ihn damals ganz besaß, trug meinem Bruder, weil er seinen Dienst verlassen und sich einbildete, er würde sich deshalb rächen (so wie gewöhnlich, wer beleidigt, nie verzeiht), einen solchen Haß nach, daß er ihn auf jede Weise zu verderben trachtete; er trotzte ihm und begegnete ihm ohne allen Respekt; jung, unverständig und aufgeblasen von der Gunst des Königs, hielt er sich jede Unverschämtheit für erlaubt. Er hatte sich mit Quélus, St. Luc, St. Maigrie, Gramont, Mauléon, Livarrot und einigen andern jungen Leuten, die der König begünstigte, verbunden, und der ganze Hof folgte ihnen, wie es gewöhnlich von den Hofschranzen geschieht, die bloß der Gunst nachgehen. Sie taten also alles, was ihnen in den Kopf kam, es mochte auch sein, was es wollte, so daß kein Tag verging, wo es nicht Streit mit Bussy gab, dessen Mut aber niemandem wich. Mein Bruder, der wohl einsah, daß alles dies seine Reise nach Flandern nicht beförderte, und er den König lieber besänftigen als aufbringen wollte, damit er seiner Unternehmung günstig bleiben möchte; da er überdies auch meinte, Bussy besser außerhalb zur Übung seiner Truppen brauchen zu können, schickte er ihn fort, die nötigen Befehle zu geben. Dennoch hörte die Verfolgung meines Bruders nicht auf, obgleich Bussy fort war; man sah nun wohl ein, daß, obgleich seine großen Eigenschaften den jungen Günstlingen des Königs viel Neid einflößten, dennoch die Hauptursache des Hasses gegen ihn war, daß er meinem Bruder so treu diente, denn seit er fort war, trotzten sie und höhnten meinen Bruder so sichtbar und mit einer solchen Verachtung, daß es niemand übersehen konnte. Obgleich nun mein Bruder sehr vorsichtig und geduldig von Natur war und auch entschlossen, alles zu dulden, um nur seine flandrische Unternehmung zustande zu bringen, weil er dadurch hoffte, allem dem auf einmal zu entgehen und dergleichen nie wieder unterworfen zu sein, so waren ihm diese Verfolgungen und Mißhandlungen dennoch äußerst verdrießlich, und er schämte sich ihrer, da er sehen mußte, daß man aus Haß gegen ihn allen seinen Dienern zu schaden suchte; denn man hatte in dieser Zeit Herrn von La Chastre einen wichtigen Prozeß gegen Frau von Sennetaire verlieren lassen, weil er kürzlich in Diensten meines Bruders getreten war. Der König hatte sich von Maugiron und St. Luc, die Freunde der Frau von Sennetaire waren, so einnehmen lassen, daß er selber den Prozeß für sie gegen La Chastre führte; der, wie man leicht denken kann, sehr beleidigt darüber war und meinem Bruder seinen gerechten Schmerz teilen ließ.

Während denselben Tagen war die Hochzeit von St. Luc. Mein Bruder wollte nicht dabeisein und ersuchte mich, es auch nicht zu tun. Die Königin Mutter, der die ungebändigte Ausgelassenheit dieser jungen Leute auch sehr verdrießlich war und die befürchtete, daß man den ganzen Tag in Lärmen und Ausschweifungen zubringen würde und daß man für meinen Bruder, weil er nicht von der Partie sein wollte, irgend eine andre anstellen möchte, die ihm verderblich werden könnte; erhielt Erlaubnis vom Könige, diesen Hochzeitstag in St. Maur zu Mittag zu speisen, nebst mir und meinem Bruder. Wir kamen den Abend von St. Maur zurück, wo die Königin Mutter meinem Bruder so viel predigte, bis er endlich einwilligte, bei dem Ball zu erscheinen, um dem Könige gefällig zu sein. Statt daß dieses hätte Gutes wirken sollen, ward es nur noch schlimmer dadurch. Maugiron und andre von seiner Clique verspotteten ihn dergestalt und führten solche Stachelreden gegen ihn, daß wohl ein Geringerer als er darüber in Zorn geraten wäre. Unter andern: Er habe sich vergeblich bemüht, sich umzukleiden, kein Mensch habe den Nachmittag etwas an ihm auszusetzen gefunden; er wäre bei Nacht gekommen, weil er im Finstern am besten aussähe, und mehr dergleichen, mit denen sie seine Häßlichkeit und seinen kleinen Wuchs verspotteten[81]. Man richtete nämlich alle diese Reden ganz laut an die Braut, die neben ihm saß, so daß er jedes Wort hören mußte. Mein Bruder, der es nicht vergaß, daß man ihn nur dahin bringen wolle, zu antworten, um ihn dann mit dem Könige zu entzweien, stand auf und ging fort, ohne ein Wort zu sagen, aber ganz außer sich vor Zorn und Verdruß. Er überlegte mit Herrn von La Chastre, was er tun solle, und beschloß, auf die Jagd zu gehen auf einige Tage, um durch seine Abwesenheit den Haß der jungen Leute abkühlen zu lassen, damit er nur vom Könige erlange, was er brauchte zu seinem Zuge nach Flandern. Er eilte zur Königin Mutter, die eben im Auskleiden begriffen war, erzählte ihr, was auf dem Balle vorgegangen, worüber sie sich sehr ärgerte, und teilte ihr seinen Entschluß mit, sich auf einige Tage zu entfernen. Die Königin Mutter billigt dies, verspricht, ihm die Erlaubnis des Königs zu schaffen und in seiner Abwesenheit sein Geschäft zu betreiben, was die flandrische Angelegenheit betraf. Herr von Villequier war zugegen, diesem befiehlt sie, zum Könige zu gehen und ihm den Wunsch meines Bruders vorzutragen, daß er ihm nämlich erlauben möchte, einige Tage auf die Jagd zu gehen, um die Streitigkeiten zwischen ihm und den jungen Leuten zu stillen.

Mein Bruder geht nach seinem Zimmer zurück, hält seinen Urlaub schon so gut als ausgefertigt und brachte mit seinen Leuten alles in Ordnung, um den Morgen nach St. Germain auf die Hirschjagd zu gehen; befiehlt seinem Oberjägermeister, die Hunde in Bereitschaft zu halten, und legt sich mit dem Vorsatze nieder, den andern Morgen recht früh aufzustehen und sich durch das Vergnügen der Jagd von allen diesen Verdrießlichkeiten des Hofes etwas zu erholen. Unterdessen war Herr von Villequier auf Befehl der Königin Mutter zum Könige gegangen, um Urlaub für ihn zu fordern, welchen der König auch sogleich bewilligte. Da aber Herr von Villequier sich entfernte und er allein blieb mit seinen Räten Rehabeams[82], mit seinen jungen Günstlingen, machten sie ihm diese Entfernung verdächtig und jagten ihm eine solche Furcht ein, daß er durch ihre Schuld eine der größten Torheiten beging, die zu unsrer Zeit geschehen; nämlich die, meinen Bruder und seine vornehmste Dienerschaft gefangenzunehmen. Unvernünftig ward es beschlossen, aber weit unvernünftiger noch ausgeführt; denn der König ging noch in der Nacht in größter Eil zur Königin Mutter, ganz bewegt, als ob ein allgemeiner Aufruhr oder der Feind vor dem Tore wäre, und rief: «Wie, gnädige Frau, woran denkt Ihr, daß Ihr begehrt, ich solle meinen Bruder gehen lassen? Seht Ihr denn die Gefahr, die der Staat dabei läuft, nicht ein? Unter dieser Jagdpartie steckt ganz gewiß irgend ein gefährliches Unternehmen. Er und alle seine Leute sollen festgenommen werden, und ich will alle seine Schränke durchsuchen lassen; sicher entdecken wir große Dinge, ich bin es ganz gewiß.» Herr von Lesse, Hauptmann von der Garde, und einige schottische Schützen waren mit ihm ... Die Königin Mutter, fürchtend, er könne in dieser Übereilung dem Leben meines Bruders gefährlich werden, bat ihn, mitgehen zu dürfen; und so entkleidet als sie war und sich einen Schlafrock, so gut es anging, überwerfend, ging sie mit ihm hinaus in meines Bruders Zimmer. Der König pochte stark an die Türe und rief, man solle aufmachen, er sei es! Mein Bruder erwachte, und da er nichts befürchtete, befahl er seinem Kammerdiener Cangé, die Türe zu öffnen. Der König kam wütend herein und rief scheltend: «Nie hörst du auf, etwas gegen den Staat zu unternehmen, aber ich werde es dir weisen, daß dies eben so viel heißt, als seinen König angreifen!» Darauf befahl er den Schützen, die Schränke hinauszutragen und die Kammerdiener aus dem Zimmer zu führen. Er selbst durchsuchte das Bett, um nachzusehen, ob keine Papiere darin verborgen wären? Mein Bruder, der denselben Abend einen Brief von der Frau von Sauve erhalten hatte, hielt ihn fest in der Hand, um ihn nicht sehen zu lassen. Der König wollte ihn ihm mit Gewalt entreißen, er wehrte sich aber und bat mit aufgehobenen Händen, diesen Brief nicht sehen zu wollen; desto größer ward nur die Begierde des Königs, ihn zu sehen; er glaubte, dies Papier würde hinreichen, meinem Bruder den Prozeß zu machen; er mußte ihn herausgeben. Der König öffnet ihn in Gegenwart der Königin Mutter und – sie gerieten ebenso in Verwirrung als Cato, da er den

Cäsar gezwungen, das Papier vorzuzeigen, das ihm überbracht worden war, und er behauptete, es müsse etwas der Republik Wichtiges betreffen, und es denn ein Liebesbrief von der Schwester dieses Cato an diesen Cäsar war!

Die Scham, sich so betrogen zu haben, verstärkte nur noch den Zorn des Königs, ohne meinen Bruder nur anhören zu wollen, der zu wissen verlangte, wessen man ihn beschuldige? und warum man ihn so behandle? übergab er ihn der Aufsicht des Herrn von Lesse und der Schotten, mit dem Befehl, niemanden zu ihm zu lassen. Dies geschah ungefähr um ein Uhr in der Nacht. Mein Bruder war mehr um meinetwillen besorgt als um sich selber, denn er glaubte, man hätte es mir eben so gemacht, und ein so heftiger ungerechter Anfang könne nicht anders, als ein sehr schreckliches Ende beabsichtigen. Da er nun sah, daß Herrn von Lesse bei diesem Unfug die Tränen in den Augen standen, und er doch nicht offen mit ihm reden konnte, wegen der Schottischen Schützen, fragte er ihn bloß, wie es denn mit mir stände? Herr von Lesse antwortete, ich wisse noch von nichts. Darauf erwiderte mein Bruder: «Meine Schwester frei zu wissen, vermindert meinen Schmerz sehr. Dennoch bin ich gewiß, sie wird lieber die Gefangenschaft mit mir teilen, als ohne mich frei sein wollen.» Darauf bat er ihn, zur Königin Mutter zu gehen und sie zu bitten, sie möchte von dem Könige erlangen, daß ich mit ihm verhaftet würde; es ward ihm verstattet. Diesen festen Glauben an meine Freundschaft habe ich immer unter allen den großen Verbindlichkeiten, die ich gegen ihn hatte, oben angesetzt, er war mir immer der größte Beweis seiner Liebe. Sobald er die Erlaubnis hatte, es war mit Anbruch des Tages, bat er Herrn von Lesse, einen der Schottischen Schützen zu mir zu schicken, der mir die traurige Botschaft bringe und mich ersuche, zu ihm zu kommen. Der Schütze trat in mein Zimmer, ich schlief ruhig und wußte von nichts; er zog meinen Bettvorhang auf und rief in der schottischen Mundart: «Guten Morgen, gnädige Frau, Euer Herr Bruder läßt Euch ersuchen, zu ihm zu kommen!» Ich war noch halb im Schlafe und glaubte zu träumen; da ich ihn erkannte, fragte ich ihn, ob er nicht ein Schottländer sei von der Garde? Er sagte Ja. Was ist denn das, fragte ich weiter, hat mein Bruder keinen andern Boten zu mir zu senden als Euch? «Nein!» erwiderte er, «man hat ihm seine Leute genommen», und darauf erzählte er mir, was in dieser Nacht sich zugetragen und daß mein Bruder Erlaubnis erlangt habe, daß ich mit ihm verhaftet würde. Da der abgesandte Schütze meine Betrübnis sah, nahte er sich mir und sagte leise: «Grämt euch nicht, ich weiß Mittel, euren Herrn Bruder zu retten, und ich werde sie auch anwenden, daran zweifelt nicht, aber ich muß dann freilich mit ihm davon gehen!» Ich sagte ihm jede Belohnung zu, die er nur verlangen konnte, kleidete mich vollends an und ging mit ihm ganz allein nach meines Bruders Zimmer. Ich mußte durch den Hof gehen, der voller Leute war, die sonst immer rannten, mich nur zu sehen und zu verehren; nun aber Fortuna mir den Rükken wandte, taten sie auch, als sähen sie mich nicht.

Meinen Bruder fand ich unverändert, mit seiner gewöhnlichen Standhaftigkeit und Gemütsruhe. Er umarmte mich, mehr heiter als niedergeschlagen: «Ich bitte dich, meine Königin», sagte er, «weine nicht; deine Betrübnis ist das einzige, was mich betrübt, denn meine unschuldigen geraden Absichten lassen mich die Anklagen meiner Feinde nicht befürchten. Wollen die Grausamen mir so ungerecht an mein Leben, so werden sie sich mehr schaden als mir, denn ich habe Mut und Entschlossenheit genug, den Tod zu verachten; den Tod fürchte ich wahrlich am allerwenigsten, denn mein Leben war bis jetzt nur ein Gewebe von Schmerz und Leiden; die Freuden dieser Welt habe ich nie gekannt, es kann mir auch nicht schwer werden, sie zu verlassen. Ich befürchte aber, da sie mir ohne eine offenbare Ungerechtigkeit den Tod nicht geben können, so werden sie mich im Gefängnis schmachten lassen; doch auch hier kann ich ihre Tyrannei verachten, wenn du mich durch deine Gegenwart unterstützen willst.» Meine Tränen flossen nur noch stärker bei diesen seinen Reden; laut weinend sagt ich ihm: «Mein Leben und mein

Schicksal sind ewig an das deinige gebunden, Gott allein vermag es zu verhindern, daß ich dir nicht in jeder Lage deines Lebens beistehe. Sollte man dich etwa fortführen und mir nicht erlauben, dir zu folgen, so nehme ich mir in deiner Gegenwart das Leben.» Einige Stunden vergingen mit solchen Gesprächen, wir suchten die Ursache zu ergründen, die den König so sehr gegen ihn aufgebracht haben konnte, aber wir fanden durchaus keine in uns. Unterdessen war es um die Zeit geworden, daß die Schloßtore geöffnet wurden; ein unvorsichtiger Mensch, der Bussy gehörte, wollte hineingehen, die Wache erkennt ihn, hält ihn an und fragt ihn, wo er hin wolle? Er erschrickt und sagt, er wolle zu seinem Herrn. Diese Antwort ward dem Könige hinterbracht, und man argwohnt nun, daß Bussy im Louvre sei. Mein Bruder hatte ihn den Nachmittag von St. Maur mit hineingebracht, um mit ihm über die flandrischen Angelegenheiten zu sprechen, denn er dachte da noch nicht, den Hof so schnell zu verlassen, als er nachher auf dem Ball sich entschloß zu tun. Archant, Hauptmann von der Garde, bekam Befehl vom König, Bussy zu suchen und sowohl ihn als auch Simier zu verhaften, wenn er sie fände. Archant tat es ungern, denn er war ein vertrauter Freund von Bussy und nannte ihn Sohn, jener nannte ihn Vater. Er ging hinauf nach Simiers Zimmer und nahm ihn in Verhaft; da er wohl vermutete, daß Bussy irgendwo da verborgen sein müsse, suchte er nur sehr überhin und war froh, als er ihn nicht fand. Bussy war im Bette versteckt und sah, daß er allein im Zimmer bleiben würde, wenn Archant den Simier fortführte; er fürchtete, man würde einem andern den Auftrag geben, ihn zu suchen, bei dem er nicht so gut aufgehoben wäre; es war ihm lieber, unter der Aufsicht von Archant zu bleiben, den er als einen braven Mann und als seinen Freund kannte; wie er nun immer von lustigem, aufgewecktem Gemüt war, dem weder Gefahr noch Überraschung jemals Furcht einflößen konnten, steckte er den Kopf zwischen den Bettvorhängen hervor, als Archant mit Simier eben vor dem Bette vorbei und hinausgehen wollten: «Nun Vater», rief er hervor, «geht ihr fort ohne mich? glaubt ihr, daß ich nicht so gut bin wie der Schlingel Simier?» – «Ach mein Sohn», sagte Archant, «wollte Gott, du wärst nicht hier, meinen Arm wollte ich drum geben!» – «Vater», sagte Bussy, «es ist ein Zeichen, daß es gut mit meiner Sache steht.» Damit stand er auf und ging mit ihnen, Simier verspottend, der vor Furcht zitterte. Archant gab ihnen Wache in ein Zimmer; Herrn von La Chastre führte er hernach nach der Bastille.

Herr von Losse, der die Wache bei meinem Bruder hatte, war ein guter alter Mann; war Hofmeister des Königs, meines Gemahls, gewesen, und liebte mich wie seine eigne Tochter. Da er nun die Ungerechtigkeit dieses Verfahrens einsah und die schlechten Ratgeber des Königs verdammte, entschloß er sich, meinen Bruder zu befreien. Um mich von seinem Vorhaben zu unterrichten, ließ er die schottischen Schützen hinaus gehen, auf die Treppe vor meines Bruders Zimmer; zwei ausgenommen, auf welche er sich verlassen konnte, dann zog er mich bei Seite und sagte: «Kein rechtschaffner Franzose, dem nicht das Herz blutet, wenn er sieht, was wir sehen müssen. Ich war ein Diener des Königs, Eures Herrn Vaters, und opfere mein Leben für seine Kinder. Hoffentlich behalte ich die Wache bei Eurem Herrn Bruder, man mag ihn hinbringen, wo man wolle; gebt ihm die Versicherung, daß ich ihn rette und sollte es auch mein Leben kosten; verlaßt Euch darauf; aber sprechen wollen wir nicht mehr darüber, man könnte Argwohn fassen.» Die Versicherung tröstete mich, und ich ward etwas heiter. Drauf sagte ich meinem Bruder, daß wir unmöglich länger so ohne Untersuchung bleiben könnten; wir müßten doch wissen, wessen man uns beschuldige? Nur Bösewichter könne man so behandeln. Ich bat Herrn von Losse, dem Könige zu sagen, weil er nicht zugeben wollte, daß die Königin Mutter heraufkäme, daß es ihm gefallen möge, uns durch einen der Seinigen wissen zu lassen, warum wir in Verhaft wären? Herr von Combaut, der Anführer des geheimen Rats der Jungen, ward uns heraufgeschickt; dieser sprach mit seiner gewöhnlichen Gravität: Er sei abgesandt, sich zu erkundigen, was wir von dem Könige zu wissen verlangten. Wir wünschten jemand vom Könige zu sprechen, antworteten wir ihm, um die Ursache unseres Verhafts zu erfahren, da wir sie uns gar nicht denken können. Darauf erwiderte er ganz gravitätisch: «Die Götter und die Könige muß man nie um ihre Ursachen fragen; was sie tun, ist gut und gerecht!» «Man kann doch», antworteten wir ihm, «gegen uns nicht wie in der Inquisition verfahren, wo die Angeklagten erraten müssen, was ihr Verbrechen sei.» – Wir konnten aber nichts von ihm herauskriegen, als, er würde sich für uns verwenden und uns so viel als möglich zu Diensten sein! Mein Bruder fing an zu lachen, ich aber war in Traurigkeit versunken, meinen Bruder, den ich mehr als mich selber liebte, in Gefahr zu sehen; und ich hielt mich nur mit Mühe zurück, ihm nicht alles zu sagen, was er verdiente. Während er dem Könige seinen Rapport brachte, ließ die Königin Mutter alle alten Räte, den Herrn Kanzler, die Prinzen, Herrn und Marschälle von Frankreich in ihr Zimmer zusammenrufen; sie war, wie leicht zu ermessen, in äußerster Betrübnis, da sie als eine sehr einsichtsvolle Frau wohl voraussehen konnte, daß diese heftigen Maßregeln ohne Urteil noch Recht dem ganzen Reiche Unglück bringen könnten, wenn mein Bruder nicht von Natur viel zu sanftmütig gewesen wäre. Die Herrn Räte waren alle erstaunt und erschrocken über das, was vorgegangen, und alle waren einstimmig der Meinung, die Königin Mutter müsse sich dem widersetzen und dem Könige das Unrecht, das er an sich selber täte, vorstellen. Was geschehen, sei nicht ungeschehen zu machen, man müsse es aber wieder auf das beste gutzumachen suchen.

Die Königin Mutter ging sogleich, begleitet von allen Räten, zum Könige und zeigten ihm die Wichtigkeit der Sache. Dem Könige gingen die Augen auf über den verderblichen Rat jener jungen Leute; er nahm den Rat der alten wieder an und bat die Königin Mutter, doch alles wieder ins gehörige Gleis zu bringen, daß mein Bruder das Geschehene vergesse und es den jungen Leuten nicht weiter nachtrage, auch sollten Bussy und Quélus sich wieder versöhnen. Die Wache wurde meinem Bruder sogleich abgenommen, und die Königin Mutter kam zu ihm auf sein Zimmer. «Danket Gott», sagte sie zu ihm, «daß er Euch aus dieser großen Gefahr errettet, ich habe jetzt den Moment erlebt, in welchem ich an Eurem Leben verzweifelte. Da Ihr aber nun seht, daß der König nicht allein sich über wahrhafte Dinge, sondern auch über Einbildungen erzürnt, und wenn er einmal seinen Sinn auf etwas gesetzt, er weder meinen noch sonst irgend jemandes Rat annimmt, sondern tut, was ihm einfällt, so entschließe dich, in allen Dingen nach seinem Willen zu bequemen und zum Könige zu gehen, ohne beleidigt zu scheinen oder dich der Beleidigung zu erinnern.» Wir antworteten ihr, wir hätten allerdings große Ursache, Gott zu danken, daß er uns gegen die ungerechte Willkür beschützt habe. Nächst Gott verdankten wir diese Rettung ihr am meisten; der Rang meines Bruders aber erlaube nicht, daß man ihn so ohne Ursache verhafte und ohne Rechtfertigung oder Genugtuung wieder befreie. Darauf die Königin erwiderte: «Es ist nun einmal geschehen, und geschehene Dinge kann Gott selber nicht ungeschehen machen; die Unordnung bei der Gefangennehmung soll aber durch das Ehrenvolle der Befreiung wieder gutgemacht werden; du wirst jede Genugtuung erhalten, die du selber verlangst. Du mußt nur den König in allen Stücken befriedigen und mit Ehrerbietung und Zuneigung mit ihm sprechen. Außerdem mußt du aber noch suchen Bussy und Quélus zu versöhnen, damit kein Streit zwischen ihnen bleibe; denn der vorzüglichste Beweggrund von allem dem Übel ist, daß der alte Bussy, der würdige Vater des würdigen Sohns, das Gutachten des Königs verlangt hat, seinen Sohn sekundieren zu dürfen, so wie auch der alte Quélus den seinigen; sie viere wollten den Streit unter sich ausfechten, ohne den Hof weiter damit zu beunruhigen oder vielen andern Leuten Mühe zu machen.»

Mein Bruder meinte hierauf, Bussy würde, um nur aus dem Verhafte zu kommen, alles tun, was man von ihm verlangen werde, besonders wenn er sähe, daß keine Hoffnung, sich zu schlagen, vorhanden sei. Drauf ging die Königin Mutter hinunter und brachte es beim Könige dahin, daß die Befreiung ehrenvoll geschähe. Zu dem Ende begab er sich nach dem Zimmer der Königin Mutter, nebst seinem ganzen Staatsrat und allen Prinzen und Herrn; ich und mein Bruder wurden durch Herrn von Villequier heruntergerufen. Da wir durch die Säle und Vorsäle gingen, fanden wir viele Leute versammelt, die uns mit Tränen in den Augen ansahen und Gott dankten für unsere Befreiung. Als wir zu Sr. Majestät in die Versammlung traten, sagte der König zu meinem Bruder: Er ersuche ihn, nichts übelzunehmen von dem, was geschehen, und sich nicht beleidigt zu glauben; sein Eifer für die Ruhe des Staates habe ihn dazu verleitet, er solle überzeugt sein, daß er ihn nicht habe kränken wollen. Darauf sagte mein Bruder, es wäre seine Schuldigkeit, alles gut zu finden, was Sr. Majestät gefiele; nur flehe er Se. Majestät an, zu bedenken, daß seine Treue und Ergebenheit keine solche Begegnung verdiene; er schreibe dieses aber jenem unglücklichen Schicksal zu und wäre zufrieden, wenn nur Se. Majestät seine Unschuld einsehen wollten. Hierauf sagte der König, es bliebe ihm kein Zweifel mehr, und er ersuche ihn mehr als jemals, von seiner Freundschaft überzeugt zu sein. Nun führte die Königin Mutter sie beide zusammen, und sie umarmten sich.

Der König befahl hierauf, daß man Bussy hereinführe, um ihn mit Quélus auszusöhnen, und daß man Simier und La Chastre in Freiheit setze. Bussy trat mit der ihm allein eignen schönen Manier herein. «Ich verlange», sagte der König, «daß Ihr Euch sogleich mit Quélus aussöhnet und daß von diesem Streite nicht wieder die Rede sei», und befahl ihm, Quélus zu umarmen. «Sire, wenn Ihr es befehlt, ich bin ganz bereit, ihn zu küssen», und mit diesen Worten umarmte er ihn mit einem komischen Gestus à la Pantalone, worüber die ganze Versammlung, obgleich sie noch von der vorhergehenden Szene bewegt und erschreckt war, sich des Lachens nicht erwehren konnte. Viele der gescheitesten sahen ein, daß mein Bruder mit einer so leichten Genugtuung nicht zufrieden sein könne. –

Der König und die Königin nahten sich mir und sagten, ich müsse das meinige dazutun, daß mein Bruder sich nichts mehr erinnere, was ihm Gelegenheit geben könne, sich von dem Gehorsam des Königs zu entfernen. «Mein Bruder», antwortete ich, «ist so vernünftig und seiner Pflicht so ganz ergeben, daß er weder von mir noch von irgend jemand anders dazu angefeuert zu werden braucht»; er würde auch von mir nie einen andern Rat erhalten, als der seiner Pflicht und ihrem Willen gemäß sei.

Es war drei Uhr nachmittags; kein Mensch hatte daran gedacht, zu Mittag zu essen. Die Königin Mutter wünschte, wir möchten alle an einer Tafel speisen; dann befahl sie mir und meinem Bruder, den Anzug zu wechseln (denn der unsrige war der traurigen Lage angemessen) und uns zum Souper und Ball beim Könige anzuschicken. Es ward ihr gehorcht, soweit es sich tun ließ, nämlich in Kleidern und Schmuck; dem Gesicht aber, diesem Spiegel der Seele, konnten wir den gerechten Unwillen und das Mißvergnügen über diese Tragikomödie nicht nehmen. Ritter von Sevre, den die Königin Mutter meinem Bruder gegeben hatte, um bei ihm in der Kammer zu schlafen, besaß ein dreistes freches Wesen und eine gute Art, alles, was er sagen wollte, zu sagen; er glich darin den zynischen Philosophen. Die Königin Mutter, die sich gern mit ihm unterhielt, fragte ihn bei dieser Gelegenheit, was er davon hielte? «Es ist», sagte er, «zum Ernst zu wenig und zum Scherz zu viel!» Dann sagte er mir leise, daß sie es nicht hören konnte: «Ich glaube nimmermehr, daß dies schon der letzte Akt des Spiels war; dieser Mensch (mein Bruder nämlich) würde mich sehr betrügen, wenn er hier stehen bliebe.»

Da nun das Übel zwar von außen, aber noch innerlich gar nicht gehoben war und die jungen Leute, des Königs Günstlinge, den Sinn meines Bruders nach dem ihrigen beurteilten, weil sie nicht wissen konnten, was Pflicht und Liebe zum Vaterlande über einen Fürsten, wie er, vermögen, überredeten sie den König (um seinen Vorteil immer mit dem ihrigen zu vermengen), mein Bruder würde diese Beschimpfung nie vergessen können und würde sicher suchen, sich zu rächen. Der König, ohne sich im geringsten zu erinnern, in welchen Irrtum diese Menschen ihn verleitet hatten, ließ sich den Augenblick wieder hinreißen und gab den Hauptleuten von der Garde Befehl, genau Acht auf die Tore des Schlosses zu geben, damit mein Bruder nicht hinausginge und daß seine Leute jeden Abend aus dem Louvre sich entfernen und niemand bei ihm bleiben solle, als die zu seiner Garderobe gehörten und in seinem Zimmer schliefen. Da mein Bruder sich nun so behandelt und der Willkür dieser Brauseköpfe sich so ganz hingegeben sah, befürchtete er noch Ärgeres; seine Gefahr und der Verdruß waren ihm noch frisch im Gedächtnis, er beschloß also, den Hof zu verlassen und seinen Zug nach Flandern bei sich in seiner Provinz zu ordnen und zu betreiben. Er teilte mir seinen Entschluß mit, und ich billigte ihn, denn es war zu seiner Sicherheit notwendig, und weder der König noch der Staat verloren etwas dabei. Da er nun nicht aus dem Louvre konnte, denn die Tore wurden so genau bewacht, daß man sogar jeden Ein- und Ausgehenden scharf ins Gesicht sah, so blieb kein andres Mittel, als sich aus meinem Fenster hinunterzulassen, welches aus dem zweiten Stock in den Garten ging. Er bat mich, den nötigen Strick zu verschaffen, ich schickte also noch denselben Tag einen Burschen, auf den ich mich verlassen konnte, mit einem zerrissenen Bettsack hinaus, unter dem Vorwand, ihn zurecht machen zu lassen. Nach einigen Stunden brachte er ihn wieder, der Strick lag darinne.

Diesen Abend speiste die Königin Mutter allein mit mir in dem kleinen Saal, der König speiste nicht zu Nacht, weil es ein Fasttag war[83]. Mein Bruder, obgleich sonst ein Muster der Geduld und Mäßigkeit, war den Abend in der größten Ungeduld, er kam, als ich von der Tafel aufstand, zu mir und bat mich leise, zu eilen, daß ich auf mein Zimmer käme, er wolle mir gleich dahin folgen. Herr von Matignon, damals noch nicht Marschall, ein feiner gefährlicher Normann, der meinen Bruder nicht liebte, war vielleicht von irgend einem Plauderer benachrichtigt worden, vielleicht hatte er auch etwas gemutmaßt, an der Art wie mein Bruder zu mir sprach, dieser sagte zur Königin Mutter, als sie nach ihrem Zimmer ging, so daß ich fast alles hören konnte, denn ich stand neben ihr und gab auf alles, was vorging, genau Acht, so wie man in einer solchen Lage und auf dem Punkt, frei zu werden, bewegt von Furcht und Hoffnung immer tut. Er wußte, sagte er, ganz gewiß, daß mein Bruder entfliehe, er stände dafür, daß er den andern Tag nicht zu finden sein würde; sie möchte also dafür sorgen. Ich sah ihre Bestürzung bei dieser Nachricht und fürchtete nun noch mehr, entdeckt zu werden. Als wir in ihr Kabinett kamen, zog sie mich beiseite und sagte: «Weißt du, was Matignon mir gesagt hat?» «Ich verstand ihn nicht, gnädige Frau», antwortete ich, «aber ich sah wohl, daß es etwas war, das Euch verdrießlich war.» «Ja so ist es», sagte sie sehr laut, «denn du weißt, ich habe beim Könige dafür gut gesagt, dein Bruder würde nicht entfliehen; und nun sagte Matignon, er wisse bestimmt, er würde morgen fort sein.» Hier fand ich mich nun zwischen den beiden Fällen, entweder meinem Bruder die Treue zu brechen und sein Leben in Gefahr zu bringen oder eine Unwahrheit zu bekräftigen (welches ich nie getan hätte, um tausendmal dem Tod zu entgehen). Ich befand mich in so großer Verlegenheit, daß, ohne die Hilfe Gottes, ich mich schon allein durch mein Ansehen verraten haben würde, ohne auch nur ein Wort zu sprechen. Da aber Gott die gute Absicht unterstützte und durch seine göttliche Güte so auf mich wirkte, daß ich, um meinen Bruder zu retten, eine Miene anzunehmen wußte und meine Worte so setzen konnte, daß die Königin nichts verstand, als was ich wollte, und so weder meinem Freunde noch meinem Gewissen durch einen falschen Eid zu nahe trat. Ich sagte ihr also, ob sie nicht wisse, daß Herr von Matignon ein boshafter Klätscher sei, der meinen Bruder hasse und dem es leid sei, uns alle so einig zu sehen? Wenn mein Bruder fortginge, wollte ich mit meinem Leben für ihn haften; da er mir nie etwas verschwiegen, so würde er mir, wenn es seine Absicht wäre, auch wohl dieses entdeckt haben, und wenn dem so sei, so stände ich mit meinem Leben für ihn. Ich durfte das wohl sagen, denn war nur erst mein Bruder gerettet, so durfte man mir nichts zu Leide tun, und im schlimmsten Falle, wären wir auch entdeckt worden, so wollte ich lieber mein eignes Leben zum Pfande setzen, als das meines Bruders in Gefahr bringen oder meine Seele durch einen falschen Eid belasten. Sie, die nicht tief auf den eigentlichen Sinn meiner Worte drang, sagte: «Bedenke, was du sprichst; du sollst mir für ihn haften; du sollst mit deinem Leben für ihn haften.» Ich antwortete lächelnd: «Das wäre alles, was ich verlangte.» Darauf wünschte ich ihr gute Nacht und ging auf mein Zimmer. Ich zog mich eilends aus und legte mich zu Bette, um meine Hofdamen los zu sein. Als ich mit meinen Kammerfrauen allein war, kam mein Bruder, mit Simier und Cangé; ich stand wieder auf, wir befestigten den Strick an einem Stock, und nachdem wir erst nachgesehen, ob auch niemand in dem Graben versteckt sei, ließen wir, ohne andere Hilfe als der Kammerfrauen und des Burschen, der den Strick geschafft hatte, erst meinen Bruder hinab, welcher scherzte und lachte und nicht die geringste Furcht zeigte, obgleich es beträchtlich hoch war; dann Simier, der zitterte und sich vor Furcht kaum halten konnte, und zuletzt

Cangé, seinen Kammerdiener. Gott geleitete meinen Bruder glücklich nach der Abtei St. Genoveva, wo Bussy ihn erwartete; dieser hatte mit Bewilligung des Abts eine Öffnung in der Mauer gemacht, durch welche er aus der Stadt kam. Draußen fand er Pferde bereit, mit welchen er ohne Unfall nach Angers kam. Als wir zuletzt Cangé hinunterließen, erhob sich ein Mensch aus dem Graben und lief nach der Seite des Ballhauses auf dem Wege nach der Schloßwache zu. Ich, die während dieser Begebenheiten nie etwas für mich, sondern nur immer für die Sicherheit meines Bruders gefürchtet hatte, ward halb ohnmächtig vor Schrecken; denn ich fürchtete, Herr von Matignon habe diesen Menschen dorthin gesteckt, um uns zu belauschen; da ich nun gewiß glaubte, mein Bruder würde gefangen werden, geriet ich so in Verzweiflung, wie der nur eine Vorstellung davon haben kann, der etwas Ähnliches erfahren. In diesem Zustande des Entsetzens nahmen meine Frauen, die mehr als ich auf meine wie auf ihre eigene Sicherheit bedacht waren, den Strick und warfen ihn ins Feuer, damit er nicht gefunden würde, wenn zum Unglück jener Mensch im Graben bestellt gewesen wäre, uns zu verraten. Der Strick war so lang und stark und verursachte ein solches Feuer, daß die Flamme aus dem Schornstein hinausschlug. Die wachthabenden Schützen wurden das Feuer gewahr, kamen herauf, pochten gewaltig an die Türe und verlangten, man solle sogleich aufmachen. Ob ich nun gleich in diesem Augenblick meinte, mein Bruder sei gefangen und wir wären beide verloren, so behielt ich doch durch die Gnade Gottes und seiner großen Allmacht, auf die ich stets gehofft und die mich in allen Gefahren beschützte, eine solche Gegenwart des Geistes, daß ich, da der Strick nur erst zur Hälfte verbrannt war, zu meinen Frauen sagte, sie sollten ganz leise an die Türe gehen und ganz leise, als ob ich schliefe, fragen: was sie verlangten? Die Schützen antworteten ihnen, es brenne ein Schornstein aus einem Kamine, sie wollten das Feuer löschen. Darauf sagten meine Frauen, es hätte nichts zu bedeuten, sie würden es selber wohl löschen, sie sollten nur wieder gehen und mich nicht aufwecken. Da gingen sie fort. Um zwei Uhr des Morgens, nachdem dieser Lärm vorüber war, kam Herr von Losse und forderte mich vor den König und die Königin Mutter, um Rechenschaft zu geben von der Flucht meines Bruders. Der Abt vom Kloster der heiligen Genoveva hatte mit Bewilligung meines Bruders, als er weit genug entfernt war, nicht eingeholt zu werden, ihnen alles entdeckt, um nicht mit verwickelt zu werden. Er erzählte dem Könige, mein Bruder habe ihn in seinem Kloster überfallen und ihn so lange eingeschlossen, bis die Öffnung gemacht gewesen, er habe also Sr. Majestät nicht eher die Nachricht bringen können.

Herr von Losse fand mich zu Bette; ich stand sogleich auf und nahm meinen Schlafrock um. Eine von meinen Frauen, erschrocken und unvorsichtig, hielt mich bei dem Schlafrocke fest und rief weinend: «Ihr werdet niemals wieder kommen!» Herr von Losse stieß sie zurück und sagte: «Hätte diese Frau das in Gegenwart eines andern getan, der Euch weniger treu und ergeben ist als ich, so könnte es Euch in Not bringen; aber fürchtet nichts und danket Gott, denn Euer Herr Bruder ist in Sicherheit!» Diese Worte waren mir eine heilsame Stärkung, deren ich wohl bedurfte, um den Zorn, die Drohungen des Königs zu ertragen. Ich fand ihn am Bette der Königin Mutter und in erschrecklicher Wut, die er mich, denke ich, auch genug würde haben fühlen lassen, wenn er nicht von meines Bruders Abwesenheit sowohl als von der Gegenwart der Königin Mutter davon wäre abgehalten worden. Sie riefen mir beide entgegen, ich hätte gesagt, mein Bruder würde nicht entfliehen, und ich hätte mich für ihn verbürgt! Ich sagte, das sei wahr, aber er habe mich eben so wohl als sie betrogen; doch noch jetzt stände ich mit meinem Leben dafür, daß seine Entfernung dem Könige keinen Nachteil bringen würde und daß er nur von seinem Hause aus die nötigen Vorkehrungen zu seiner Reise nach Flandern machen wollte. Der König ward einigermaßen davon beängstigt und ließ mich zurück auf mein Zimmer gehen. Er erhielt auch bald die Nachrichten von meinem Bruder, welche ihm die Versicherungen, die ich gegeben, bestätigten. Die Anklagen hörten nun zwar auf, aber nicht die Unzufriedenheit; denn obgleich er sich stellte, als wollte er ihm zu seinem Zuge nach Flandern hilfreich sein, tat er im Gegenteil unter der Hand alles, um ihm Hindernisse in den Weg zu legen.

Drittes Buch

Ich bat nun den König stündlich um die Erlaubnis, zum Könige, meinem Gemahl, reisen zu dürfen. Er sah wohl ein, daß er mir diese nicht versagen durfte, doch wollte er mich nicht unzufrieden von sich lassen; außerdem wünschte er auch sehr, mich mit meinem Bruder zu entzweien; er machte sich mir also durch tausend Gefälligkeiten verbindlich und gab mir dem Versprechen der Königin Mutter gemäß die Verschreibung meiner Mitgift in Ländereien und außerdem noch das Ernennungsrecht der Ämter und Pfründen; dann auch die gewöhnliche Pension der Töchter vom Hause Frankreich und noch eine besondere Pension aus des Königs Schatulle. Jeden Morgen gab er sich die Mühe, mich zu besuchen und mir vorzustellen, wie sehr nützlich mir seine Freundschaft sein könnte. Die Liebe meines Bruders würde mich verderben, die seinige aber mich ganz glücklich machen; und mehr dergleichen Sachen, die ungefähr dahin führten. Meine Treue gegen meinen Bruder war unerschütterlich, und ich antwortete dem Könige nie anders, als daß ich nur wünschte, meinen Bruder in seiner Gunst zu sehen; ich würde bei meinem Gemahl immer seinen Befehlen gehorchen und immer mich bemühen, auch ihn im Gehorsam des Königs zu erhalten[84].

Die Königin Mutter wollte meinen Bruder noch einmal zu Alençon sehen, ehe er nach Flandern ginge. Ich bat den König um Urlaub, sie begleiten zu dürfen, um Abschied von ihm zu nehmen. Er erteilte ihn mir, obwohl ungern. Als wir von Alençon zurückkamen, hielt ich wieder um die Erlaubnis an, reisen zu dürfen. Die Königin Mutter mußte auch in Geschäften des Königs nach der Gascogne reisen, es ward also beschlossen, daß ich mit ihr reisen solle[85]. Der König begleitete uns nach seinem Ollainville. Nachdem er uns einige Tage dort bewirtet hatte, nahmen wir von ihm Abschied, und in kurzer Zeit befanden wir uns in der Guyenne[86]. Sobald wir in die Staaten des Königs, meines Gemahls, gekommen waren, wurden uns allenthalben feierliche Einzüge gehalten[87]. Der König, mein Gemahl, kam der Königin Mutter bis La Réolle entgegen, er konnte nicht weiter kommen, weil man in den protestantischen Ländern noch voll Mißtrauen war. Er hatte ein schönes Gefolge von allen den Herrn und Edelleuten von der Religion der Gascogner und auch von einigen Katholiken[88].

Die Königin Mutter dachte nur sich eine kurze Zeit dort aufzuhalten, aber es fügte manches sich so von Seiten der Hugenotten sowohl als von Seiten der

Katholischen, daß sie sich gezwungen sah, länger als achtzehn Monate dort zu bleiben[89]. Sie ward verdrießlich darüber und war einigemal geneigt zu glauben, man hielte sie absichtlich so lange auf, um ihre Hoffräulein desto länger dort zu behalten, denn der König, mein Gemahl, hatte sich in Dayelle verliebt und Herr von Turenne in La Vergne; dies aber verhinderte doch nicht, daß mir der König, mein Gemahl, mit aller Freundlichkeit und Achtung begegnete, die ich nur wünschen konnte. Er hatte mir gleich bei meiner Ankunft erzählt, welche Ränke man während seines Aufenthalts am Hofe angewendet, um uns zu entzweien; er sah auch den wahren Grund und die Absicht davon wohl ein, um nämlich meinen Bruder von ihm zu trennen; und er bezeigte große Freude, wieder mit mir zusammenzusein. Solange die Königin Mutter in der Guyenne war, befanden wir uns in einer recht angenehmen, glücklichen Lage; währenddem nahm sie auf Bitte meines Gemahls dem Marquis von Villars die Stelle als Lieutenant des Königs und gab sie dem Marschall von Biron. Darauf begab sie sich nach Languedoc; wir begleiteten sie bis Castelnaudary; dort nahmen wir von ihr Abschied und gingen zurück nach Pau in Béarn. Ich hatte keinen katholischen Gottesdienst daselbst; man erlaubte mir bloß, in einer kleinen Kapelle, die nicht mehr als drei oder vier Schritte lang war, Messe lesen zu lassen; es war so eng darin, daß es von uns sieben oder acht ganz voll war. Während die Messe gelesen wurde, zog man die Zugbrücke des Schlosses auf, weil man befürchtete, die Katholiken, die im Lande waren und keinen Gottesdienst halten durften, würden sich hinzudrängen, sie zu hören, denn sie waren sehr begierig nach dem heiligen Amte, das sie schon seit so langer Zeit entbehren mußten. Von diesem heiligen Verlangen getrieben, fanden die Einwohner zu Pau an einem Pfingsttage Gelegenheit, eh man noch die Brücke aufzog, in das Schloß und in die Kapelle zu schleichen; sie wurden bis gegen das Ende der Messe nicht daselbst entdeckt; da aber einige von meinen Leuten die Türe aufmachten, um hinauszugehen, wurden einige Hugenotten, die an der Türe spionierten, jene gewahr und klagten es an Pin[90], Sekretär meines Gemahls, der sehr für ihn eingenommen war. Da er viel Ansehen im Hause und alle Geschäfte zu führen hatte, welche die Hugenotten betrafen, ließ er die Katholiken mit einer Wache von der Garde des Königs, meines Gemahls, abholen und sie in ein Gefängnis werfen, wo sie lange bleiben und noch eine starke Geldbuße zahlen mußten. Ich empfand diese üble Behandlung tief in der Seele, da ich gar nicht dergleichen erwarten durfte. Ich beklagte mich bei dem König, meinem Gemahle, und bat ihn, diese armen Katholiken freizugeben, die keine so harte Bestrafung verdienten, weil sie, die so lange ihres Gottesdienstes beraubt waren, meine

Gegenwart zu benutzen suchten, um an einem der großen Festtage Messe zu hören. Pin mischte sich unberufen hinein und nahm das Wort gegen die schuldige Ehrfurcht für seinen Herrn und ohne diesem Raum zum Antworten zu lassen. Ich möchte, sagte er dem Könige, meinem Gemahl, mit dergleichen den Kopf nicht zerbrechen, denn jene hätten diese Strafe verdient, ich möchte auch sagen, was ich wollte, und meinen Worten zu Gefallen geschähe ihnen weder mehr noch weniger; ich könnte zufrieden sein, daß mir erlaubt würde, für mich eine Messe lesen zu lassen und für jeden meiner Leute, die ich mit hinein nähme. Diese Worte beleidigten mich erstaunlich von einem Menschen seines Standes, und ich flehte den König, meinen Gemahl, an, daß er, wenn ich so glücklich wäre, einigen Teil an seiner Gunst zu besitzen, sie mir zu erkennen gebe, indem er die unwürdige Behandlung dieses geringen Menschen ahnde und mir Genugtuung verschaffe. Der König, da er sah, daß ich mich so ereiferte und mit Recht, ließ ihn hinausgehen aus meinen Augen und sagte zu mir, er wäre sehr böse über die Unschicklichkeit des Pin; der Eifer für seine Religion habe ihn zu weit geführt, und ich sollte jede Genugtuung, die ich verlange, erhalten. Über die verhafteten Katholiken würde er mit seinen Räten überlegen, was man tun könnte, um mich zufriedenzustellen. Nachdem er so zu mir geredet, ging er in sein Kabinett und sprach mit Pin, der ihn wieder ganz umkehrte, so daß er aus Furcht, ich möchte dessen Abschied verlangen, mich vermied und mir sehr kalt begegnete. Da ich nun aber eigensinnig darauf bestand, daß er zwischen mir und Pin wählen müsse, sagten ihm alle Anwesenden, denen Pins Anmaßung verhaßt war, er möchte mich nicht wegen eines solchen Menschen, der mich beleidigte, mißvergnügt lassen; der König und die Königin Mutter würden es ihm sehr übelnehmen, wenn sie es erführen. Dadurch ward er gezwungen, ihm den Abschied zu geben; aber er hörte nicht auf, mir darüber übelzuwollen und böse auf mich zu sein[91], wozu ihn, wie er nachmals mir gestand, Herr von Pibrac verleitete, der doppelzüngig zu mir sagte, ich dürfe nicht zugeben, daß ein so geringer Mensch mir trotze, und ich müßte ihn auf jeden Fall fortschicken lassen; und zu meinem Gemahl: Es ginge gar nicht an, daß ich ihn eines Mannes beraube, der ihm so notwendig sei. Aber Herr von Pibrac tat dies nur, um mich dahin zu bringen, daß ich wieder nach Frankreich zurück ginge, wohin sein Stand als Präsident und Rat im königlichen Staatsrat ihn rief[92].

Was meine Lage noch verschlimmerte, war, daß der König, mein Gemahl, seit dem Dayelle fort war, sich um Rebours bewarb. Ein boshaftes Mädchen, die mir nicht wohlwollte und mir alles Böse tat, was sie vermochte. In diesen Widerwärtigkeiten, da ich zu Gott allein meine Zuflucht nahm, erbarmte er sich meiner Tränen und gab, daß wir von dem kleinen Pau weggingen, wo zum guten Glück für mich Rebours krank zurückblieb. Da der König, mein Gemahl, sie aus den Augen verlor, dachte er nicht mehr an sie und ließ sich mit Fosseuse ein, die damals schöner war und ganz gut, noch ganz ein Kind. Auf unserer Reise nach Montauban kamen wir durch eine kleine Stadt, Eauze genannt; in der Nacht ward mein Gemahl daselbst krank an einem anhaltenden Fieber, mit starkem Kopfweh begleitet, diese Krankheit dauerte siebzehn Tage, während denen er weder Nacht noch Tag Ruhe hatte, man mußte ihn immer aus einem Bette in das andere schaffen. Ich wartete ihn selbst auf das sorgfältigste und entfernte mich während der ganzen Zeit, ohne mich umzukleiden, nicht einen Augenblick von ihm. Meine Dienste wurden ihm endlich lieb, und er rühmte sie gegen jedermann, besonders gegen Herrn von Turenne, der mir als Anverwandter den Dienst leistete und ihn wieder so mit mir aussöhnte, daß ich besser als je bei ihm stand. Diese Glückseligkeit währte die vier bis fünf Jahre[93], welche ich in der Gascogne mit ihm zubrachte, wo wir die meiste Zeit zu Nérac lebten. Unser Hof war so schön und angenehm, daß wir den französischen nicht beneiden durften. Die Prinzessin von Navarra war da, die seitdem den Herzog von Bar, meinen Neffen, geheiratet; ich und eine große

Anzahl Damen und Fräulein; der König, mein Gemahl, hatte ein auserlesenes Gefolge von Herrn und Edelleuten, so artigen und rechtlichen Leuten, als ich jemals am französischen Hofe gesehen; es war kein Mangel an ihnen, außer daß sie das Unglück hatten, Hugenotten zu sein. Man sprach aber gar nicht über die Verschiedenheit der Religion. Der König und seine Schwester gingen mit ihrem Gefolge von der einen Seite zur Predigt und ich mit den meinigen von der andern Seite zur Messe, in eine Kapelle im Park, in welchem wir uns, wenn ich herauskam, vereinigten, um entweder hier oder in einen sehr schönen Garten spazieren zu gehen, mit langen Alleen von hohen Lorbeerbäumen und Zypressen; aber auch in den Park, den ich hatte machen lassen, worin Alleen von dreitausend Schritten längs dem Ufer des Flusses hingingen. Den Rest des Tages brachten wir in allen Arten von anständigen Lustbarkeiten zu. Nach dem Mittagsessen und am Abend war gewöhnlich Ball. Während dieser ganzen Zeit machte der König die Aufwartung an Fosseuse, die sich so tugendhaft und ehrliebend betrug, daß, wenn sie sich immer so verhalten hätte, sie sicher nicht in das Unglück geraten wäre, welches denn wieder die Schuld von so vielen andern war, die sie selbst und auch mich betrafen[94].

Das Schicksal beneidete uns das glückliche Leben, in welchem wir ruhig und einig seine Macht zu verachten schienen, als ob wir seiner Unbeständigkeit nicht unterworfen wären, und erregte, um uns wieder zu zerstören, einen neuen Krieg[95] zwischen dem Könige, meinem Gemahl, und den Katholiken, der sich damit anfing, daß der König, mein Gemahl, und der Marschall von Biron, der auf Verlangen der Hugenotten Lieutenant des Königs in der Guyenne geworden war, so entzweiten, daß ich sie niemals, aller angewandten Mühe ungeachtet, wieder hätte versöhnen können. Sie hatten ewigen Argwohn und Streitigkeiten gegen- und miteinander, beklagten sich gegenseitig beim König; mein Gemahl verlangte, man sollte den Marschall von Biron wieder zurückrufen; und der Herr Marschall, der meinen Gemahl und alle von seiner Religion anklagte, daß sie allerlei gegen den Friedenstraktat unternähmen. Dieser Anfang der Uneinigkeit wuchs nach und nach höher zu meinem größten Leidwesen. Der Marschall von Biron riet dem Könige, er solle selber nach Guyenne kommen, damit seine Gegenwart die Ordnung wiederherstelle. Da das die Hugenotten erfuhren, fürchteten sie, der König möchte sich ihrer Städte bemeistern und sie verjagen; sie beschlossen also die Waffen zu ergreifen. Nichts hatte ich wohl mehr zu fürchten als diesen Krieg, da ich einmal in die Schicksale des Königs, meines Gemahls, verwickelt war, also gegen die Partei des Königs und meiner Religion sein mußte. Ich suchte meinen Gemahl und seine

Räte davon abzubringen; ich zeigte ihnen, wie wenig vorteilhaft der Krieg ihnen sein könnte. Da sie einen Chef wie den Marschall von Biron gegen sich hatten, einen so großen General und der so gern gegen sie aufgebracht war, daß er sie gewiß niemals verschonen würde, wie viele andre getan. Würde der König einmal seine ganze Macht dazu anwenden, sie alle zu vertilgen, so würden sie ihr nicht widerstehen. – Ihre Furcht, der König möchte nach der Guyenne kommen, die Hoffnungen, in Ansehung ihrer Unternehmungen auf die meisten Städte der Gascogne und des Languedocs spornten sie so, daß ich sie, obgleich der König, mein Gemahl, viel Vertrauen zu mir hatte und die vornehmsten der Hugenotten mir Einsicht genug zutrauten, dennoch nie überzeugen konnte, was sie hernach auf ihre eigne Unkosten erfuhren. Man mußte nun den Sturm ruhig vorüber ziehen lassen, der sich aber bald legte, als sie jene Erfahrungen machten. Lange vorher hatte ich den König und die Königin Mutter oft genug ermahnt, dem Übel zu steuern und dem Könige, meinem Gemahl, einiges nachzugeben; aber nie hatten sie darauf geachtet; sie schienen es im Gegenteil nicht ungern zu sehen, daß es so weit kam. Der Marschall von Biron überredete sie, er habe Mittel, die Hugenotten so tief herunterzubringen, als er wolle. Mein Rat ward nicht geachtet, die Erbitterungen wurden immer heftiger, und man griff zu den Waffen[96]. Die von der sogenannten reformierten Partei hatten sich aber in Ansehung ihrer Macht sehr verrechnet, sie waren nicht so stark als der Marschall von Biron, und alle ihre Unternehmungen mißglückten, außer daß sie Cahors einnahmen, obgleich mit einem starken Verlust. Herrn von Vézies, der darin lag, hatten sie zwei Tage lang bekämpft und sich Straße nach Straße, Haus für Haus errungen. Hierbei zeigte der König, mein Gemahl, seine Tapferkeit und Einsicht nicht allein wie ein Fürst seines Standes, sondern wie ein erfahrener, kühner Heerführer[97]. Die Einnahme von Cahors schwächte sie aber vielmehr, statt sie zu stärken. Der Marschall von Biron nahm seine Zeit wahr und behauptete das Feld, indem er alle kleinen Städte, welche mit Hugenotten besetzt waren, nahm und alles, was sich darin befand, über die Klinge springen ließ. Ich teilte gleich vom Anfang des Krieges an das Schicksal des Königs, meines Gemahls, ich hielt es für meine Pflicht, da er mich mit seinem Zutrauen beehrte; aber mit nicht geringen Leiden, weil der Vorteil der einen wie der andern Partei immer mit meinem Nachteil verbunden war. Denn siegten die Hugenotten, so geschah es auf Unkosten meiner Religion, deren Erhaltung ich doch mehr als mein eigenes Leben wert hielt; siegten die Katholiken, so war es auf Unkosten des Königs, meines Gemahls. Ich war aber durch meine Pflicht sowohl als durch seine Freundschaft und sein Zutrauen, bei ihm zu bleiben, verbunden, ich schrieb daher dem Könige und der Königin Mutter die Lage der Dinge, da sie nicht auf meine Warnungen geachtet. Ich ersuchte sie, wenn sie auch in Rücksicht auf mich die beiden Feuer, zwischen welchen ich mich befände, nicht tilgen wollten, daß es ihnen doch gefallen möchte, dem Marschall von Biron zu befehlen, daß er Nérac neutral behandeln sollte, wo ich mich aufhielt, und auf drei Meilen den Krieg davon entfernt halte. Dasselbe würde ich von meinem Gemahl, in Ansehung seiner Truppen, fordern. Es ward mir unter der Bedingung bewilligt, wenn der König, mein Gemahl, nicht in Nérac sei; die Neutralität wäre aufgehoben, sobald er sich daselbst aufhielte. Diese Bedingungen wurden von beiden Seiten so ehrerbietig, als ich nur verlangen konnte, erfüllt; doch konnten sie den König, meinen Gemahl, nicht abhalten, oft nach Nérac zu kommen, wo er mich und seine Schwester traf; denn er war gern in Gesellschaft von Frauen und liebte besonders noch die Fosseuse sehr, über die ich aber niemals zu klagen Ursache hatte. Da der König, mein Gemahl, nun sah, daß ich nichts mehr wünschte, als ihm gefällig zu sein, lebte er in aufrichtiger brüderlicher Freundschaft mit mir.

Einmal blieb er mit seinem ganzen Gefolge drei Tage in Nérac; er konnte sich gar nicht entschließen, den ihm so angenehmen Aufenthalt zu verlassen. Der Marschall von Biron ward von seinen Kundschaftern davon unterrichtet, stellte sich, als wollte er mit seiner Armee nur nahe vorbeiziehen, um sich bei einer Überfahrt des Flusses mit Herrn Cornusson, Seneschall von Toulouse, zu vereinigen, der ihm Truppen zuführte, und anstatt wirklich dahin zu ziehen, wandte er sich gegen Nérac und stand plötzlich eines Morgens um neun Uhr mit seiner Armee vor den Toren von Nérac. Der König, mein Gemahl, der den Abend vorher schon die Nachricht von der Ankunft des Herrn von Cornusson gehabt hatte, wollte ihre Vereinigung verhindern und jeden besonders schlagen; an Macht fehlte es ihm nicht dazu, denn er hatte damals Herrn von Rochefoucauld mit dem ganzen Adel von Xainctonge und an achthundert Schützen zu Pferde, die er ihm zugeführt hatte; er war also mit Anbruch des Tages ausgezogen und meinte, sie bei der Mündung des Flusses anzutreffen. Er war aber nicht genau berichtet; Herr von Cornusson war schon den Abend vorher über den Fluß gegangen, er kehrte also nach Nérac zurück, und während er in einem Tor hinein zog, hörte er, daß der Marschall von Biron vor dem andern stand, in völliger Schlachtordnung. Es war den Tag übles Wetter, es regnete so stark, daß die Büchsenschützen nicht dienen konnten. Demungeachtet warf der König, mein Gemahl, einen Teil seiner Truppen in die Weinberge, um den Marschall von Biron vom Vordringen abzuhalten. Der Marschall konnte auch wegen des Regens an dem Tage nichts weiter anfangen, als daß er in seiner Ordnung fest stehen blieb, sein Geschütz bedeckte, bis sie feuern konnten, und unterdessen einige absendete, die verlangten, eine Lanze zu brechen zur Ehre der Damen; dann ließ er plötzlich seine Truppen sich teilen und warf einige Kugeln in die Stadt, von denen eine das Schloß traf; worauf er sich zurückzog und mir einen Trompeter sandte mit Entschuldigungen für ihn. Wenn ich allein gewesen wäre, ließ er mir sagen, würde er dergleichen um keinen Preis unternommen haben, der König, mein Gemahl, wäre aber, wie ich wohl wisse, nicht mit in die Neutralität begriffen, und er habe Befehl von dem Könige, ihn anzugreifen, wo er ihn anträfe. Der Marschall von Biron hatte mir sonst bei allen Gelegenheiten alle Achtung bezeigt und mir Beweise seiner Freundschaft gegeben; denn er hatte mir während des Krieges Briefe uneröffnet zugeschickt, die ihm in die Hände gefallen waren, und alle, die zu mir gehörten, behandelte er mit Achtung und Schonung. Ich gab seinem Trompeter zur Antwort: Ich wisse sehr wohl, daß der Herr Marschall nur nach Kriegsgeschehen und nach den Befehlen des Königs gehandelt habe; ein verständiger Mann aber wie er könnte sehr wohl beides tun, ohne seinen Freunden zu nahe zu treten; er hätte wohl der Gegenwart meines Gemahls mich können erfreuen lassen, diesen könnte er zu Nérac nicht angreifen, ohne zugleich mich anzugreifen; ich fände mich sehr dadurch beleidigt und würde mich beim Könige darüber beklagen.

Der Krieg dauerte noch eine Zeitlang, und die Hugenotten zogen den kürzeren; dies half mir, den König, meinen Gemahl, zum Frieden zu bereden. Ich schrieb oft an den König und die Königin Mutter darüber, aber diese wollten nichts davon hören, sie verließen sich auf das Glück des Marschalls von Biron. Zu derselben Zeit als dieser Krieg losbrach, ward die Stadt Cambrai, die sich seit meiner Abreise von Frankreich durch die Vermittlung des Herrn von Ainsi meinem Bruder ergeben hatte, von den Spaniern belagert. Mein Bruder erhielt diese Nachricht bei sich zu Plessis-lès-Tours. Er war kürzlich von seinem ersten flandrischen Zuge zurückgekommen; die Städte Mons, Valenciennes und andere unter dem Gouvernement des Grafen Lalain stehende hatten sich ihm ergeben; Graf Lalain hatte offen die Partei meines Bruders genommen und ihn in allen Ländern, die unter ihm standen, als Oberherrn anerkennen lassen; er wollte nun dem Herrn von Ainsi in Cambrai zur Hilfe kommen und ließ schnell Leute anwerben, um mit ihnen hinzueilen. Er konnte nicht schnell genug bereit sein, er ließ also Herrn von Balagny sich hineinwerfen, um die Belagerung so lange auszuhalten, bis er mit seiner Armee käme, sie aufzuheben. Als er nun damit eben beschäftigt war, kam dieser Hugenotten-Krieg dazwischen; die neuen

Truppen verließen meinen Bruder, um dem Könige nach der Gascogne zu folgen; so daß jener keine Hoffnung behielt, Cambrai zur Hilfe kommen zu können; mit Cambrai ging ihm alles verloren, was er in dem Lande besessen hatte; und was am schlimmsten war, Herr von Balagny und alle, die mit ihm in Cambrai eingeschlossen waren. Es verdroß ihn sehr, und da er sehr viel Urteilskraft besaß und es ihm bei seinen Unfällen niemals an einem Auswege fehlte, so sah er gleich ein, daß das einzige Mittel für ihn sei, Frieden in Frankreich zu stiften. Sein Mut fand nie Schwierigkeiten in seinen Unternehmungen. Er sandte sogleich einen Edelmann zum Könige und ließ um die Erlaubnis zu Friedensverhandlungen anhalten. Er unternahm es selber, damit nicht etwa ein andrer Bevollmächtigter die Sache so in die Länge zöge, bis er Cambrai nicht mehr zur Hilfe kommen könnte; Herr von Balagny hatte ihm geschrieben, daß er nicht länger als sechs Monate Zeit habe, wenn er ihm noch zur Hilfe kommen wollte; länger könnte er das Volk in der Stadt nicht zurückhalten, sich zu ergeben, wegen des Mangels an Lebensmitteln. Gott stand meinem Bruder in seinen Absichten bei; der König nahm seinen Vorschlag zu Friedensunterhandlungen an; er glaubte dadurch ihn von Flandern abzuhalten, woran er niemals einen rechten Gefallen gefunden hatte. Er gab ihm förmlichen Auftrag und Vollmacht zum Frieden und sandte ihm zur Unterstützung die Herrn von Villeroy und von Bellièvre. Es gelang meinem Bruder ganz vollkommen, er kam nach der Gascogne und machte Frieden, sowohl zur Zufriedenheit der Katholiken als der Protestanten[98]. Sein Verfahren war so ganz vernünftig, daß er sich die Liebe und das Lob aller erwarb. Sieben Monate dauerte das Geschäft, die ihm lang genug dünkten, wegen seiner Begierde, Cambrai zu entsetzen, obgleich die Freude, mit uns zusammen zu sein, ihm seine Sorgen erleichterte[99]. Er erwarb sich bei dieser Gelegenheit den Marschall von Biron, der es übernahm, seine Armee nach Flandern zu führen; dem Könige, meinem Gemahl, zu Gefallen nahm er den Marschall fort und schickte den Marschall von Matignon nach der Guyenne. Vor seiner Abreise wünschte mein Bruder noch den König, meinen Gemahl, mit dem Marschall von Biron auszusöhnen; er solle mich wegen dessen, was bei Nérac vorgefallen war, bei der nächsten Unterredung um Verzeihung bitten; mir befahl er, ihn tüchtig und mit derben Worten auszuschelten. Diesem leidenschaftlichen Befehl meines Bruders gehorchte ich mit der in solchen Dingen gehörigen Schonung, er hätte vielleicht es sonst eines Tags bereuen können, denn er hatte von seinem Beistande viel zu hoffen. Mein Bruder kehrte begleitet vom Marschall von Biron nach Frankreich zurück. Diese Unruhen zur Zufriedenheit aller Parteien gestillt zu haben, häufte nicht weniger Ehre und Ruhm auf ihn als alle Siege, die seine Waffen erfochten. Seine Armee ward stärker und schöner als je. Aber wird nicht das Glück und der Ruhm immer vom Neide verfolgt? Der König fand kein Wohlgefallen an dem Ruhm meines Bruders, ebensowenig als daran, daß er sieben Monate in der Gascogne mit mir zusammen gewesen war. Um seinem Zorn eine Ursache zu geben, bildete er sich ein, ich hätte diesen Krieg gestiftet und meinen Gemahl dazu verleitet (der aber wohl das Gegenteil bezeugen kann), um meinem Bruder den Ruhm zu verschaffen, Frieden gestiftet zu haben. Wäre es auf mich angekommen, er hätte diesen mit geringerer Mühe und weniger Zeitverlust haben können; seine Angelegenheiten in Flandern und Cambrai hatten keinen Nutzen von diesem Aufenthalt. Doch wie? Verblenden Haß und Neid die Augen doch so, daß man nie die Dinge sieht, wie sie sind! Auf diesen Grund baute der König einen tödlichen Haß gegen mich; er suchte alle alten Erinnerungen wieder zusammen, wie ich in allen Angelegenheiten, sowohl während seines Aufenhaltes in Polen als nachher immer die Partei meines Bruders genommen hatte; und beschwor meinen Untergang. Das Schicksal begünstigte seinen Haß; denn während den sieben Monaten, die mein Bruder sich in der Gascogne aufhielt, wollte es das Unglück, daß er sich in die Fosseuse verliebte, die von meinem Gemahl geliebt ward. Dieser glaubte, ich begünstige die Absichten meines Bruders, und war noch dran, deswegen böse auf mich zu sein. Da ich es merkte, ließ ich nicht nach mit Bitten bei meinem Bruder und stellte ihm vor, wie vielen Verdruß er mir zuzöge; er, der mehr meine Zufriedenheit suchte als die seinige, bezwang seine Leidenschaft und redete nicht mehr mit ihr. Von dieser Seite hatte ich dem Übel so vorgebeugt; das gehässige Geschick läßt sich aber auf den ersten Wurf nicht abschrecken; es legte mir eine andere, weit gefährlichere Schlinge. Die Fosseuse liebte den König, sie hatte ihm aber noch keine andre Vertraulichkeit zugestanden, als die Sittsamkeit erlaubte; um ihm jetzt ihre ungeteilte Liebe zu beweisen und ihn von seiner Eifersucht wegen der Liebe meines Bruders zu heilen, gab sie sich ihm ganz und ohne alle Zurückhaltung hin, und zum Unglück ward sie schwanger. Da sie sich in diesen Umständen sah, veränderte sie ihr Betragen gegen mich. Statt daß sie sonst offen und zutraulich gegen mich war und mir bei meinem Gemahl alle ersinnlichen guten Dienste leistete; verbarg sie sich nun gegen mich und suchte mir nun ebenso schädlich zu werden, als sie mir zuerst nützte. Sie hatte sich des Königs, meines Gemahls, so bemeistert, daß er in kurzer Zeit sich sehr gegen mich veränderte. Er entfremdete sich von mir, vermied mich, und meine Gegenwart war ihm nicht mehr so angenehm als in den glücklichen Jahren, die ich mit ihm in der Gascogne zubrachte, während denen die Fosseuse sich ehrbar betragen [100].

Nachdem mein Bruder nach geschlossenem Frieden nach Frankreich gegangen, um seine Armee zu bilden, und wir nach Nérac zurückgekehrt waren, so setzte die Fosseuse, als wir kaum dort anlangten, dem Könige, meinem Gemahl, in den Kopf, er solle nach den Bädern von Aigues-chaudes im Béarnschen mit ihr gehen; es sei nun um ihre Schwangerschaft zu verbergen oder sich deren zu entledigen. Ich ersuchte meinen Gemahl, ihn nicht nach Aigues-chaudes begleiten zu dürfen, er wisse wohl, daß ich wegen der Mißhandlung zu Pau geschworen habe, nicht eher wieder nach dem Béarn zu gehen, bis die katholische Religion daselbst herrsche. Er drang sehr in mich mitzureisen und erzürnte sich, als ich mich standhaft dessen weigerte. Endlich sagte er, sein Mädchen (so nannte er die Fosseuse) müsse wegen ihrer Magenkrankheit hinreisen. Ich hätte nichts dagegen, daß er hinreise, erwiderte ich. Es schickte sich nicht, meinte er, ohne mich zu reisen, es gäbe nur Gelegenheit, Böses zu denken, wo keins wäre. Darauf ward er sehr zornig auf mich, weil ich demungeachtet nicht mitwollte. Ich brachte es aber doch so weit, daß er sich zufrieden gab und mit ihr allein reiste, begleitet von der Hofmeisterin und von zweien ihrer Gespielinnen, der Rebours und der Villesavin; ich erwartete ihre Zurückkunft zu Bavière. Von der Rebours bekam ich täglich Nachrichten, daß die Fosseuse mir schlechte Dienste erzeige, daß sie mich immer verleumde und sich einbilde, wenn sie einen Sohn bekommen sollte und mich loswerden könnte, würde sie die Gemahlin des Königs werden; zu dem Ende wolle sie mich nach Pau bringen lassen; sie habe auch den König, meinen Gemahl, schon dazu beredet, mich bei meiner Zurückkunft von Bavière hinzuschicken, und das mit Gewalt, wenn ich nicht im guten wollte. Die Rebours war ein verderbtes falsches Mädchen, die nichts wünschte, als die Fosseuse zu verdrängen, um sich wieder in die Gunst meines Gemahls einzuschleichen; aber ihre Nachrichten betrübten mich dennoch sehr, wie man wohl denken kann; ich erwartete jedoch voll Vertrauen auf die Güte Gottes und meines Gemahls seine Ankunft standhaft zu Bavière; ich vergoß so viel Tränen, als sie Tropfen des Gesundheitswassers tranken, obgleich der ganze katholische Adel der Gegend in meinem Gefolge war und sich alle ersinnliche Mühe gab, mich meinen Schmerz vergessen zu machen. Nachdem vier oder fünf Wochen verflossen waren, kam der König, mein Gemahl, Fosseuse und ihre Begleiterinnen wieder. Da er von einigen Herren, die mit mir waren, erfuhr, in welcher Angst ich wäre, nach Pau zu müssen, drang er nicht weiter sehr in mich darum, er sagte bloß, er hätte sehr gewünscht, daß ich es gern tun möchte. Da er nun aber aus meiner

Antwort sowohl als aus meinen Tränen sah, daß ich lieber sterben wolle, als nach Pau gehen, änderte er seine Absicht und wir gingen nach Nérac zurück. Dort erfuhr ich, daß man ganz öffentlich und nicht allein an unserem Hof, sondern im ganzen Lande von der Schwangerschaft der Fosseuse redete; ich entschloß mich also, mit ihr selber davon zu sprechen, damit wir Mittel ausfinden möchten, dem öffentlichen Gerede ein Ende zu machen; ich nahm sie also zu mir in mein Kabinett, wo ich ihr sagte: «Obgleich Ihr Euch seit einiger Zeit von mir entfernt habt und man mich versichert, daß Ihr mir bei dem Könige, meinem Gemahl, lauter Böses erzeigt, so erlaubt es mir doch nicht meine ehemalige Freundschaft für Euch und für die achtungswürdigen Personen, Eure Angehörigen, daß ich Euch verließe und Euch nicht in Eurem Unglück beistehen wollte. Ich bitte Euch, nichts zu leugnen und nicht Eure Ehre mit der meinigen zugrunde zu richten. Seid versichert, ich werde Euch wie eine Mutter helfen. Ich kann unter dem Vorwande der Pest, die, wie Ihr wißt, in diesem Lande und sogar in unsrer Stadt wütet, mich entfernen und nach Mas Agenois gehen, ein ganz entlegenes Haus des Königs, meines Gemahls. Ich werde kein stärkeres Gefolge mit mir nehmen, als Ihr selber wollt. Unterdessen wird der König, mein Gemahl, in einer andern Gegend auf die Jagd gehen, und ich rühre mich von dort nicht weg, bis Ihr befreit seid.

So können wir dem Lärm ein Ende machen, das mir nicht weniger verdrießlich ist als Euch.» Sie nun, anstatt es mir zu danken, sagte mit der ungeheuersten Impertinenz: Alle die, welche das behaupten, würde sie Lügen strafen. Sie wisse wohl, daß ich sie seit einiger Zeit nicht liebe und bloß einen Vorwand suche, sie zu verderben. Sie schrie so laut dabei, da ich doch sanft und leise mit ihr geredet hatte, ging voller Wut aus meinem Kabinett und klagte es dem Könige, meinem Gemahl. Dieser geriet in Zorn auf mich, daß ich seinem Mädchen dergleichen sagte, behauptete auch, sie würde alle die Lügen strafen, die sich über sie aufhielten, und war lange Zeit ganz böse mit mir, bis endlich nach einigen Monaten ihre Stunde kam. Sie schlief in dem Hoffräulein-Zimmer; des Morgens früh bekam sie heftige Schmerzen, sie ließ einen Arzt holen und bat ihn, den König, meinen Gemahl, von ihrem Zustande zu benachrichtigen. Der Arzt kam in unser Schlafzimmer, wo wir wie immer in abgesonderten Betten schliefen, und gab meinem Gemahl diese Nachricht. Nun war er in großer Verlegenheit und wußte nicht, was zu tun, denn er fürchtete, sie möchte verraten oder schlecht bedient werden; er liebte sie sehr. Endlich entschloß er sich, mir alles zu entdecken und mich um Hilfe für sie zu bitten; er wußte wohl, daß er mich immer bereit finden würde, ihm zu dienen, was auch vorhergegangen sein mochte. Er zog meine Bettvorhänge auf und sagte: «Meine Liebe, ich muß jetzt Euch etwas gestehen, das ich bis jetzt immer verleugnet hatte. Ich bitte, vergebt mir, denkt nicht mehr an das, was ich bisher darüber gesagt; steht mir zu Gefallen gleich auf und sucht der Fosseuse zu helfen, sie ist sehr übel dran. Ich bin gewiß, Ihr werdet Euch in ihrem jetzigen Zustande alles Vergangenen nicht mehr erinnern wollen. Ihr wißt, wie sehr ich sie liebe, ich bitte Euch also recht sehr, tut mir den Gefallen.» Darauf antwortete ich: Ich ehrte ihn zu sehr, um durch ihn beleidigt werden zu können; ich wollte zu ihr gehen und sie wie meine eigne Tochter versorgen; er sollte unterdessen auf die Jagd gehen und den ganzen Hof mitnehmen, damit man nichts erführe.

Ich ließ sogleich die Fosseuse aus dem Hoffräulein-Zimmer fortnehmen und in ein entlegnes Zimmer bringen, schickte ihr meinen Arzt, Frauen zu ihrer Bedienung und ließ ihr aufs sorgfältigste Hilfe leisten. Gott gab, daß sie nur eine Tochter gebar, die auch nicht lebte. Nach der Entbindung brachte man sie wieder in das Hoffräulein-Zimmer. Aller angewandten Vorsicht ungeachtet, konnte man dennoch nicht verhindern, daß das Gerücht davon nicht augenblicklich im ganzen Palast herumkam. Der König, mein Gemahl, ging gleich nach der Jagd zu ihr, wie er gewöhnlich tat; sie bat ihn, daß ich sie besuchen möchte (nach meiner Gewohnheit, die Hoffräulein zu besuchen, wenn sie krank waren), weil sie meinte, das Gerücht dadurch zu unterdrükken. Der König, mein Gemahl, kam zu mir und fand mich im Bette liegend. Ich war müde vom ungewöhnlich frühen Aufstehen und von der Mühe, die ich gehabt hatte. Er bat mich, doch aufzustehen und zu ihr zu gehen; ich wollte aber nicht und sagte ihm: Ich wäre zu ihr gegangen, als sie meiner Hilfe bedurfte, jetzt aber könnte sie mich nicht weiter brauchen; ich würde, wenn ich jetzt hinginge, viel eher verraten, was es eigentlich sei, als daß ich es verberge; und auf mich würde die ganze Welt mit Fingern zeigen. Darüber ward er sehr aufgebracht, und dies verdroß mich nicht wenig, denn ich glaubte, nach dem, was ich den Morgen getan, eine andre Vergeltung verdient zu haben. Die Fosseuse setzte ihn oft in solche Laune gegen mich.

Der König, dem nichts verborgen blieb, was in den Häusern der Großen seines Reichs vorging, war besonders begierig, alles zu erfahren, was sich an unserm Hof zutrug; er trug noch immer dasselbe Verlangen, sich an mir zu rächen, das er ehemals gefaßt, bei Gelegenheit, als mein Bruder, wie ich schon erwähnt, bei seinem Friedensgeschäft sich so viel Ruhm erwarb. Er sah es als ein treffliches Mittel an, mich so elend zu machen, als er mich zu sehen wünschte, wenn er mich von dem Könige, meinem Gemahl, entfernen könnte; er hoffte, die Entfernung würde wie die Öffnungen der mazedonischen

Schlachtordnung wirken. Zu dem Ende ließ er mir durch die Königin Mutter schreiben: Sie wünschte mich wieder zu sehen; ich wäre beinah sechs Jahre von ihr entfernt, dies wäre lange genug; es wäre nun Zeit, daß ich den Hof wieder besuchte, es würde für die Angelegenheiten meines Gemahls wie für die meinigen sehr nützlich sein. Sie wisse, der König sei begierig, mich wieder zu sehen, wenn es mir also an Mitteln zur Reise etwa fehlen sollte, würde er sie mir geben. Der König schrieb mir das nämlich und schickte Manniquet, seinen Haushofmeister, zu mir, mich zu überreden, denn ich hatte mich in der ganzen Zeit, die ich in der Gascogne zugebracht hatte, nicht entschließen können, den französischen Hof zu besuchen; jetzt fand er mich eher geneigt hierzu, wegen meines Verdrusses mit der Fosseuse, von welchem ich den Hof benachrichtigt hatte. Der König und die Königin Mutter schrieben mir zwei-, dreimal hintereinander und ließen mir 1500 Taler auszahlen, damit mich die Reisekosten nicht abhalten möchten. Die Königin Mutter schrieb, sie würde mir bis Xainctonge entgegenkommen; sollte etwa mein Gemahl mich bis dorthin begleiten, so würde sie alsdenn mit ihm sprechen und ihm die Zusicherung vom Willen des Königs geben. Er wünschte nämlich sehr, ihn wieder aus der Gascogne zu ziehen und ihn wieder unter denselben Bedingungen als ehemals an dem französischen Hof zu sehen. Auch trieb der Marschall von Matignon meinen Gemahl sehr dazu an, weil er Lust hatte, allein in der Gascogne zu bleiben. All dieser schöne Schein des Wohlwollens täuschte mich nicht über das, was man von dem Hof zu erwarten hatte; ich war zu gut von der Vergangenheit belehrt. Ich beschloß aber von diesem Anerbieten Nutzen zu ziehen[101] und nur auf einige Monate hin zu reisen, um unsre Angelegenheiten in Ordnung zu bringen[102]. Ich glaubte auch, es würde die Liebe meines Gemahls zur Fosseuse etwas stören, denn ich nahm sie mit, und wenn er sie nicht mehr sähe, würde er sich vielleicht mit einer andern einlassen, die weniger feindlich gegen mich gesinnt wäre. Es kostete mir viel Mühe, ehe ich vom Könige, meinem Gemahl, Urlaub zu dieser Reise bekam, denn es tat ihm leid, sich von der Fosseuse zu trennen. Er begegnete mir besser und wünschte sehr, ich möchte die Lust verlieren, nach Frankreich zu reisen; ich hatte es aber in meinen Briefen dem Könige und der Königin Mutter schon zugesagt und die angewiesenen Summen zur Reise schon gehoben. Mein Unglück zog mich also hin, trotzdem daß ich damals höchst ungern reiste, weil der König, mein Gemahl, eben anfing mir freundlicher zu begegnen.

Hier endigen die Memoiren der Königin Margaretha von Valois[103]. Man kann es nicht genug bedauern, daß sie schon hier aufhören, denn sie sind, obgleich sie die Absicht hatte, sich eine Lobrede zu halten, doch in vielen Stücken ihren andern Geschichtschreibern vorzuziehen. Ihre Memoiren vereinigen mit der Eleganz des Stils und mit einer gewissen Wärme der Darstellung eine wahre Menschenkenntnis und gewähren eine klare Anschauung eines Teils der Intrigen an den Höfen Karls IX., Heinrichs III. und Heinrichs des IV. Man muß, um ihr Leben vollständig zu haben, die zerstreuten Stücke in der Geschichte sammeln, wo einige Erwähnung der Königin Margaretha geschieht; bei diesem Geschäft wird man aber von der Wahrheit des Ausspruchs des Autors vom Geist der Liga überzeugt: «Man täte am besten», sagt er, «den Rest ihres Lebens von diesem Zeitraume an mit Stillschweigen zu übergehen.»

Die Memoiren des Herrn von Sully erwähnen der Nichtachtung, mit welcher der König, ihr Bruder, ihr begegnete, er wollte sich nach seiner Zurückkunft aus Flandern an die Königin Margaretha wenden, um eine Audienz bei dem König von Frankreich zu erhalten; aber die Frau von Béthune, seine Anverwandte und die Günstlingin der Königin von Navarra, versicherte ihn: Ihre Vorsprache würde seinem Gesuche eher hinderlich als vorteilhaft sein; sie habe seit ihrer Zurückkunft an den Hof mit dem Könige einigemal sehr lebhafte Wortwechsel gehabt, bei denen sie beide sich Dinge vorgeworfen, welche schicklicher seien zu verschweigen, als wieder zu erzählen. Die Zänkereien haben sie sowohl um die Freundschaft der Königin Mutter gebracht, als sie den Verfolgungen der Mignons ausgesetzt.

Achtzehn Monate nachher erfuhr sie, der König habe Joyeuse, seinem Günstling, der sich in Italien aufhielt, einem Edelmann, einen zwei Seiten langen Brief zugeschickt, der ganz von seiner Hand geschrieben war und der viel Schlechtes von seiner Schwester und von ihrer Aufführung enthalten haben sollte. Margaretha entschloß sich, diesen Brief aufzufangen; der Edelmann ward unterwegs von vier maskierten Leuten angegriffen, und auf seine Weigerung, ihnen den Brief auszuliefern, ward er von ihnen totgeschossen. Diese Kühnheit verstärkte den Haß des Königs gegen seine Schwester, die ihm schon längst mißfiel, teils wegen ihrer Verbindung mit dem Herzog von Anjou, teils wegen ihrer Zänkereien mit den Mignons. Er warf ihr öffentlich ihre Unordnungen vor, nannte alle ihre Liebhaber, von denen er glaubte, daß sie sich ihnen ergeben habe, besonders Champvallon, von dem sie, beschuldigte er sie laut, einen Sohn haben sollte. Die Details waren alle so genau und bestimmt angegeben, daß Margaretha auf diese Beschuldigungen ihres Bruders ganz still schweigen mußte, es sei nun, daß sie wirklich sich nicht rechtfertigen konnte oder daß sie den König durch Gegenreden nicht noch mehr aufbringen wollte. Dieser Auftritt endigte mit dem Befehl, daß sie sogleich Paris verlassen solle, um den Hof von ihrer ansteckenden Gegenwart zu entledigen. Den andern Morgen vollzog sie diesen Befehl in solcher Eil, daß sie weder ihre Leute noch ihr Gepäck fortbringen konnte. Sie nahm ihren Weg nach den mittäglichen Provinzen, zu ihrem Gemahl zurück, indem sie immerwährend rief: «Keine unglücklicheren Fürstinnen hat es je gegeben, als die Königin Maria Stuart und mich!» Sie speiste zu Bourg-la-Reine zu Mittag, der König fuhr in einem zugemachten Wagen vorbei, ohne sie eines Grußes zu würdigen. Zwei Stunden von Paris holte ein Hauptmann von der Garde mit sechzig Mann zu Pferde sie ein, hält ihr Gefolge, ihre Sänfte an, durchsucht alles, zwingt sie unter beschimpfenden Redensarten, ihre Maske abzunehmen, und nahm ihren Stallmeister, ihren Arzt und ihren Chirurgus in Verhaft. Während dem arretierte ein andrer ihre vertrauten Damen von Béthune und von Duras, schlug sie und gab ihnen Ohrfeigen. Der König erwartete die Verhafteten; ein Prévôt mußte sie in seiner Gegenwart über das Leben, die Sitten und das Betragen ihrer Königin befragen und ihre Aussagen aufschreiben [104].

Diesen Schimpf an seiner Schwester konnte er dem Könige von Navarra nicht verbergen, er fürchtete seine Rache um dieser zuvorzukommen, schrieb er ihm: Er habe es nötig gefunden, die Damen von Béthune und von Duras wegen ihres skandalösen

Lebens von seiner Schwester zu entfernen, als gefährliche Insekten, die man um eine Fürstin von seinem Hause nicht dulden dürfe. Der König von Navarra beantwortete sogleich diesen Brief und dankte ihm für die Sorgfalt, die er für den guten Ruf seiner Gemahlin trage. Gleich darauf erfuhr er aber die eigentlichen Umstände und wie unwürdig Margaretha von ihrem Bruder mißhandelt worden war, und zugleich erhielt er die Nachricht, sie sei auf dem Wege zu ihm. Er berief seinen Staatsrat und überlegte, wie er sich in dieser sehr intrikaten Sache zu verhalten habe. Man beschloß, Duplessis-Mornay als einen sehr geschickten Unterhändler, zum Könige von Frankreich zu senden.

Duplessis-Mornay sah die Schwierigkeit dieses Geschäftes ein; war die Königin schuldig, so wurde sie mit Schande bedeckt, war sie aber unschuldig, so ward es der König von Frankreich. Die Wahl war gefährlich, dennoch begab er sich aufs eiligste zum Könige nach Lyon. Hier stellte er ihm im Namen des Königs von Navarra zweierlei vor: Erstlich möchte er ihm die Ursache seines Zorns erklären, welche ihn berechtigen konnte, seine Frau, welche die Ehre habe die Schwester des Königs zu sein, so schimpflich zu mißhandeln? Da man doch keine Frau in der Welt der Ehre beraube, bevor sie sie verloren, welches er nach der ihr natürlichen Mäßigung und Klugheit nicht glauben könne. Zweitens möchte er auf jeden Fall als Herr und Oberhaupt der Familie ihm raten, wie er sich in dieser Verlegenheit zu verhalten habe? – Der König antwortete nicht geradezu und sprach immer nur von den Damen Béthune und Duras; aber Mornay ließ sich nicht abbringen: Der König sein Herr, sagte er, habe ihn nicht um dieser Damen willen, sondern wegen der Königin, seiner Schwester, zu ihm geschickt, und zwar ihre Bestrafung zu fordern, wenn sie einen Fehler begangen, der ihn zu dergleichen Mißhandlungen berechtigt; oder Genugtuung zu fordern von denen, die ihm zur Schande des königlichen Hauses dazu rieten. Darauf wiederholte er alles genau mit den kleinsten Umständen, um ihm zu beweisen, daß der König, sein Herr, von allem wohl unterrichtet sei, und fügte aufs Neue hinzu: Er habe den Auftrag, Sr. Majestät vorzustellen, daß er entweder viel zu weit oder lange nicht weit genug gegangen sei! Zu weit, wenn ihr Vergehen nicht das allergrößte war; nicht weit genug, wenn er sie einer solchen Verunehrung würdig fand, sie diese überleben zu lassen! Heinrich III. hatte keine Ausflucht mehr, gab ihm noch einmal eine unentschlossene, nichts entscheidende Antwort, mit dem Bedeuten, sie als ein treuer Untertan für gut anzunehmen und sie als solche dem König von Navarra zu hinterbringen. Duplessis hatte aber so gemessene Befehle, daß er ohne eine Entscheidung durchaus nicht fort wollte. «Was aber», erwiderte er, «wird die Christenheit sagen, wenn der König von Navarra sie als seine Gemahlin wieder annimmt, da Ihr sie besudelt zurücksendet?» – «Was», rief der König, «was anders, als daß er die Schwester seines Königs wieder annimmt! Was kann er weniger tun?» Endlich entschloß er sich, der Königin Mutter zu schreiben, daß sie die Königin Margaretha überrede, sich irgend in einer Stadt, die ihr gut dünke, unterwegs aufzuhalten. Duplessis-Mornay begnügte sich durchaus nicht mit einer mündlichen Antwort, sondern brachte es so weit, daß er ihm Briefe für den König von Navarra mitgab, worin er ihn bat, das Geschehene zu vergessen und seine Gemahlin wie immer zu empfangen und zu behandeln. Der König von Navarra war aber damit nicht zufrieden und beklagte sich über das Betragen, das ihn sehr befremdete.

Unterdessen setzte Margaretha ihre Reise fort; der König sandte Bellièvre an den König von Navarra mit eigenhändigen Briefen, worin er bedeutete, daß er gehorchen müsse! «Die Könige», schrieb er, «sind ausgesetzt, betrogen zu werden, und die tugendhaftesten Fürstinnen sind nicht frei von üblen verleumderischen Nachreden; Ihr wißt wohl, wie übel man von der verstorbenen Königin, Eurer Mutter, geredet!» – Bei dieser Stelle fing der König von Navarra an zu lachen und sagte zu Bellièvre in Gegenwart des ihn umgebenden Adels: «Der König erzeigt mir viel Ehre; in seinem ersten Brief erklärt er mich zum

Hahnrei und in diesem zweiten zum Bastard; ich danke ihm!» – Er empfing zwar die Königin Margaretha zu Nérac, aber sehr kalt und ohne ihr die mindeste Achtung zu beweisen; er hielt sich durch die Verachtung des Bruders zur eignen Geringschätzung berechtigt. Der Aufenthalt zu Nérac ward ihr also bald zuwider; durch den Tod des Herzogs von Anjou[105] ward sie vollends bestimmt, es zu verlassen. Sie verlor ihre letzte und einzige Stütze durch diesen Tod; übrigens ward er sehr wenig betrauert, und dies machte vollends das Maß der Schande und Verachtung voll, worin das Haus Valois seit Karl IX. gesunken war. Margaretha zog nach Agen, das zu ihrer Apanage gehörte. Von den katholischen Einwohnern, welche ihre Trennung ihrem Religionseifer zuschrieben, ward sie sehr wohl aufgenommen; denn Papst Sixtus V. hatte soeben den König von Navarra feierlich exkommuniziert und ihn seiner Staaten entblößt. Margaretha kam hier auf den unseligen Gedanken, den Hugenotten den Krieg zu machen[106]. Lignerac, ihr Liebhaber, und andre Edelsleute führten ihr einige Truppen zu, mit diesen zog sie gegen ihren Gemahl zu Felde. Aber ihre Waffen waren nicht glücklich. Sie hatte kaum sich Tonneins auf der Garonne bemächtigt, als der König von Navarra es ihr wieder abnahm und ihre Garden niederhauen ließ. Dann wollte sie Villeneuve einnehmen; aber ihr Unternehmen scheiterte auch hier, durch den Mut des Gouverneurs dieser Stadt. Sie hatte sich des einen Teils der Stadt, der durch den Lot getrennt war, bemächtigt, und da sie sah, daß Cieutat, der Gouverneur, die Einwohner bewaffnet hatte, um sich aufs äußerste zu verteidigen, nahm sie zu List und Verrat ihre Zuflucht und verlangte mit dem Gouverneur zu sprechen. Der heldenmütige Greis sah die Schlinge voraus, die man ihm legen wollte; indessen durfte er es doch nicht verweigern, herauszukommen, um sich gegen die Gemahlin seines Königs keines Mangels an Achtung schuldig zu machen. Er ließ die Bürger zusammenkommen, ließ sie schwören, lieber jedes Übel zu ertragen, als sich zu ergeben, und nachdem er ihren Mut durch eine lebhafte Anrede befeuert, ging er hinaus und übergab die Bewachung der Brücke seinem Sohn, dem er bei Strafe seines Fluchs verbot, auf seine Überredung zu hören, zu welcher ihn die Macht der Feinde etwa zwingen könnte. Man empfing ihn jenseits der Brücke mit viel Freundlichkeit und übergab ihn gleich darauf dem Kriegsrat, der ihn zum Tode verurteilte, wenn er nicht seinem Sohn den Befehl erteile, die Tore der Stadt zu öffnen. Vierzig Mann führten ihn sogleich gegen die Brücke zu, um das Urteil sogleich zu vollziehen. Sie setzten ihm den Degen auf die Brust und drohten, ihn auf der Stelle zu durchbohren, wenn er seinen Sohn nicht zur Übergabe zwänge. Da er standhaft schwieg, wandten sie sich selbst gegen den

Sohn und zeigten ihm seinen Vater und ihre Degen gegen seine Brust gekehrt. Die Lage des jungen Cieutat war schrecklich; er mußte entweder seinen Vater oder sein Vaterland opfern! Doch ein glücklicher Gedanke half ihm heraus: Er tat, als verstände er nicht recht, was jene von ihm verlangten; winkte ihnen näher; ging ihnen entgegen, wie mit ihnen zu unterhandeln; stürzt dann plötzlich von seiner Wache begleitet auf sie ein, schlägt sie in die Flucht und befreit seinen Vater. Beide kehren im Triumph nach Villeneuve zurück, zum großen Leidwesen der Königin Margaretha, die mit der Schande, eine so niedrige List angewendet zu haben, noch den Verdruß hatte, sie nicht gelungen zu sehen.

Cieutat ließ den Morgen darauf seine Trompeter ein Signal geben, als ob der König von Navarra angekommen wäre. Margaretha ließ sich davon erschrekken, hob die Belagerung von Neuville auf und schloß sich zu Agen ein. Hier fand sie aber nicht mehr die vorige Sicherheit. Ihr Kabinettssekretär, Frau von Duras, hatte ihren Namen und ihre Gewalt zu Kontributionen von den Einwohnern gemißbraucht, und Margaretha wurde durch sie verhaßt: so daß sie den Vorschlägen des Herrn von Matignon, Gesandten des Königs von Frankreich, Gehör gaben, Margaretha aus Agen fortzutreiben, es koste was es wolle, und die Stadt dem Könige von Frankreich zu übergeben. Margaretha hatte kaum Zeit, sich zu retten; sie setzte sich mit auf Ligneracs Pferd, und so entfloh sie; Frau von Duras und ihre übrigen Frauen folgten ihr in ähnlicher Unordnung [107]. Sie ritt, ohne sich aufzuhalten, nach Carlat, vormals eine Festung von Auvergne, von der Ligneracs Bruder Gouverneur war. In dieser Stadt soll Margaretha einen Sohn von einem gewissen Aubiac gehabt haben; der Autor des *Divorce satyrique* [108] sagt es, dem allerdings nicht unbedingt zu glauben wäre, aber der Geschichtschreiber Dupleix sagt: «Dieser Sohn lebt noch und ist ein Kapuziner, Pater Ange genannt.» Aubiac soll, nach dem Autor des *Divorce satyrique*, das erstemal, als er Margaretha sah, ausgerufen haben: «Mein Gott, welch eine liebenswürdige Frau! Könnte ich jemals sie besitzen, so wollte ich in der Stunde darauf mein Leben dafür geben.» Sein Wunsch ward ihm in allen Stücken gewährt. Die Königin Margaretha, heißt es, machte ihn glücklich, und gleich darauf ward er ein Opfer der Eifersucht des Marquis von Canillac. Die Einwohner von Carlat, die dem Könige von Frankreich schmeicheln wollten, beschlossen, ihm die Königin Margaretha auszuliefern. Sie erhielt davon Nachricht, verließ die Stadt und wollte sich nach Ivry retten, das der Königin Mutter zugehörte; der Marquis von Canillac schnitt ihr diesen Weg ab, nahm sie gefangen und führte sie nach Usson, wo er kommandierte. Usson war ein Schloß, das Ludwig XI. vormals hatte befestigen lassen, um Staatsgefangne darin aufzuheben; Margaretha sah wohl, daß sie mit Gewalt hier nichts ausrichten würde, sie suchte also das Herz des Marquis zu rühren. Obgleich beinah 35 Jahre alt, war sie noch so schön und reizend, daß ihr die Unternehmung leicht glückte. Der Marquis glaubte über sie zu triumphieren, und durch einen einzigen Blick auf den Elfenbein ihres Arms ward er besiegt, und er lebte von diesem Blicke an nur durch die Gunst der schönen Augen seiner Gefangnen. Seine Leidenschaft war so heftig, daß er den unglücklichen Aubiac aus Eifersucht unter irgend einem nichtigen Vorwand aufhängen ließ. Der Arme konnte die Welt, die er verlassen mußte, nicht vergessen; bis zum letzten Moment seines Lebens küßte er mit tausend Tränen und Seufzern einen samtnen Muff, den die Königin ihm ehemals geschenkt hatte.

Ihre Gefangenschaft dauerte nicht lange; kaum hatte ihr Liebhaber, der Marquis, sich bemüht, sie ihr erträglich zu machen, als sie mit der Hilfe, die der Herzog von Guise und die von der Ligue ihr sandten, sich des Schlosses Usson bemächtigte, die Garnison hinaus jagte, das Schloß mit ihren Leuten besetzte [109] und sich gegen die ganze Macht des Königs bis im Jahre 1605 verteidigte [110], wo sie alsdenn wieder an dem französischen Hof erschien. In Carlat war sie lange Zeit ohne Wäsche, ohne Bettvorhänge gewesen; zu Usson war sie genötigt, ihren Schmuck an die

Venezianer zu versetzen und ihr Silbergeschirr einzuschmelzen. Von ihrer Schwägerin Eleonore von Österreich, Witwe Karls IX., erhielt sie oft Hilfe in ihrer Geldverlegenheit.

Der Tod der Katharina von Medici[111] vermehrte das Unglück der Königin Margaretha. Heinrich III. hatte seine Mutter vor ihrem Tode gezwungen, sie zu enterben, ihr die Grafschaft von Auvergne wieder zu nehmen und sie dem Großprior von Frankreich zu geben.

Der König von Navarra hatte ihren Tod sehnlich gewünscht, weil sie ihn von Heinrich III. entfernt hielt; gleich nach ihrem Tode versöhnte er sich auch wieder mit ihm zu Plessis-lès-Tours. Als er ein Jahr nachher die Gräber zu St. Denis besah und an das ihrige kam, rief er lachend: «Ei wie gut sie da liegt!»

Margaretha verlor nun alle Hoffnung, die Gunst ihres Gemahls je wieder zu erlangen; deshalb betrachtete sie Usson als den Ort, wo sie ihr Leben beschließen würde, wie sie sich darüber in einem Brief an Brantôme ausdrückte. «Aus dem Beweis Euers Andenkens an mich, der mir weniger neu als angenehm war, erkenne ich, daß Ihr noch immer die alte Anhänglichkeit für unser Haus erhalten habt; diesem kleinen Überrest aus dem traurigen Schiffbruch, der in jedem Zustand Euch zu dienen bereit sein wird. Wie glücklich fühle ich mich, daß mein böses Geschick doch meinen Namen nicht aus dem Gedächtnis meiner ältesten Freunde tilgen konnte. Ich erfahre, daß Ihr eben wie ich ein ruhiges einsames Leben erwählt habt; ich schätze jeden glücklich, der es sich erhalten kann. Gott hat mir seit fünf Jahren die Gnade erzeigt, mich ruhig in einer Arche des Heils wohnen zu lassen, wo die Stürme und Ungewitter der Zeit, Gott sei Dank, nicht bis zu mir dringen und mir nicht schaden können. Sollte mir hier noch ein Mittel bleiben, meinen Freunden und insbesondere Euch in irgend einer Sache dienlich zu sein, so sollt Ihr jederzeit mich dazu bereit finden[112].»

Schwerlich hätte sie wohl je diese gefälligen Anerbietungen realisieren können; denn seit ihrem Aufenthalt zu Usson schien alles sie zu verlassen. Sie sah von den Zinnen ihrer Festung ganz Frankreich vom Bürgerkrieg zerrissen; ihren geliebten Herzog von Guise mit seinem Bruder zu Blois ermordet; Heinrich III. das Blutbad der St. Barthélemy durch einen fürchterlichen Tod büßen[113]; die Königin Mutter voll Gram und Kummer ins Grab stürzen; Maria Stuart, die Gespielin und Freundin ihrer Jugend, von der Hand des Henkers sterben und endlich die Königin Eleonore von Österreich, die ihr oft so großmütig beigestanden, ihr tugendhaftes, weises und gerechtes Leben zu früh endigen! Dann mußte sie noch mit eignen Augen alle ihre Garden niederhauen und den Chef, den Herrn von Randau, umbringen sehen, an demselben Tage, an dem Heinrich bei Ivry siegte.

Im Jahr 1591 ward der König von Navarra durch den Tod Heinrichs des III. König von Frankreich. Außer daß er eine Menge Frauen liebte, ergab er sich noch der größten Ausschweifung und leichtsinnigen Liebeshändeln. Du Plessis-Mornay machte ihm Vorwürfe darüber; Heinrich antwortete: «Warum denkt man nicht daran, mich zu vermählen?» «Ihr müßt Euch erst scheiden lassen», erwiderte Mornay, «und wenn es Euch Ernst damit ist, so will ich versuchen, die Sache zustande zu bringen.» Mornay ließ dem König keine Zeit zu widerrufen. Er ließ der Königin Margaretha durch ihren Requetenmeister Erard vorstellen: Der König sei auf Verlangen seiner Untertanen entschlossen, sich wieder zu vermählen. Die Königin wüßte alle Gründe zur Scheidung, die er ihr anführen könnte; ihr bliebe also nichts besseres zu tun übrig, als sich dem Willen des Königs zu unterwerfen, damit er nicht zu der traurigen Notwendigkeit gezwungen werde, Gewalt anzuwenden. Ferner, welche Ehre die Königin von diesem Schritte haben würde, wenn sie ihren Rang dem Wohl des Vaterlandes opferte; dann forderte er eine Vollmacht und eine Erklärung vor dem Weihbischof, wodurch dargetan wird, daß, da sie nie ihre Einwilligung zu ihrer Vermählung gegeben, welche übrigens ohne Dispensation und in einem verbotenen Grad der Verwandtschaft stattgefunden habe, sie um ihrer Gewissensruhe willen dieselbe aufgelöst und für nichtig erklärt haben will. Herr Erard ging mit diesem Auftrage nach Usson und brachte es bei der Königin nach drei Monaten so weit, daß er die verlangte Vollmacht und Briefe an den König voller Unterwerfung brachte.

Obgleich sich Paris dem Könige ergeben hatte und alle Provinzen diesem Beispiele gefolgt waren, gab es dennoch Übelgesinnte, welche den Absichten Heinrichs entgegen waren. Sie sendeten einen namens Vernand zur Königin, der ihr vorstellen mußte, wie Unrecht sie an sich selber täte, die Scheidung zuzugeben. Sie ward aber davon nicht irregemacht und schrieb an Mornay einen sehr höflichen Brief, worin sie ihm versicherte, daß nichts sie bewegen würde, ihren Entschluß zu ändern.

Die Sache litt dennoch großen Aufschub, weil man genötigt war, sich nach Rom zu wenden, und der König Heinrich IV. nicht zu viel auf einmal vom Papste fordern wollte, da er durch dessen Gnade erst auf dem französischen Thron konnte befestigt werden. Hernach verzögerte Margaretha wieder ihre Einwilligung zu geben, weil Heinrich IV. die schöne Gabrielle heiraten und auf den Thron setzen wollte. Diese liebte er sehr, und er sparte keinen Eifer, weder bei Margaretha noch bei Clemens VIII., um die Scheidung zu befördern. Diese Absicht des Königs hatte Margarethen die Augen geöffnet; sie fühlte den Schimpf, sie als die letzte vom Hause Valois, als Tochter, Schwester und Gemahlin von Königen einem simpeln Fräulein nachzustehen, ihr eine Krone zu überlassen, zu der sie selber die größten Rechte hatte!

Heinrich überhäufte Gabriellen mit Würden und Ehrenstellen, um sich wegen des Aufschubs der Scheidung zu rächen. Er machte sie zur Herzogin von Beaufort; ihren Sohn Cäsar vermählte er mit der einzigen Tochter des Herzogs von Mercoeur, und die Verlobung ward mit demselben Pomp gefeiert als bei einem königlichen Prinzen. Aber die schöne Herzogin war doch immer nicht Königin! Der Papst war weit entfernt, die Liebe des Königs zu begünstigen: «Er könne», sagte er zu Sillery, dem Gesandten Heinrichs, «eine Verbindung nicht autorisieren, welche die Rechte der vor der Scheidung erzeugten Kinder unbestimmt lasse, wodurch nach dem Tode des Königs Frankreich wieder in eben dieselben Unruhen gestürzt würde, aus denen es kaum anfinge, sich zu erholen.» Alle aufgeklärten Rechtsgelehrten und jeder unterrichtete Franzose war von der Meinung des Papstes, ohne es jedoch offen erklären zu dürfen.

Heinrich sandte Boten auf Boten nach Rom, und man fürchtete, er würde eine gewalttätige Partie ergreifen; ein Zufall ebnete alle Schwierigkeiten! Sillery und d'Ossat wollten den Widerstand des Papstes bezwingen, indem sie ihm zu verstehen gaben, Heinrich würde seine Erlaubnis zu entbehren wissen, wenn er sie ihm zu lange vorenthielte, und das Beispiel Heinrichs VIII. von England wäre noch frisch genug, um befolgt werden zu können. Clemens VIII. erschrak, er fürchtete, der französische Held möchte sich auf eben die Weise von der Autorität des Papstes befreien als der König von England; und schon wollte er nachgeben. – Er erwägt noch einmal, verordnet einen allgemeinen Bet- und Bußtag und versenkt sich in seiner Andacht. Plötzlich erwacht er wie aus tiefem Nachdenken und ruft: Gott hat dem abgeholfen. Nach einigen Tagen kam die Nachricht von dem Tode der Gabrielle d'Estrées; sie war in Konvulsionen gestorben, kurz vor ihrer Entbindung. Einige haben behaupten wollen, es sei dieser Tod sehr zur rechten Zeit gekommen, und schreiben ihn Sully zu, dem Helden, Vertrauten und Freund Heinrichs IV., der aber dieser Verbindung entgegen war und den Papst von den Maßregeln benachrichtigte, durch welche er sie verhinderte. Der König tröstete sich sehr bald für den Verlust seiner schönen Gabrielle mit dem Fräulein d'Entragues; Sully, Mornay und der ganze Staatsrat eilten, durch eine seines Ranges angemeßne Verbindung die Ansprüche zu vereiteln, welche Fräulein d'Entragues verriet, so bald sie des Königs gewiß war.

Margaretha bot von selbst ihre Hände den Absichten der Staatsräte dar, sobald sie sich von der verhaßten Nebenbuhlerin befreit sah; sie schrieb an Sully folgenden Brief:

«Mein Vetter! Ich fange an, gute Hoffnungen für meine Angelegenheiten zu haben, da Ihr sie in Euren Schutz nehmt. Ich wünsche Ihnen guten schleunigen Erfolg, um der Zufriedenheit des Königs und aller guten Franzosen willen, die so sehnlich wünschen, rechtmäßige Kinder des Königs zu sehen, die ihm in Frieden auf dem Throne folgten, den er mit solcher Mühe und so vieler Gefahr aus den Ruinen gezogen. Wenn ich bis jetzt Schwierigkeiten gemacht habe, so geschah es aus der einzigen Absicht, die Ihr auch recht gut wißt, nämlich um nicht einer solchen ...[114] meinen Platz zu überlassen, die ich nicht würdig achte, ihn zu besitzen. Die Dinge aber haben sich durch den himmlischen Ratschluß nun geändert; ich zweifle nicht an der Weisheit des Königs und seiner treuen Diener, daß sie sicher eine schickliche Wahl treffen werden. Sobald sie also meine Angelegenheiten und meine Forderungen berichtigt haben werden (denn ich will den Rest meiner Tage in Ruhe und frei von allen Sorgen des Geistes wie des Körpers verleben), so will ich zu allem, was gefordert wird und was Ihr selber mir raten werdet, mich bereit finden lassen. Vorzüglich sichert mir meine Pension und

Geld, meine Schulden zu bezahlen, damit diese mich nicht länger quälen.

Usson, den 29. Julius 1599

Eure treue Cousine, Margaretha»

Sie wollte nicht gern persönlich bei der Scheidung erscheinen, weil, wie sie sich in einem Briefe an Du Plessis ausdrückt, sie zwar recht gern und ohne Bitterkeit alles tun wollte, was zur Zufriedenheit des Königs beitragen könnte; «aber die Vorstellung, die mich nie verlassen wird, daß diejenigen, die dabei zugegen sein werden, nicht eben der Meinung sein möchten, wird mich dergestalt beschämen und kränken, daß ich es sicher nicht ertragen werde, und meine Tränen könnten bei den Kardinälen etwa einen Argwohn von Zwang oder Gewalt erregen, und das könnte der Wirkung, welche der König wünscht, entgegen sein.» Heinrich sendete ihr also auf ihre Bitte den Agenten der Geistlichkeit, Bertier, Kanzler der Königin. Er forderte ihre schriftliche unbedingte Einwilligung, und sie gab sie ohne alle Schwierigkeit. Der König konnte sich, als er sie sah, der Tränen nicht enthalten; er rief: «Ach die Unglückliche! Sie weiß wohl, wie sehr ich sie liebte und ehrte; aber sie nicht mich! Sie ist schuld, daß wir schon so lange getrennt sind.» Hernach schickte er ihr den Grafen Beaumont und ließ ihr danken, daß sie so viel beitragen wollte zu seiner eignen Zufriedenheit als zum Glück und zur Erfüllung der Wünsche seines Reichs und seiner Untertanen. Graf von Beaumont versicherte ihr, der König würde sie immer als seine Schwester ehren und lieben; würde ihr jede Gunst zugestehen, die sie verlangen würde, und gäbe ihr Erlaubnis, sich an jedem Orte aufhalten zu dürfen, den sie sich erwählte. Er erklärte ihr, daß sie den Titel als Königin und Herzogin von Valois immer behalten sollte, und bestätigte zu gleicher Zeit für sie und ihren Erben den ruhigen, ungestörten Besitz der Domänen Agenais, Condomois und Rouergue, der vier Gerichtsbarkeiten von Verdun, Rieux, Rivière und Albigeois und der Grafschaft von Valois, die ihr zur Mitgabe war gegeben worden. Mit Vorbehalt der Oberherrschaft, der letzten Instanz der Gerichtsbarkeit und dem Recht des Wiederkaufs. Zu allem dem noch die Zahlung ihrer ungeheuren Schulden [115].

Margaretha dankte Heinrichen dafür in einem sehr verbindlichen Brief. Da nun beide Parteien einig und jede Förmlichkeit gewissenhaft war beobachtet worden, so ward die Scheidung vollzogen und 1599 die Ehe für nichtig erklärt. Es hätte leichter geschehen können, wenn Heinrich hätte erklären wollen, die Ehe sei nie wirklich vollzogen worden. Margaretha wünschte diese Erklärung von ihm; aber er ließ ihr vorstellen, das würde niemand glauben.

Margaretha blieb bis zu 1605 in den Felsen von Auvergne. Sie entschloß sich endlich, Usson zu verlassen und nach Paris zu gehen; sie fürchtete, der König möchte sich dieser Reise widersetzen, sie reiste also ganz im Stillen von Auvergne ab, begleitet vom Adel des Landes. In Orléans schrieb sie an Sully und beredete ihn, ihr entgegenzukommen und den König auf ihre Erscheinung vorzubereiten; auch wollte sie ihm von den Manövern Nachricht geben, welche die Freunde des Herzogs von Bouillon in Quercy und in Limousin vorhatten. Sie hatte sich viel Mühe gegeben, um sich beim Könige beliebt zu machen, es auszukundschaften, und es war ihr gelungen, den ganzen Gang der Verschwörung zu entdecken. Heinrich war ihr für diesen Eifer sehr dankbar, ihre Gegenwart hatte ihn aber anfangs etwas erschreckt; er ließ ihr durch Sully sagen, sie könne kommen, wenn sie wollte, ihr Aufenthalt in Paris würde ihm recht angenehm sein. Sie stieg bei ihrer Ankunft am Schloß Madrid ab, dort ließ der König sie durch die Herzoge von Vendôme, von Montbazon und noch von verschiedenen Herren von Hofe begrüßen. Die Königin Maria von Medici[116] schickte ihr einige von ihren Leuten, denen der König selber bald folgte. Er blieb drei Stunden bei ihr und war sehr zufrieden mit ihrem Betragen. Bei dieser Zusammenkunft war es wahrscheinlich, daß er sie bat, doch sparsamer zu sein und nicht mehr aus Nacht Tag und aus Tag Nacht zu machen. Darauf gab sie ihm zur Antwort, die Verschwendung und Mangel an Sparsamkeit sei ein Familienfehler der Medici; und was das zweite beträfe, so könnte sie unmöglich eine so alte Gewohnheit ablegen. Nachher hielt sie ihren Einzug im Louvre, wo der König, die Königin und der ganze Hof sie unten an der großen Treppe empfingen; hernach bewohnte sie das Haus des Erzbischofs von Sens. Sie entdeckte dem Könige verschiedene sehr wichtige Dinge von der Verschwörung des Grafen von Auvergne und des Fräuleins d'Entragues.

Sie gewann ihren Prozeß für diesen Eifer gegen Karl von Valois, Grafen von Auvergne, einen Sohn von Karl IX. und von Maria Touchet, der in der Bastille saß; gegen seine Gläubiger und gegen alle, die mit in dieser Sache verwickelt waren. Der Prozeß war wegen sehr großer Güter der Katharina von Medici, welche der Graf von Auvergne von Heinrich III. als eine Schenkung erhalten hatte. Sie war in der Messe, als sie die Nachricht von diesem gewonnenen Prozeß erhielt; sie stand sogleich auf, eilte in das Franziskanerkloster und ließ ein Tedeum singen! Bald nachher machte sie eine Schenkung von diesen Gütern zu Gunsten des Königs und des Dauphins; mit der Bedingung, daß sie mit den Domänen vereinigt und auf keinen Fall und unter keinem Vorwand davon getrennt werden könnten; sie selber behielt sich Revenuen auf Lebenszeit vor; in der Folge überließ sie auch diese für eine starke Pension. Seitdem gab es keinen Dauphin von Auvergne mehr, man kannte nun in Frankreich keinen andern Dauphin als den ältesten Sohn des Königs.

Während sie diesen Prozeß mit großer Lebhaftigkeit betrieb, hatte sie sehr empfindlichen Kummer von einer Begebenheit, die sich damals zutrug. Sie hatte viel Zuneigung für einen jungen Provenzalen namens Dat, den sie allenthalben als Pagen mit sich führte. Vor diesem Günstling hatte sie einen anderen namens Vermont gehabt, dessen Vater und Mutter vormals in Diensten der Margaretha gewesen und von ihr zusammen verheiratet worden waren. Vermont war wütend, daß Dat sein Glück und das Glück seiner Eltern störte, und beschloß, ihn zu verderben; er erschoß ihn am Kutschenschlag seiner Gebieterin, als sie eben von den Zölestinern zurückkam. Er wollte gleich davon, aber er hatte ein schlechtes Pferd, ward ergriffen und nach dem Hotel de Sens zurückgeführt, wo er den Mord begangen hatte. Margaretha tat im Zorn ein Gelübde, weder Speise noch Trank zu sich zu nehmen, bis sie sich an dem Mörder ihres Lieblings gerächt. Vermont ward nach zweien Tagen vor dem Hotel de Sens geköpft; er wollte die Königin nicht um Verzeihung bitten, und sie war grausam genug, seine Hinrichtung mit anzusehen.

Das Bild des ermordeten Lieblings machte ihr die Wohnung verhaßt, worin es geschah; sie verließ das Hotel de Sens und kaufte sich ein Haus in der Vorstadt St. Germain nah an der Seine. Sie legte dort große Gebäude und Gärten an; im Jahre 1734 sah man noch in der Seine-Straße ein Haus, welches man das Hotel der Königin Margaretha nannte. Das Unglück verfolgte sie auch hier; sie hatte kaum angefangen sich einzurichten, als die Pest, welche damals in Paris wütete, sie zwang, es wieder zu verlassen, nachdem drei von ihren Leuten gestorben waren. Sie flüchtete nach Issy, denn sie besorgte, alle ihre Diener möchten sie verlassen, wenn sie dieser Plage länger trotzen wollte; für sich fürchtete sie nicht sehr.

Alle ihre Diener waren auserwählte Leute; unter ihnen bemerkte man Scipion Dupleix, ihren Requetenmeister, einen guten Historiker. Jeder, der ihr nahe war, hatte die größte Anhänglichkeit für sie. Dupleix, der noch bekannter ist durch seinen philosophischen Kurs, den ersten, der in französischer Sprache geschrieben ward, als durch seine historischen Schriften über Rom und über Frankreich, hat sich etwas zu lange bei den Fehlern seiner Wohltäterin verweilt; man hat es ihm immer als eine Undankbarkeit vorgeworfen [117].

Bajaumont, ihr neuer Liebling, ward in demselben Jahr krank, worüber sie sich sehr betrübte und in schmerzliche Schwermut fiel. Der König besuchte sie währenddem, und als er von ihr kam, sagte er zu den Hofdamen der Königin: «Betet für die Genesung von Bajaumont, ich gebe euch auch einen Jahrmarkt, denn wenn er stirbt, kostet es mich weit mehr. Die Königin kann ihr Haus dann nicht mehr leiden, und ich muß ihr ein anderes kaufen.» Er tadelte sie oft und laut und bitter wegen ihrer Fehler, öffentlich aber begegnete er ihr mit der gehörigen Achtung. Er und seine Gemahlin kamen zu allen Festen, die Margaretha unaufhörlich veranstaltete. Einmal gab sie ihnen eine prächtige Kollation; unter andern Prachtstücken bemerkte man drei große silberne Schüsseln; auf einer war ein Zitronenbaum, auf der andern ein Orangenbaum und auf der dritten ein Granatbaum; alle drei vortrefflich und bis zur Täuschung wahr nachgeahmt. Freude und Ergötzen kamen bei diesem Feste der Pracht gleich; der König und die Königin verließen es erst den andern Morgen mit Tagesanbruch. Margaretha mußte nicht allein sehen, daß Maria von Medici auf dem Thron saß, der eigentlich ihr gehörte, ihr Rang zwang sie sogar, gegenwärtig zu sein bei dem Triumph, den jene gewissermaßen über sie hielt. Der König bat sie nämlich, sich zu St. Denis zur Krönung seiner Gemahlin einzufinden, er bat so dringend, daß sie es ihm nicht versagen zu dürfen glaubte. Man sah also die Königin Margaretha der kleinen fünfjährigen Tochter des Königs nachtreten, derselben, die nachmals Königin von Spanien ward. Beide Königinnen waren in Silberstoff gekleidet, trugen den königlichen Mantel von violettem Samt, mit Hermelin ausgeschlagen, mit zwei Reihen goldner Lilien gestickt; sehr reich mit Edelsteinen geschmückt und die Krone auf dem Kopf. Den sehr prächtigen Mantel schenkte sie hernach an die Kirche St. Sulpice zum Thronhimmel für das Allerheiligste bei großen Zeremonien. Der König stand auf der Emporkirche mit den Herzogen von Bellegarde und von Sully, unterhielt sich von den Zeremonien, die seine Gemahlin beschäftigten, und bedauerte die Königin Margaretha ironisch, daß sie so früh habe aufstehen müssen.

Den 14. Mai, den Tag nach der Krönung der Königin, kehrte Margaretha wieder nach Issy zurück, um ihren Geburtstag zu feiern. Auf den Abend unterhielt Dupleix sie mit der Bemerkung, daß der 14. immer für Frankreich ein günstiger Tag gewesen sei; und erinnerte sie an alle die glücklichen Begebenheiten, welche immer den 14. stattgefunden, und in demselben Moment erhielt sie die entsetzliche Nachricht, der König sei ermordet[118].

Dieser traurige Fall, welcher Frankreich wieder in alles Unglück und in die Verwirrung stürzte, woraus der gute König es nach zwanzig Jahren langer Mühe und Arbeit gezogen, änderte weiter nichts an der Lage der Königin Margaretha; diese war unveränderlich bestimmt. Maria von Medici bezeigte ihr immer die größte Achtung; sie erschien auch bei dem Feste, das Margaretha ihr nach einiger Zeit zu Issy gab. Als sich die Königin Regentin von Issy wegbegab, ritt sie ein wildes spanisches Pferd im Galopp bis zum Eingang der Vorstadt St. Germain; da stieg sie in ihren Wagen, umringt von einer starken Leibwache. Eine arme Frau, die dieses große Gefolge sah, rief laut genug, um von ihr gehört zu werden: «Wollte Gott, gnädige Frau, man hätte unsern armen König so gut bewacht, als Ihr bewacht werdet, wir wären nun nicht in solcher Not.»

Im Jahre 1615 ward Margaretha krank. Ihr Beichtvater, der Bischof von Grasse, kündigte ihr an, daß sie in Gefahr sei, und die Ärzte hätten wenig Hoffnung zu ihrer Genesung. Sie dankte ihm herzlich und ließ ihm einen Teil ihres Silbergerätes als eine Erkenntlichkeit für diese wichtige Nachricht geben. Den 27. März starb sie in ihrem 62. Jahre; ihre Leiche blieb einige Zeit in der Kirche des Augustinerklosters, von dem sie im Jahre 1608 den Grundstein gelegt hatte; ihr Herz ward auch darin aufbewahrt. Dann ward sie zu St. Denis in der Kapelle, welche Katharina von Medici erbauen ließ, begraben.

Man kann mit Recht sie zu den außerordentlichsten Fürstinnen ihres Jahrhunderts zählen; sie vereinigte in sich alle Fehler und alle Eigenschaften der Könige vom Stamm Orléans-Valois. Sie hatte die sanften angenehmen Sitten, die Gütigkeit Ludwigs XII. und auch seine Verblendung für seine Lieblinge und für die, welche sich eine gewisse Herrschaft über sein Gemüt anzumaßen verstanden; denselben festen Sinn bei selbstgefaßten Ideen und dasselbe Vertrauen in ihre Freunde, wie Ludwig es hatte. Wie Franz I., ihr Großvater, hatte sie einen zu den Wissenschaften fähigen Geist, große Leichtigkeit zur Erlernung fremder Sprachen und der schönen Künste. Man findet noch in einigen Kabinetten der Sammler von ihren Gedichten, die mit zu den besten ihrer Zeit gehören; ihre Memoiren sind ein Beweis ihrer Beredsamkeit und der Zierlichkeit ihres Vortrags; dann hatte sie auch alle Eitelkeit und alle Ruhmsucht Franz I.; die Gelehrten, die sie beständig umgaben, nannten sie Göttin, Venus Urania, und Margaretha hörte sich sehr gern so nennen; so wie Franz I. beschützte sie die Krieger, deren Taten sie schätzte, die Gelehrten, die sie wohl zu beurteilen verstand, und die Künstler, deren Talente sie verehrte. Von ihrem Vater, Heinrich II., hatte sie die Leutseligkeit und das herablassende Wesen, aber sie war auch ebenso leichtsinnig, ebenso unbeständig, ihre Verbindungen schienen ebenso wie die seinigen mehr die Wirkung der Laune und der Leidenschaftlichkeit als die Frucht der Überlegung oder die Wahl des Herzens. Sie war nicht ganz freizusprechen von der Grausamkeit Karls IX., wenn man übrigens vorüberfliegende Anfälle mit dem eingewurzelten Laster vergleichen kann. Um ihre Ähnlichkeit mit ihrem ganzen Stamme recht zu vollenden, denke man sie sich bald an den Stufen des Altars hingeworfen, wie sie mehreremal des Tages Messe hörte, Hospitäler besuchte, an ihrem Geburtstage und den vier großen Festen Almosen austeilte, elfhundert Armen jährlichen Unterhalt gab und vierzig englischen Priestern; wie sie Klöster baut und bereichert, unter anderen das der Jesuiten zu Agen und das der Augustiner in der Vorstadt zu St. Germain; wie sie mit Andachtsübungen und den allersinnlichsten Vergnügungen wechselt und sich nach einer wahrhaft heiligen strengen Abgeschiedenheit zu den verfeinertsten Lüsten wendet. In dieser wunderbaren Mischung von Andacht und Leichtsinn verlebte sie ihre letzten Tage. Sie vereinigte den Luxus und die Eitelkeit mit der Liebe zu den Wissenschaften; Tanz und Musik mit den ernsthaftesten Studien; sie war bei jedem Gottesdienst zugegen, gab den Zehnten ihrer Einkünfte den Armen, hatte Gelehrte in ihrem Gefolge, die von ihrer Freigebigkeit lebten; zu gleicher Zeit suchte sie etwas darin, irgendeine Intrige zu führen, Feste zu erdenken und nie ihre Schulden zu bezahlen. Kurz, sie schien ganz dazu ausersehen, den Fürstinnen künftiger Zeiten das Beispiel zu geben, wie unglücklich der Mißbrauch der Talente und die Ungezähmtheit der Leidenschaften machen.

Nachwort

von Michael Andermatt

Als Margaretha von Valois im Frühjahr 1594 auf der Festung von Usson mit der Niederschrift ihrer Memoiren begann, stand sie im 41. Lebensjahr. Ihr Gatte Heinrich von Navarra, mit dem man sie vor bald zweiundzwanzig Jahren vermählt hatte, war am 27. Februar eben in Chartres als Heinrich IV. zum König von Frankreich gekrönt worden. Eine Zeit ging damals zu Ende und eine neue begann.

Zu Ende ging die Zeit der Dynastie Valois, die seit dem 14. Jahrhundert Frankreich regiert hatte. Margarethas älterer Bruder Heinrich III. war der letzte König der Valois, und seit seiner Ermordung 1589 war sie die letzte Überlebende der Familie. Margarethas Gatte, Heinrich von Navarra, stammte als erster König aus dem Hause Bourbon, das nun Frankreich bis zum Ende der Monarchie im 19. Jahrhundert regieren sollte. Doch der Anfang der Bourbonen mit Heinrich IV. sollte zu einem Anfang ohne Margaretha werden.

Seit September 1593 wußte Margaretha, daß man ihre Ehe mit Heinrich IV. für ungültig erklären wollte. Man hatte sie um Einwilligung in die Scheidung gebeten. Überrascht haben wird sie das Ansinnen der neuen Machthaber kaum, denn sie lebte schon seit bald zehn Jahren getrennt von ihrem Gatten.

Wenn man von einer Ehe sagen kann, daß sie unter keinem guten Stern gestanden hatte, von Anfang an nicht, dann sicher von dieser zwischen Margaretha von Valois und Heinrich von Navarra, geschlossen am 18. August 1572. Es war eine politische Ehe, resultierend aus dem Machtkalkül Katharinas von Medici. Frankreich befand sich im Bürgerkrieg; die Hugenotten, seit 1560 mit dem katholischen Königshaus im Streit, sollten der Krone zurückgewonnen werden. Schon die Eheverhandlungen zwischen den beiden Müttern, der katholischen Katharina von Medici und der protestantischen Königin von Navarra, Jeanne d'Albret, ließen sich schlecht an. Heinrich, der Sohn der überzeugten Protestantin Jeanne, sollte katholisch werden. Diese Bedingung und das Klima von Luxus und Dekadenz am französischen Hof machten der protestantischen Mutter stark zu schaffen. Sie wurde krank und starb. Böse Zungen behaupteten später, Katharina von Medici hätte mit Gift nachgeholfen, doch das ist Legende. Zwei Monate später schon, Heinrich und die Hugenotten waren in Trauergewändern angekommen, wurde in Paris geheiratet. Gleich nach der Trauungszeremonie trennte sich das Paar erstmals, denn Heinrich war

Protestant geblieben und nahm nicht an der Messe teil.

Nur vier Tage nach der Hochzeit, die Pariser Festlichkeiten waren noch kaum vorbei, erfolgte das Attentat auf den Hugenottenführer Admiral Coligny, das in der Folge zu den Massakern rund um die Bartholomäusnacht führte. Gegen 20000 Hugenotten wurden in jenen Tagen in Frankreich ermordet, davon um die 3000 in Paris selber. Die Anwesenheit der vielen protestantischen Fürsten am königlichen Hof hatte Katharina von Medici und ihre Berater zu einer Kurzschlußhandlung verleitet. Sie wollten der befürchteten Rache der Hugenotten für das Attentat auf Coligny zuvorkommen, indem sie deren Anführer handstreichartig beseitigten. In jener Blutnacht vom 23. auf den 24. August 1572 stürzte die Monarchie der Valois unter König Karl IX. zurück in die tiefste Barbarei. Margarethas Memoiren werden neben der Schilderung von Mergey, dem Sekretär des Grafen von La Rochefoucauld, zum einzigen Augenzeugenbericht für das damalige Geschehen im Louvre.

Was konnte man von einer Ehe erwarten, die als «Pariser Bluthochzeit» begann? Die geplante Befriedung der Hugenotten war auf grauenvolle Weise gescheitert, der Zweck der Verbindung zwischen Navarra und Margaretha hatte sich in sein Gegenteil verkehrt. Es war ein Fehlschlag, ein Desaster. Nichts weist darauf hin, daß sich das Paar geliebt hatte. Nach der Bartholomäusnacht wies Margaretha dennoch das Scheidungsangebot, das ihr die Königin Mutter unterbreitete, entschieden zurück und stand zu ihrem Gatten. Der König von Navarra lebte damals gleichsam als Gefangener am französischen Hof und machte alles andere als gute Figur. Kaum etwas deutete darauf hin, daß er dereinst König von Frankreich werden sollte. Gebildet wie Margaretha war, verfaßte sie 1574 für ihn, den man der Konspiration beschuldigte, in seinem Namen das *Mémoire justificatif* und rettete Heinrich mit dieser Verteidigungsschrift von fast schon verlorenem Posten. Schwer zu sagen, was ohne Margarethas Hilfe damals aus ihm geworden wäre.

Ihr Engagement für Heinrich von Navarra und besonders auch das für ihren jüngeren Bruder Franz von Alençon, den «Monsieur», brachte sie 1575/76 in Konflikt mit dem neuen König, ihrem Bruder Heinrich III. Nicht ganz zu Unrecht witterte dieser überall Verrat und beschränkte deshalb den Wirkungskreis seiner Konkurrenten, wo er nur konnte. Als Margarethas beiden Verbündeten die Flucht vom französischen Hof gelang, wurde sie im Louvre kurzerhand unter Hausarrest gestellt. Heinrich III. verbot ihr, ihrem Mann an den Hof nach Nérac zu folgen. Diese Trennung beendete die gemeinsame Zeit nach der Bartholomäusnacht, jene dreieinhalb Jahre am französischen Hof, die das Paar in seltsamer Koalition, mehr neben- als miteinander, verbracht hatte. Nun aber begann Margaretha in der französischen Politik eine neue Rolle zu spielen: die der Vermittlerin.

Während den zehn Jahren zwischen 1575 und 1585 erfüllte sie die politische Aufgabe, die ihr und ihrer Ehe eigentlich zugedacht war: Sie versuchte im Auftrag der Krone die zerstrittenen Religionsparteien zu einen. Seit Heinrich von Navarra in die Gascogne zurückgekehrt war, nahm seine Bedeutung bei den Protestanten von Jahr zu Jahr zu. Als Schwester des französischen Königs und als Gattin des hugenottischen Navarra stand Margaretha genau zwischen den Fronten. Die Gefahr, zum Spielball der Macht zu werden, war groß. Margaretha aber nützte ihren Spielraum geschickt und vorerst auch mit Erfolg. Sowohl am Frieden von Beaulieu 1576 wie auch an dem von Fleix 1580 hatte sie mit ihrem Verhandlungsgeschick wesentlichen Anteil. Auch ihre Reise nach Flandern 1577, von der ihre Memoiren ausführlich berichten, war diplomatisch ein großer Erfolg. Ihre Brüder hatten ihn allerdings, wie so vieles, was sie vermittelte, dann wieder verspielt.

Bezüglich ihrer Ehe mit Heinrich von Navarra ist freilich festzuhalten, daß diese nie im eigentlichen Sinne gelebt wurde. Die meiste Zeit gingen die beiden Gatten getrennte Wege. Sowohl politisch wie in

Liebesangelegenheiten. Margaretha teilte das Anliegen der Hugenotten kaum und war vor allem darauf bedacht, zwischen den Religionsparteien den prekären Frieden zu wahren. Sie vertrat zwar die Interessen ihres Mannes, aber ihre politische Sympathie lag eigentlich bei ihrem Bruder Franz von Alençon, den sie gern auf dem Thron gesehen hätte. Durch ihre Reisen oder wegen ihrer Verbindung mit ihrer Mutter und ihren Brüdern war sie die meiste Zeit über von ihrem Gatten getrennt. Nur von 1578 bis 1582 lebte sie für einige wenige Jahre am Hofe Heinrichs von Navarra in Nérac. In ihren Memoiren beschreibt sie diese Zeit allerdings als sehr glücklich und harmonisch – und täuscht sich über deren Dauer.

Heinrich von Navarra war bekannt für seine Mätressenwirtschaft. Er liebte die Frauen sehr und in großer Zahl. Margaretha gegenüber verheimlichte er dies nie. Auch sie fand, wie das im höheren Adel üblich war, ihre Liebhaber und Verehrer außerhalb der Ehe. Als das königliche Paar allerdings kinderlos blieb, wurden die Schwangerschaften der Mätressen allmählich zum Problem. Heinrich nahm sich immer weniger Zeit für Margaretha, und sie mußte befürchten, daß sie eines Tages ihren Einfluß auf ihn verlieren oder gar von einer seiner Favoritinnen verdrängt werden könnte. Mit der Schwangerschaft der Fosseuse, von der Margaretha am Schluß ihrer Memoiren berichtet, war es 1582 soweit. Heinrich von Navarra hatte sich von seiner Gattin zu sehr entfremdet, so daß er sie kaum mehr sah und sprach. Die Beziehung zwischen den beiden Gatten, die in ihrer besten Zeit gleichsam geschwisterlich gewesen war, begann zu zerbrechen. Margarethas politische Mission war damit in hohem Maße gefährdet. Ihr Bruder Heinrich III. holte sie von Nérac zurück nach Paris an den königlichen Hof. Von dort aus sollte Margaretha Heinrich von Navarra erneut gewinnen und ihn mit Briefen nach Paris holen. Doch der Gatte reagierte kaum, und Margaretha begann zu resignieren. Sie mußte damals schmerzhaft erkennen, daß ihre Rolle im Machtgefüge der Valois wohl verspielt war.

In dieser für sie wenig glücklichen Zeit flüchtet sie sich in die große Leidenschaft ihres Lebens. Im Winter 1580, noch während ihres Aufenthalts in der Gascogne, hatte sie Herrn von Champvallon kennengelernt und sich in ihn, den Oberstallmeister ihres Bruders Franz von Alençon, verliebt. Nachdem sie verschiedentlich Briefe mit ihm gewechselt hatte, traf sie Champvallon am Hof in Paris wieder. Es scheint, daß sie damals ihr ganzes Leben und Denken auf ihn verwandte. Es dürfte kein Zufall sein, daß diese Liebe mit der Trennung von ihrem Gatten und dem Scheitern ihrer politischen Aufgabe zusammenfällt. Die siebzehn Briefe, die als Fragment ihrer Liebe überliefert sind, zeigen uns Margaretha in einer philosophisch überhöhten literarischen Kunstwelt.

Sie schreibt Champvallon nach petrarkisch-neoplatonischem Muster von der Schönheit der Seele und macht ihren Geliebten zum Zögling ihrer Liebe:

«Eure Seele will das, was ich will, und ihr gefallen heißt Euch gefallen; denn die Seele allein macht den Menschen aus. Zu einem Ganzen verbunden mit dem Körper, wie sie nun einmal ist, genügen ihr die beiden Sinne des Gesichts und des Gehörs, um ihr Begehren zu stillen, das, ganz und gar verschieden von den Begierden des Körpers, um so weniger Lust hervorbringt, je mehr man jenen anderen nachjagt, die keine wahre Liebe erzeugen können; denn in ihnen ist kein Verlangen nach Schönheit (Liebe aber ist nichts anderes), und die Schönheit kann nur begehren und geliebt werden von dem, der sie kennt.»

Der Gegensatz dieser geistigen Höhenflüge zu ihrem Alltag am königlichen Hofe ist offenkundig. Heinrich III. warf ihr Untätigkeit und Verschwendungssucht vor. Sie wurde ihm mit ihrer weltfremden Liebe und dem ständigen Wechsel zwischen Zurückgezogenheit und Festbesuchen unnütz und ein zunehmendes Ärgernis. Im Juni 1583 hielt Margaretha ihre Lage nicht mehr aus und wurde krank. Weil sie in ihrem Unglück unförmig und dick geworden war, dichteten ihr mißgünstige Höflinge eine Schwangerschaft an und setzten das Gerücht in Umlauf, sie hätte von Champvallon ein Kind. Ende Juli kam es beim König, nachdem er Margarethas Briefe an seinen Bruder Franz von Alençon entdeckt hatte, zu einem Wutausbruch. Er vertrieb die Schwester mit Schande vom Hof und ließ ihr sogar mit Häschern nachsetzen, als sie gegen seinen Willen ihre Hofdamen mitgenommen hatte. Ihre große Zeit war vorbei.

Es folgte für Margaretha eine Periode der Ungewißheit und der Ohnmacht. Zunächst flüchtete sie sich nach der Stadt Agen, die zu ihrem Besitz gehörte, und blieb für acht Monate dort. Heinrich von Navarra war politisch schlau genug, um aus der unrühmlichen Verstoßung seiner Frau vom Hofe Kapital zu schlagen. Schließlich mußte sich der König bei ihm – nicht bei ihr! – entschuldigen. Margaretha zog darauf zu ihrem Mann nach Nérac, wußte aber, daß sie an seinem Hofe kaum mehr etwas zu gewinnen hatte.

Heinrich von Navarra war damals ohnehin mehr in Pau oder Hagetmau, wo seine neue Geliebte und Verbündete lebte, die Gräfin von Guiche, mit dem klingenden Namen Corisande. Für Margarethas Zukunft war das keine Perspektive. Sie machte sich eine gewisse Zeit noch vor, daß sie ihren Mann vielleicht doch noch zurückgewinnen könnte, wenn sie von ihm ein Kind bekäme: einen Stammhalter. Die Hoffnung war vergebens. Heinrich ging seine eigenen Wege.

Dann starb ihr Bruder Franz von Alençon, auf dessen Thronbesteigung sie insgeheim immer gehofft hatte. Ihre Lage wurde damit noch trostloser. Die Hugenotten sahen plötzlich die Übernahme der Macht in Reichweite, denn Heinrich von Navarra war mit dem Tode des «Monsieur» zum direkten Thronfolger nachgerückt. Eigentlich hätte Margaretha nun erneut und mit großer Dringlichkeit ihre Vermittlerrolle wahrnehmen müssen. Nach all den Vorfällen der letzten Zeit war das aber völlig ausgeschlossen. Gegen den Willen der gegnerischen Könige, ihres Bruders und ihres Mannes, zog sich Margaretha am 19. März 1585 erneut nach Agen zurück. Diesmal aber begann sie sich dort zu befestigen und zu rüsten. Den beiden Heinrichen war sofort klar, was dies bedeutete. Die geschmähte Schwester und Gattin hatte sich ihnen entzogen und wollte nun selber über ihr Geschick bestimmen. Der definitive Bruch mit den beiden Männern und ihrer Politik, in deren Dienst sie die letzten zehn Jahre gestanden hatte, war damit vollzogen.

Offenbar war Margaretha damals gewillt, auf die Partei der Liga zu setzen, auf die Guisen, die mit dem spanischen König Philipp II. verbündet waren und für den Katholizismus die Macht in Frankreich übernehmen wollten. Jedenfalls wandte sie sich mit ihrem militärischen Engagement im katholischen Agen dezidiert gegen ihren Mann und auch gegen den König, die beide die Thronansprüche der Guisen zu fürchten hatten. Man muß Margarethas Vorgehen wohl als Verzweiflungstat einschätzen, als Versuch eines Befreiungsschlags. Weil König Heinrich III. aber plötzlich umschwenkte und sich mit den Guisen verband, ging Margarethas Rechnung nicht auf. Sie war zudem alles andere als eine Kriegsherrin und hatte deshalb sowohl mit ihren Soldaten wie mit den Bewohnern von Agen große Probleme.

Schließlich nahmen die Truppen ihres Bruders ihre Stadt ein. Für Margaretha begann die Flucht. Mit einer kleinen Schar treuer Begleiter legte sie zu Pferde in wenigen Tagen gegen 250 Kilometer zurück. In Carlat, einer weiteren Stadt, die zu ihrem Besitz gehörte, konnte sie sich noch einmal für einige Monate halten. Immer größere Geldprobleme begannen sie zu plagen. Sie vermochte die wenigen Ergebenen, die ihr geblieben waren, kaum mehr für ihre Dienste zu entgelten. Zudem brach auch noch die Pest aus. Nach einer erneuten Flucht wurde sie schließlich eingeholt. Am 13. November 1585 setzte sie ihr Bruder, König Heinrich III., in der Festung von Usson in Gefangenschaft. Der tiefste Punkt ihrer Laufbahn war erreicht. Ausgeschlossen und isoliert war sie und als Verbündete oder Vermittlerin vollends untragbar. Es ergriff sie eine schwere Krankheit, von der sie erst im Februar 1586 genas. Es schien, als hätte sie aus dem Leben scheiden wollen.

Als Margaretha von Valois mit der Niederschrift ihrer Memoiren begann, lebte sie fast zehn Jahre schon zurückgezogen in der Festung von Usson. Frankreich begann sich langsam, sehr langsam zu erholen, seitdem die Valois nicht mehr an der Macht waren. Die alte Katharina von Medici war 1589 gestorben, und ihr Sohn Heinrich III. hatte sie kaum ein halbes Jahr überlebt. Es zeichnete sich ab, daß unter der neuen Herrschaft Heinrichs IV. die Religionskriege ein Ende nehmen würden. «Paris ist eine Messe wert», soll Heinrich gesagt haben, um dann zum Katholizismus zu konvertieren und sich zum König von Frankreich krönen zu lassen. Seine Aufgabe war jedoch mit der Befriedung der Religionsparteien alles andere als gelöst. Nach dreißig Jahren Bürgerkrieg war Frankreich ruiniert. Die Zahl der Toten war nicht abzuschätzen. An die 250 Dörfer waren verbrannt und entvölkert, ein großer Teil der Äcker lag brach, der Handel war fast lahmgelegt, und die Staatsschulden waren enorm. Aus den Ruinen dieses Frankreich hatte Heinrich IV. den Staat neu aufzubauen – und daneben war auch eine neue Dynastie zu begründen.

Margaretha konnte damals im Frühjahr 1594 nicht wissen, daß noch nicht einmal die Hälfte ihrer Exilzeit vorbei war. Weitere elf Jahre hatten noch zu verstreichen, bevor sie Paris wiedersehen sollte. Eine Gefangene im eigentlichen Sinne war sie zwar schon länger nicht mehr. Der Marquis von Canillac, ihr wohlgesinnter Bewacher, hatte ihr nach einem halben Jahr die Festung übergeben und Usson darauf verlassen. Nach dieser großen Erleichterung hatte sie sich ihr Exil so eingerichtet, daß sich an ihrem kleinen Hofe leben ließ. Von ihrer wertvollen Bibliothek machte sie regen Gebrauch und las mit großem Interesse die philosophischen Werke von Platon oder Agrippa von Nettesheim oder auch die Mysterienschriften von Hermes Trismegistos. Gelehrte und Künstler, Musiker und Dichter vor allem, verkehrten bei ihr. Auch sie selber schrieb immer häufiger Gedichte. Margaretha hatte als Kind eine ausgezeichnete Bildung genossen und beherrschte neben dem Französischen auch das Latein sowie Italienisch und Spanisch. Ihre Memoiren berichten davon, wie sie erstmals während ihres Zimmerarrests im Louvre entdeckt hatte, daß ihr das Studium der Bücher im Unglück Erleichterung und Trost, ja sogar Freude bereiten konnte. In ihren Jahren in Usson wußte sie sich diese Erkenntnis zunutze zu machen und fand nach dem Scheitern ihrer politischen Laufbahn in der Pflege der Künste und Wissenschaften allmählich eine neue Lebensaufgabe.

Das Scheidungsbegehren des Königs hatte deshalb eine gewisse Unruhe an ihren Hof gebracht. Ihr zurückgezogenes Leben in Usson, ihr Umgang mit den Gelehrten und Dichtern – wurde es hier nicht gefährdet? Zu vieles schon hatte sie im Verlaufe ihres Lebens verloren. – Andererseits war ihre Situation natürlich alles andere als glücklich. Gesellschaftlich war sie geächtet und lebte nicht das Leben, das ihr als Königin zustand. Auch litt sie noch immer unter Finanzproblemen, ihre Besitzverhältnisse waren konfus und ungeregelt, und angesichts der großen Veränderungen, die Frankreich bevorstanden, war ihre Zukunft sehr unsicher. Die Scheidungsverhandlungen stellten deshalb sehr wohl auch eine Chance dar.

Die wollte genutzt werden. Der neue Anfang der Bourbonen konnte auch für Margarethas Situation eine Veränderung zum Besseren bedeuten. Sie wußte sehr gut, daß die Wiederaufnahme ihrer Ehe mit Heinrich IV. ausgeschlossen war. Aber eine Sicherung ihrer Position als Gelehrte und Mäzenin, ihre Rückkehr in die große Gesellschaft und vielleicht sogar dereinst der Wiedereintritt in das Spiel der Macht – vieles schien plötzlich wieder in den Bereich des Möglichen zu rücken. Da der König auf ihre Zustimmung angewiesen war, konnte sie Bedingungen stellen. Margaretha zauderte nicht und signalisierte ihre Bereitschaft zur Einwilligung in die Scheidung. Ihre Bedingungen waren, daß ihr der König die Schulden erlassen sowie eine Apanage und einen angemessenen Teil aus ihrem Familienerbe zugestehen sollte.

Die Verhandlungen aber waren kompliziert und dauerten lange, denn es mußten zu diesem Geschäft die verschiedensten Parteien ihre Zustimmung geben. Heinrich von Navarra selber war relativ rasch einverstanden, aber da gab es noch seine Minister, die Hugenotten, die alten Anhänger der Liga und vor allem auch die Kirche und den Papst. Hauptsächlicher Hinderungsgrund aber war Gabrielle d'Estrées, die zwielichtige neue Mätresse des Königs, von der – außer ihrem Clan – niemand wollte, daß sie als Heinrichs Gattin und Königin auf den Thron kam. Die Scheidungsverhandlungen sollten sich sechseinhalb Jahre hinziehen. Und so mußte Margaretha in ihrem Usson denn warten.

Sie nutzte diese ungewisse Zeit des Wartens zur Niederschrift ihrer Memoiren. Obwohl man nichts Genaueres zu diesem Punkte weiß, ist doch anzunehmen, daß die Entstehung der Memoiren zwischen 1594 und 1599 mit den gleichzeitigen Scheidungsverhandlungen zusammenhängt. Schrieb sie ihre Memoiren als Rechtfertigungsbericht? Wollte sie damit ihre Rückkehr an den Hof von Paris vorbereiten?

Den unmittelbaren Schreibanlaß, den Margaretha selber zu Beginn ihrer Memoiren erwähnt, lieferte ihr Pierre de Bourdeille, Herr von Brantôme. Er war wie sie von Heinrich III. vom Hofe verstoßen worden und führte auf seinen Gütern ein zurückgezogenes Leben. Brantôme verbrachte seine Zeit mit der Abfassung historisch-biographischer Rückblicke zum Leben der französischen Könige und anderer bekannter Persönlichkeiten vom Hofe. Er hatte mit Margaretha, die er von seiner Zeit am Pariser Hofe her kannte, um 1590 wieder Kontakt aufgenommen und schickte ihr 1593 in großer Verehrung seine Beschreibung ihres Lebens. Margaretha nahm diese Gelegenheit wahr, um in Antwort auf Brantôme ihre eigene Sicht der Dinge festzuhalten. Ein Wille zur Imagekorrektur ist dabei offenkundig.

Wie sie einleitend in ihren Memoiren schreibt, war ihr Brantômes Darstellung zu sehr Loblied, zuwenig der Realität verpflichtet. In der Tat schwärmt Brantômes Werk über weite Strecken von Margaretha in den höchsten Tönen und ist reinste Panegyrik. Damit ließe sich, sollte man denken, durchaus leben. Das übertriebene Fürstinnenlob mußte ihr aber zum Zeitpunkt der Scheidungsverhandlungen alles andere als gelegen kommen. Falls es an die Öffentlichkeit gelangte, was durchaus zu erwarten war, konnte es leicht als Anmaßung oder sogar als Vorwurf an die Adresse des Königs verstanden werden.

Ein großes Auftrumpfen aber stand ihr in ihrer Exilsituation nicht zu. Margaretha mußte deshalb darum besorgt sein, daß ihr Bild insgesamt gemäßigter ausfiele. Vor allem auch war zu vermeiden, daß sie, als letzte überlebende Valois, für den König und für die kritische Umbruchphase, in der sich Frankreich damals befand, als politische Gefahr erscheinen konnte. Dies aber war durchaus der Fall bei jenen

«Irrtümern» Brantômes, wo er «von Pau» spricht, von ihrer «Reise nach Frankreich», «vom Marschall von Biron», «von Agen» und «vom Abzug aus dem Orte des Marquis von Canillac» (vgl. Anfang ihrer Memoiren). Brantômes Informanten vom Hofe waren Partei und hatten ihm über vermeintliche Machtansprüche Margarethas und ihren Einfluß auf die königliche Politik wenig Vorteilhaftes berichtet. Eine Richtigstellung in diesen Punkten war dringend nötig. Die Niederschrift ihrer Memoiren sollte dazu die passende Gelegenheit bieten.

Daß sie für ihr Unternehmen die «unverfälschte Wahrheit» beansprucht, erklärt sich aus Margarethas Rechtfertigungswunsch. Da es neben Wahrheit und Lüge hierbei freilich wesentlich um die Wahrung ihrer vitalen Interessen ging, wird man diesen Anspruch relativieren müssen. Am ehesten ist ihm gerecht zu werden, wenn man ihn als redliche Absichtserklärung einstuft. Eine schönfärberische Selbststilisierung jedenfalls hätte sich Margaretha in ihrer Situation kaum leisten können. Es wäre deshalb verfehlt, wenn man an der grundsätzlichen Wahrheit ihrer Darstellung zweifeln wollte. Allerdings fällt auf, daß ihre Memoiren in einigen Punkten, so vor allem in ihren außerehelichen Liebesangelegenheiten, absolutes Stillschweigen wahren.

Eine Würdigung ihrer Memoiren aus heutiger Sicht wird ohnehin nicht in erster Linie auf deren Wahrheitsgehalt abheben. Zwar ist die Lebensbeschreibung der Margaretha von Valois, nicht zuletzt wegen den schon erwähnten Passagen zur Bartholomäusnacht, für die Historiker eine wichtige Quelle, und für ihre Biographie ist sie natürlich ein unverzichtbares Dokument. Die eigentliche Bedeutung der Memoiren ist aber kulturgeschichtlicher Art, und dies gleich in doppelter Hinsicht: Einerseits bilden sie eines der frühesten Zeugnisse der modernen Memoirenschriftstellerei überhaupt, und andrerseits werfen sie ein Schlaglicht auf die Geschichte der Frauen, auf die ‹grandes dames› der Renaissance, und speziell dann auch, betrachtet man die Rezeptionsgeschichte, auf die Frauengeschichtsschreibung.

Margaretha war eine der allerersten Frauen der beginnenden Neuzeit, die Memoiren schrieb. Die Entwicklung dieses Genres verlief im Frankreich des 17. Jahrhunderts mit Richelieu, La Rochefoucauld, Kardinal Retz, dem Herzog von Saint-Simon und vielen anderen dann rapide, so daß die Memoirenliteratur eine wahre Blütezeit erlebte. Doch zu Margarethas Zeit hatte diese Entwicklung noch kaum begonnen. Mit andern Worten: Margarethas Memoiren gehören zu den wenigen Initialtexten einer neuen Gattung. Ihre Nachfolgerinnen und Nachfolger haben sich später auf sie als Vorbild berufen. Paul

Pellisson etwa, Sekretär der Académie française, hatte 1653 rückblickend erklärt, Margarethas Memoiren hätten für ihn zu den vier Referenztexten gehört, die ihm den Vorrang der französischen Sprache gegenüber dem Latein bewiesen hätten.

Worin das Neue und Moderne von Margarethas Schreibweise bestand, wird besonders im Vergleich mit Brantôme deutlich. Margaretha verzichtete weitgehend auf die damals übliche Schwulstrhetorik sowie auf antikisierende Bildungsreminiszenzen und entwickelte dagegen ein chronologisch linear geordnetes Erzählen, das klar, direkt und ohne Pomp zur Sache geht. Ihr Stil ist lebendig und zugleich nüchtern. Reflexionen und Abschweifungen treten hinter die Ereignisabfolge zurück, die Handlung treibt sich stetig voran. An einigen Stellen, etwa in den Passagen ihrer Reise nach Flandern, werden ihre Schilderungen ungewöhnlich konkret und anschaulich. Sie scheint ein außerordentlich gutes Gedächtnis für Lokalitäten und Kleider gehabt zu haben. Die Städte und Personen, die Zusammenkünfte und Feste, die sie auf diese Weise schildert, erhalten eine Authentizität, die man in andern Texten der Epoche sonst vergeblich sucht.

Die Erinnerungsleistung ihrer Memoiren ist insgesamt erstaunlich. Da sich Margaretha beim Schreiben nicht auf Dokumente stützen konnte und alles aus dem Gedächtnis zu rekonstruieren hatte, muß eigentlich überraschen, daß sie sich nicht öfters täuschte. Obwohl sie kaum Daten und Jahreszahlen nennt, stimmt die Zeitabfolge ihres Berichtes mit den Fakten, wie sie die Geschichtsforschung auf breiter Quellenbasis rekonstruiert, in sehr hohem Maße überein. Das mag unter anderem daran liegen, daß sich Margaretha streng ans eigene Erleben hält und politische Ereignisse, an denen sie nicht persönlich teilnahm, beiseite läßt. Natürlich hat dieses Auswahlverfahren auch seine Grenzen: vom politischen Geschehen erfährt man insgesamt eher wenig. Margaretha hat indes selber in ihrer Einleitung darauf hingewiesen, daß sie für die «Ausarbeitung» eines abgerundeten Geschichtsbildes «weder die Fähigkeit noch die gehörige Muße» habe. Obwohl ihre Schrift in manchem durchaus mehr leistet, als sie beabsichtigt, muß man sie in dieser Hinsicht doch beim Wort nehmen.

Überblickt man den Inhalt der Memoiren, dann fällt einem auf, daß vor allem der Kampf um den Machterhalt der Valois thematisiert ist, und zwar auf der sehr persönlichen Ebene der familialen Beziehungen. Margaretha beschreibt ihre politische Position im prekären Gleichgewicht zwischen drei, später zwei rivalisierenden Brüdern, einer dominanten Mutter und dem Eindringen familienfremder Machtanwärter. Letztere sind durch die zwei gegnerischen Parteien der Hugenotten und der Liga charakterisiert.

Im Zentrum aber steht, so wollen es die Gesetze dieser neuen Gattung Memoiren, Margaretha selber. Sie tritt auf als politische Vermittlerin und immer deutlicher auch als unschuldig Verfolgte. Heinrich von Navarra, der aus der Sicht der Historiographen als Gewinner aus dieser Konstellation hervorgeht, spielt dabei neben den Valois erstaunlicherweise eine relativ bescheidene Rolle. Man erhält den Eindruck, daß der Familienzwist im Hause Valois Margaretha wichtiger war als das Schicksal ihres Gatten.

Es ist viel gerätselt worden, weshalb Margarethas Memoiren mit ihrer Abreise aus der Gascogne und der Trennung von ihrem Mann im Jahre 1582 vorzeitig abbrechen. Da die Handschrift der Druckvorlage an einzelnen Stellen fehlende Seiten aufweist und Margarethas Originalmanuskript nicht erhalten ist, neigt die neuere Forschung zur These, der Rest der Lebensbeschreibung müsse verlorengegangen sein. Vereinzelt war man auch der Auffassung, daß beim ersten Erscheinen des Textes im Jahre 1628, dreizehn Jahre nach Margarethas Tod, einflußreiche Kreise Zensur ausgeübt haben könnten. Frühere Herausgeber der Memoiren im 19. Jahrhundert erklärten dagegen ohne große Skrupel, Margaretha hätte sich für die Fortsetzung ihrer Lebensbeschreibung schlicht schämen müssen und habe deshalb auf sie verzichtet. All diese Erklärungen bleiben jedoch Vermutungen und sind kaum zu beweisen.

Margarethas Aufzeichnungen haben das Ziel, das sie einleitend formulieren, bei ihrem Abbrechen sicher nicht erreicht. Die Ereignisse der späteren Jahre etwa, die Margaretha Brantôme gegenüber mit besonderem Hinweis hatte richtigstellen wollen, kommen nicht zur Sprache. Anspruch und Durchführung der Memoiren bilden deshalb einen auffälligen Kontrast. Und sie tun dies wohl nicht nur in diesem einen Punkt. Einiges deutet darauf hin, daß sich Margarethas Vorhaben beim Schreiben unter der Hand allmählich verändert hatte. Falls die Memoiren, wie zu vermuten ist, die Position der Verfasserin im Hinblick auf die Scheidungsverhandlungen hätten festigen sollen, muß man sie sogar als gescheitert betrachten. Das Scheitern aber ist in Wahrheit ein Glücksfall, denn dessen Ursache ist eigentlich die hohe Qualität des Textes. Anstelle eines Rechenschaftsberichts nämlich war unversehens ein spannungsvoller Lebensbericht entstanden. In seinem Zentrum steht dabei immer weniger die ergebene Tochter, Schwester und Gattin, sondern vielmehr das Handeln und Leiden einer jungen Königin, die in relativ aussichtsloser Lage im politischen Machtgefüge ihrer Familie um eine eigenständige und sinnvolle Position ringt. Heinrich IV. allerdings, sein Verhältnis zu Margaretha und seine Stellung gegenüber den Valois insgesamt, erscheint dabei alles andere als in einem guten Licht.

Aus dem allem läßt sich folgern, daß Margaretha ihr Schreibexperiment wohl ganz bewußt frühzeitig abgebrochen hat. Es war etwas anderes entstanden, etwas Neues und Außerordentliches sogar, aber als Rechtfertigungsbericht taugte es nicht. Wäre der Text in Margarethas Sinne zum Ziel gelangt, hätte sie ihn wohl auch in Umlauf gebracht und noch zu ihren Lebzeiten publiziert. So aber blieb er unveröffentlicht und unbekannt liegen, bis ihn eine spätere Generation mit Bewunderung und Erstaunen ans Tageslicht brachte.

Sehr wahrscheinlich fällt der Abbruch der Memoiren auch in die Zeit, in der Margaretha endlich das Resultat ihrer Scheidungsverhandlungen erfuhr. Ihr Warten hatte sechseinhalb Jahre gedauert. Nach dem Tod von Gabrielle d'Estrées im April 1599 kam der Bescheid dann relativ schnell, und er war positiv. Der König entsprach Margarethas Forderungen und erlaubte ihr zudem, daß sie weiterhin den Titel einer Königin führen durfte. Mit diesem Entscheid waren nicht nur ihre Finanzprobleme gelöst, sondern als offizielle «Königin Margaretha» war sie auch weitgehend rehabilitiert. Angesichts dieser Sachlage dürften sich ihre Bedenken gegenüber Brantômes Lebensbeschreibung zerstreut haben, und auch die Fortführung ihrer Memoiren wurde damit weniger dringlich, wenn nicht sogar überflüssig. Jetzt war es nur noch eine Frage der Zeit, daß sie nach Paris zurückkehren konnte.

Vorerst gab es allerdings unerwartete Probleme, denn Heinrich IV. hatte mehr versprochen, als er halten konnte – bei der prekären Finanzlage Frankreichs eigentlich kein Wunder. Die Begleichung ihrer Schulden zögerte sich immer wieder hinaus. Dann wurde ihr von verschiedenen Konkurrenten auch das zugesprochene Erbe streitig gemacht. Vor allem ihr Neffe Charles von Valois, illegitimer Sohn Karls IX. und zugleich Halbbruder der neuen Favoritin Heinrichs IV., machte ihr mit seinen Erbansprüchen, bei denen er sich auf einen Erlaß Heinrichs III. berufen konnte, schwer zu schaffen. Margaretha führte von Usson aus einen aufreibenden Kampf um ihre Rechte. Schließlich fand sie für all ihre Probleme eine nahezu geniale Lösung. Sie ernannte Heinrichs IV. kleinen Sohn Louis, den Thronfolger und künftigen Ludwig XIII., zu ihrem Alleinerben. Auf diese Weise brachte sie nicht nur ihre Loyalität den Bourbonen gegenüber zum Ausdruck, sondern gewann zugleich mit Heinrich IV. und seiner Gattin Maria von Medici zwei mächtige Verbündete gegen Charles von Valois, dem sie nun den Prozeß machte.

Auch war damit schließlich der Anlaß zur Rückkehr nach Paris gegeben. Im Juli 1605 reiste Margaretha von Usson ab, denn sie konnte, wie sie glaubhaft versicherte, ihren Prozeß gegen Charles von Valois erfolgreich nur aus unmittelbarer Nähe in Paris führen. Und der König ließ das nicht nur geschehen, sondern er bereitete ihr am Hof sogar einen freundlichen und würdigen Empfang. Ihre Exilzeit ging, nach neunzehn Jahren in Usson, glücklich zu Ende.

Margaretha gewann ihren Prozeß, kam zu Reichtum und wurde damit endlich, im Alter von 53 Jahren, frei und unabhängig. Nachdem sich ihre Beziehungen zur Königsfamilie immer entschiedener als freundschaftlich und in bezug auf den kleinen Louis gar als herzlich herausgestellt hatten, begann sie sich in Paris standesgemäß einzurichten. Sie baute am linken Seine-Ufer gegenüber dem Louvre eine prachtvolle Palastanlage, deren Gebäude sich zwischen der heutigen Rue de Seine und der Rue de Bellechasse erstreckten und zu der auch ein Kloster mit einer Kapelle gehörte. Diese Bautätigkeit großen Ausmaßes war inzwischen wieder möglich, da Heinrich IV. das Land befriedet hatte und die Konjunktur blühte.

Ihre letzten Jahre in Paris, es waren immerhin noch fast zehn, verlebte Margaretha als Königin auf der Höhe all ihrer Möglichkeiten. In ihrem neu erstellten Hôtel des Augustins gründete sie einen Musenhof nach dem Muster von Usson und versammelte die namhaften Künstler und Wissenschaftler der damaligen Zeit um sich. Bei ihr verkehrten Philippe Desportes, François Maynard, François de La Roque, Jean de Champeygnac, Claude Garnier, Pierre de

Deimier, Marc de Maillet, Jean Alary, Vital d'Audiguier, Jacques Corbin, Mathurin Régnier, Théophile de Viaux, François de Malherbe und viele andere mehr. Auch gelehrte Frauen wie Mlle de Choisy, Antoinette de La Tour oder Mlle de Beaulieu fehlten nicht. Es versteht sich, daß Margaretha als Förderin der Künste bald allseits beliebt war. In unzähligen Werken finden sich Widmungen an sie. In Honoré d'Urfés Schlüsselroman *L'Astrée* erscheint sie als Fee Galathée. Ihre ausgedehnten Tafelrunden mit theologischen, philosophischen und galanten Streitgesprächen waren ebenso sprichwörtlich wie ihre großen Bälle und Empfänge.

Ein schriftliches Zeugnis aus jener Zeit von Margarethas eigener Hand, übrigens ihr einziger Druck zu Lebzeiten, vermittelt einen repräsentativen Eindruck vom damaligen Geistesleben an ihrem Hof: Im *Discours docte et subtil* von 1614, einem philosophischen Brief, verteidigt sie klug, witzig und gelehrt in acht Thesen die Ehre des weiblichen Geschlechts gegen eine misogyne moraltheologische Schrift des Jesuitenpaters Loryot.

Neben ihrem kulturellen Engagement war Königin Margaretha besonders auch für ihre Wohltätigkeit und Großzügigkeit bekannt. So ließ sie jährlich die Zinsen ihres Vermögens unter den Kranken und Armen, die sie in den Spitälern besuchte, verteilen und schüttete jeweils an ihren Geburtstagen für die

Pariser Bevölkerung große Summen aus. – Was für eine Wende zum Schluß! Die ehemals Verstoßene und Vergessene war nun als Mäzenin und Wohltäterin allseits bewundert und verehrt.

Eine letzte Erschütterung erlitt Margarethas Leben 1610 mit der Ermordung Heinrichs IV. An ihrer äußeren Lage allerdings änderte der tragische Tod ihres ehemaligen Gatten und nachherigen Freundes nichts mehr. Die Königin-Witwe Maria von Medici, die an Stelle des noch unmündigen Dauphin die Regentschaft übernahm, hatte Margaretha nie als Konkurrentin, sondern immer gleichsam als Schwester behandelt, und sie erhielt ihr die Freundschaft auch jetzt. Am 27. März 1615 starb Königin Margaretha von Valois nach kurzer Krankheit in ihrem 63. Altersjahr.

Die Geschichtsschreibung hat sich im Verlauf der vergangenen vier Jahrhunderte eingehend mit Margaretha von Valois befaßt – leider aber zu einem großen Teil auch auf sehr fragwürdige Weise. Darüber hinaus wurde ihr Leben verschiedentlich zum Roman- und schließlich auch zum Filmstoff. Patrice Chéreaus opulenter Film *La Reine Margot* von 1994 mit Isabelle Adjani, der auf Alexandre Dumas' gleichnamigem Erfolgsroman von 1852 basiert, zeugt für das anhaltende Interesse an Margaretha bis in unsere Gegenwart.

Film und Buch deuten es schon an: Margarethas Leben hatte im Verlaufe der Zeit legendenhafte Züge angenommen. Rund um den Übernamen ‹Margot›, den die Königin von ihrem Bruder Karl erhalten haben soll, fügte sich allmählich aus Gerüchten, Halbwahrheiten und Verunglimpfungen ein schillerndes und zugleich wenig vorteilhaftes Bild. Mit der realen Margaretha berührte es sich insgesamt kaum noch. Ein seltsames Gemisch aus Bewunderung und Haß, das seine eigene Faszination auszuüben schien, beflügelte immer wieder die Phantasien nicht nur der Dichter, sondern durchaus auch der Historiker. Man kommt nicht umhin, es deutlich zu sagen: Es waren Männerphantasien. Als Frau figurierte Margaretha als das Andere der Vernunft und wurde zur Projektionsfläche gleichermaßen von Wunsch- und Schreckbildern. So hat man sie wegen ihrer Schönheit bewundert, noch mehr aber schließlich geschmäht und verteufelt. Margaretha erschien in den Männerphantasien allmählich immer mehr als Hetäre oder gar als Hure, als verkommene Medicitochter am dekadenten Hof der letzten Valois, die in unmäßiger Lust Männer brauchte und verbrauchte, bis diese in Intrige, Mord und Krieg ihr schlimmes Ende fanden. Man stilisierte dabei Margarethas Lebensweg nach dem Dekadenz- und Niedergangsmodell. So figurierte sie als faszinierend-abstoßendes Beispiel eines erbärmlichen Sitten- und Persönlichkeitszerfalls.

Selbst bei seriösen Historikern war dieses Bild in mehr oder weniger deutlicher Ausprägung lange Zeit verbreitet, vereinzelt bis zum Anfang unseres Jahrhunderts. In Lexika und Handbüchern hat es teilweise sogar bis heute überlebt.

Es ist der Verdienst von Margarethas Biographin Éliane Viennot, daß diese Legende heute in all ihren Entwicklungsstufen erkannt und kritisch aufgearbeitet ist.* Wenn man Entstehung und Entwicklung der Legende überblickt, fällt einem auf, daß Margarethas Memoiren neben vermeintlich seriöseren Quellen immer wieder abgewertet wurden. Viel eher als ihr selbst glaubte man allen andern. Die bei Memoiren gebotene Skepsis verleitete offenbar gegenüber den übrigen Quellen nachgerade zur Leichtgläubigkeit.

So übernahm man ohne große Skrupel im Rückblick nicht nur historisch-revanchistische Berichte von politischen Gegnern der Valois, sondern etwa auch Aussagen und Behauptungen aus zeitgenössischen Schmähschriften. Solche aber begannen nach der Bartholomäusnacht immer öfter aufzutauchen und begleiteten auch wieder den Machtwechsel zwischen den Valois und den Bourbonen. Für Margaretha von zentraler Bedeutung sollte der *Divorce Satyrique* von 1607 werden. Das Pamphlet, an sich ein kleines Meisterwerk der Gattung, befaßte sich mit der

* Vgl. Literaturangaben am Schluß.

Scheidung Margarethas von Heinrich IV. und diffamierte – um dem König Hörner aufzusetzen – Margarethas Lebensführung als sexuell ausschweifend und pervers. Der vermutlich aus höfischem Umfeld stammende Text versammelt kenntnisreich und detailliert Daten und Ereignisse aus Margarethas Biographie und verbindet sie mit schlimmen Gerüchten und grotesken Unterstellungen. So verbreitet er auch, um ein Beispiel zu nennen, den schon früher erhobenen Inzestvorwurf mit Karl IX., in dessen Zusammenhang übrigens auch der doppeldeutige, alles andere als schmeichelhafte Übername ‹Margot› (franz.: Grete / Elster / Klatschmaul) gesehen werden muß.

Im Gegensatz zur zeitgenössischen Wirkung solcher Verleumdungen, die gerade etwa beim *Divorce Satyrique* mangels Verbreitung eher gering war, ergab sich im summierenden Rückblick der Historiker für Margaretha schließlich ein vernichtendes Bild. Während ihr Ruf bei den Zeitgenossen nach ihrem Tode kaum hätte besser sein können, verschlechterte er sich schon in der zweiten Hälfte des 17. Jahrhunderts rapide. Diese Änderung geschah keineswegs zufällig; nicht historische Distanz und auch nicht Unwissen waren dafür verantwortlich. Richelieu hatte seine Historiographen damit beauftragt, die ‹grandes dames› der Renaissance und ihren Einfluß auf die Geschichte Frankreichs als gefährliche Fehlentwicklung darzustellen und zu verurteilen. Im Zentrum dieses misogynen Unterfangens stand vorab Maria von Medici, die 1630 ihrem früheren Schützling Richelieu im Machtkampf unterlegen war und in die Niederlande hatte flüchten müssen. Zu ihrer endgültigen Ausschaltung wurde die Geschichte im Interesse der neuen Machthaber kurzerhand umgeschrieben. Auch Margaretha erschien dabei in einem neuen Licht. Ihr politisches Engagement wurde ihr als ungehörige Einmischung aus niederen Beweggründen ausgelegt: Haß, Eifersucht, Neid und sexuelle Begierde hätten bei ihr zu Günstlingswirtschaft und Verschwendung geführt; zur Durchsetzung ihrer Interessen aber hätte sie selbst Mord und Krieg in Kauf genommen. Diese Vorwürfe sind an sich stereotyp und wurden den politisierenden Frauen gegenüber insgesamt erhoben. Da man aber mit vermeintlich wahren biographischen Details und Enthüllungen aufwartete, verfehlten sie schließlich ihre Wirkung nicht.

Seit Richelieu wurde dieses äußerst schiefe und mißgünstige Bild von Margaretha in der offiziellen nationalen Geschichtsschreibung wirkungsmächtig verbreitet. Die Historiker Ludwigs XIV. verschlimmerten es noch zusätzlich, denn unter dem absolutistischen Sonnenkönig sollten die alten Adelseliten als überständig und degeneriert erscheinen. Auch die Aufklärung des 18. Jahrhunderts brachte vorerst keine Verbesserung, eher sogar eine weitere Trübung. In ihrer Abwendung vom Ancien Régime und der ständischen Kultur fanden die neuen bürgerlichen Geschichtsschreiber für die Frauen der Renaissance keinerlei Verständnis. Als Symbole von Dekadenz und Barbarismus wurden sie gar verachtet und weitgehend totgeschwiegen. Katharina von Medici erlebte stellvertretend für das ganze weibliche Geschlecht ihre Verteufelung zur mörderischen Tyrannin. Voltaire hielt die letzten Valois für Monster, und über ihre Frauen verlor er kaum ein Wort.

Als 1777 die erste größere Biographie zu Margaretha von Valois entstand, hatte ihr Verfasser Antoine Mongez reichlich mit Vorurteilen aufzuräumen. Stiftsherr und Bibliothekar Mongez war Margaretha wohlgesinnt und machte sich entschieden zu ihrem Verteidiger. Wenn auch seine Darstellung im Detail noch verschiedene Fehlurteile aus dem 17. Jahrhundert weiterschreibt, gelang ihm aus dem Geist der Aufklärung schließlich doch der Anfang von Margarethas Rehabilitierung. Sein Werk erschien nur leider zu einem sehr ungünstigen Zeitpunkt. Im Umfeld der Französischen Revolution fand es alles andere als eine gewogene Aufnahme. Die Revolutionäre erneuerten damals die allerschlimmsten Gerüchte und Diffamierungen, die je über Margaretha und die anderen großen Frauen der Renaissance zirkuliert hatten.

Die Umorientierung nach dem Scheitern der Revolution und das damit verbundene historische Interesse an der voraufklärerischen Zeit führte im 19. Jahrhundert zur Wiederentdeckung der spätmittelalterlichen Geschichte und besonders auch der Renaissance. In diesem Zusammenhang erlebte auch Margarethas Bild nochmals entscheidende Korrekturen und Umwertungen. Vor allem rückte es aus dem engeren Bereich der Geschichtsschreibung nun entschieden hinüber in die Dichtung. In Mérimées frühem historischen Roman *Chronique du règne de Charles IX.* (1829) figuriert Margaretha vorerst noch als Staffage. In Stendhals Roman *Le Rouge et le Noir* (1830) dann erscheint sie als metaphorisches Motiv für Mathilde de La Molles Vergangenheitsverklärung. Nachdem sie als Heldin in Opern von Ferdinand Hérold (*Le Pré-aux-Clercs*, 1832) und Giacomo Meyerbeer (*Les Huguenots*, 1836) auftauchte, wurde sie über Alexandre Dumas' Erfolgsroman *La Reine Margot* (1845) dann allgemein bekannt. Insgesamt kann man sie schließlich als die damals wohl populärste Prinzessin Frankreichs bezeichnen. Allerdings hatte auch diese neue Margot des 19. Jahrhunderts, obwohl nun sympathische Heldin mit bürgerlich melodramatischer Liebesgeschichte, nur wenig mit ihrem realen Vorbild zu tun. Dumas' Roman erlebte bis 1914 zwanzig Neuauflagen.

Daneben sorgte ein zünftiger Historiker dafür, daß sich das alte frauenverachtende Bild Margarethas in ebenfalls popularisierter Form noch eine Weile halten konnte. Es war Jules Michelet, der in seiner vielbändigen *Histoire de France*, die als eine Art Volksbibel angelegt war, durchgehend ein frauenfeindliches Geschichtsbild verbreitete. In seinem Band 12 von 1857 erneuerte er nicht nur die alten Anschuldigungen gegenüber Margaretha, sondern erfand sogar noch neue hinzu. Mit ihm sollte aber dieses unehrenhafte Kapitel der Historiographie endlich zu Ende gehen.

Margarethas Rehabilitierung war den Historikern des Positivismus im späteren 19. Jahrhunderts vorbehalten. Die Legende von Königin Margot hatte sich nicht zuletzt auch deshalb bilden können, weil die Quellenbasis im 17. und 18. Jahrhundert eher schmal war. Bei den vielen Informationslücken stand der willkürlichen Deutung und Umdeutung deshalb kaum viel im Wege. Diese Situation änderte sich in der zweiten Hälfte des 19. Jahrhunderts mit den großen Quelleneditionen zur französischen Nationalgeschichte grundlegend. Die Historiker gingen über die Bücher und suchten in immenser, teils jahrzehntelanger Arbeit aus Bibliotheken und Archiven Briefe, Memoiren und Akten zusammen. Das historische Informationsgefüge erreichte schließlich mit den neu entstandenen kommentierten Ausgaben und Sammelwerken eine bislang nie dagewesene Dichte; die Geschichte der frühen Neuzeit mußte revidiert werden.

Für Margaretha von Valois besorgte diese Revision in erster Linie Graf Léo de Saint-Poncy (1887) mit seiner monumentalen zweibändigen Biographie *Histoire de Marguerite de Valois, reine de France et de Navarre.** Das Werk ist nicht einfach eine Biographie, sondern vielmehr eine auf Faktenmaterial basierende minutiöse Rekonstruktion einer ganzen Epoche. Saint-Poncy erstellte erstmals und möglichst detailliert eine haltbare Chronologie von Margarethas Leben und widerlegte damit eine Vielzahl von Behauptungen und Spekulationen seiner Vorgänger als unmöglich oder falsch. So erwiesen sich viele der Margaretha nachgesagten Liebschaften, etwa mit La Molle, Turenne und anderen, eindeutig als Erfindungen. Auch Kinder hatte Margaretha nie gehabt. Ebenso war sie an der Ermordung de Guasts, wie das nahezu drei Jahrhunderte lang behauptet wurde, in keiner Weise beteiligt. Saint-Poncy konnte auch erstmals genau nachweisen, wer die falschen Anschuldigungen ursprünglich zu verantworten hatte. Es sind dies vor allem die zeitgenössischen Chronisten Théodore-Agrippa d'Aubigné und Pierre de L'Estoile sowie auch Pierre de Brantôme, der aber im Gegensatz zu den beiden ersten ohne böse Absicht einfach zu leichtgläubig weitergegeben hatte, was ihm von anderer Seite zugetragen wurde.

* Vgl. Literaturangaben am Schluß.

Die Hauptverantwortung schließlich für die späteren historischen Verdrehungen unter Kardinal Richelieu liegt bei Scipion Dupleix, der im Namen seines Herrn aus damaliger Staatsraison nachweislich gelogen hatte.

Das Werk von Saint-Poncy blieb nicht allein. Vergleichbare Arbeiten folgten auch für die andern Königinnen und Frauen der Renaissance, so daß sich das neue Bild des 16. Jahrhunderts allmählich rundete und sich an der Wende zum 20. Jahrhundert eine adäquatere Sicht endlich durchsetzte. Den Schlußstand dieser Forschungsphase dokumentieren für Margarethas Biographie die beiden Werke von Charles Merki (1905) und Hugh Noel Williams (1907). Das 20. Jahrhundert konnte auf dieser soliden Basis weiterbauen. Als vorläufig letztes Werk der neueren Bemühungen, dem der Verfasser dieser Zeilen viel verdankt, präsentiert sich die ausgezeichnete Arbeit von Éliane Viennot: *Marguerite de Valois. Histoire d'une femme, histoire d'un mythe* von 1993.

Zum Schluß ist auf den Text unserer Ausgabe sowie auf Friedrich und Dorothea Schlegel einzugehen. Ihre Übersetzung von Margarethas Memoiren gehört in den eben besprochenen historischen Zusammenhang. Schlegels Textedition von 1803 erfolgte noch vor der genannten Popularisierung Margarethas und auch vor ihrer historischen Rehabilitierung im späteren 19. Jahrhundert. Der vorliegende Text repräsentiert mithin – sieht man von unseren neu hinzugefügten Anmerkungen ab – den Forschungsstand des 18. Jahrhunderts. Vor allem aber dokumentiert er das zeitgenössische Interesse der Romantik an Mittelalter und Renaissance.

Ähnlich wie die Klassiker mit der Antike suchten auch die Romantiker ihr poetisches Ideal in der Ferne und der Fremde. Margarethas Memoiren waren für Schlegel deshalb gleich mehrfach interessant. Die Königin faszinierte ihn – wie er in seinem Vorwort schreibt – einerseits als eine in Vergessenheit geratene geheimnisvolle Fürstin aus zwar nicht allzu ferner, so doch «schwer zu ergründender Epoche». Andererseits glaubte Schlegel in Margarethas Memoiren Aufschluß über den «Charakter der französischen Nation» zu finden. Wie andere Romantiker auch begann sich Schlegel damals für den «Nationalcharakter» als geschichtsphilosophische Leitvorstellung zu begeistern. Die Parallelen zwischen den in den Memoiren berichteten Grausamkeiten der Glaubenskriege und den eben erlebten Geschehnissen der Französischen Revolution schienen Schlegel die nationalistischen Spekulationen zu bestärken.

Friedrich und Dorothea Schlegel waren nach dem Zerfall der Jenaer Frühromantik Ende Mai 1802 nach Paris gezogen, wo sie sich sowohl finanziell wie geistig eine Besserung ihrer Situation versprachen.

Während sich Schlegel auf seine indischen Studien konzentrierte, begann seine Frau Dorothea in seinem Auftrag und wohl wesentlich aus finanziellen Überlegungen einige Übersetzungen aus französischen Manuskripten und Drucken herzustellen. Die so entstandenen Arbeiten erschienen als Einzelbändchen zwischen 1802 und 1805 unter Friedrich Schlegels Namen. Man wußte lange Zeit nicht, daß Schlegels Frau Dorothea die Übersetzerin war. Dieser Sachverhalt ist für die damalige Zeit, die sich ansonsten überaus revolutionär gebärdete, durchaus typisch. Von Selbständigkeit und Gleichstellung der Frau konnte jedenfalls nicht die Rede sein. Auch Friedrich Schlegel, der immerhin die Zeitgenossen in seinem Roman *Lucinde* (1799) mit einer frivol-emanzipatorischen Liebesphilosophie schockiert hatte, bildet hierin keine Ausnahme.

Obwohl die eigentliche Übersetzungsarbeit also von Dorothea Schlegel stammt, ist dennoch auch Friedrichs Leistung nicht zu unterschätzen. Sie besteht in der Auswahl und Zusammenstellung der Textvorlagen sowie in der Einleitung und den kurzen Anmerkungen.

Der vorliegende Text in seiner Gesamtheit ist mithin ein Resultat partnerschaftlicher Zusammenarbeit.

Er umfaßt die folgenden Teile:

a. eine Vorrede von Friedrich Schlegel

b. «Aus der Notiz der französischen Herausgeber, nebst einigen Zusätzen aus der Lebensbeschreibung von Mongez.»

c. «Mémoiren der Margaretha von Valois, Königin von Frankreich und Navarra. An Brantôme.»

d. den Bericht eines unbekannten Autors über die verbleibenden Jahre der Königin von ihrem Leben am Hofe Heinrichs III. bis zu ihrem Tode 1615.

e. «Zusätze und Erläuterungen aus der Lebensbeschreibung von Mongez, und aus den Notizen der französischen Herausgeber der Memoiren.»

Der von den Schlegels erstellte Text darf insgesamt in seiner eigenwilligen Kombination von Memoiren und historischen Quellenfragmenten als originäres Zeugnis romantischer ‹Universalpoesie› gelten. Die Brüder August und Wilhelm Schlegel hatten das Konzept der Universalpoesie, das für die Romantik zentral wurde, um 1798 in Jena und Berlin zusammen mit Novalis entwickelt und in ihrer Zeitschrift *Athenäum* propagiert. Sie wollten die Gattungen der Literatur sprengen und mischen und in einer Art Gesamtkunstwerk Poesie und Bildungsstoffe aller Art vermengen, so daß aus der Verbindung heterogenster Elemente schließlich ein Spiegel der Zeit entstehen konnte. Der Anspruch dieses Programms erwies sich aber schon bald als utopisch. Allenfalls ansatzweise wurde er eingelöst in den späteren Werken Eichendorffs, Arnims und E. T. A. Hoffmanns, vereinzelt auch von Tieck und Brentano. Bei Schlegel und auch bei Novalis blieb es bei einzelnen Versuchen.

Die hier vorliegende Übersetzung und Edition der Memoiren Margarethas von Valois gehört zu den weniger bekannten und eher unspektakulären universalpoetischen Unternehmungen. Da das ursprüngliche Textmaterial nicht von den Schlegels stammt und deshalb an sich nicht romantisch ist, macht es unseren autor- und urheberzentrierten Vorstellungen große Mühe, überhaupt von einem romantischen Text zu sprechen. Trotzdem sollte man dies für das hier vorliegende Ensemble von Texten bedenkenlos tun. Neben Margarethas Memoiren, die für sich gesehen natürlich ein integrales eigenständiges Werk bleiben, fügen sich die zusätzlich von Schlegel eingearbeiteten historischen Quellen und Kommentare zusammen mit dem Haupttext zu einem insgesamt genuin romantischen Potpourri. Im universalpoetischen Sinne gehen dabei Gattungen durcheinander, Texte und Fragmente vermengen sich, und Leserinnen und Leser erhalten schließlich tatsächlich – wie Schlegel das wünschte – einen «Spiegel der ganzen umgebenden Welt, ein Bild des Zeitalters». Genau genommen sind es sogar mehrere Zeitalter, die sich ineinander brechen und spiegeln, denn es sind nicht nur die französische Renaissance und nicht nur die historische Forschung des 17. und

18. Jahrhunderts, die uns hier entgegentreten, sondern auch und vielleicht sogar in erster Linie das Weltbild des Romantikers, unter dessen Blick sich diese Welt als Text überhaupt erst fügt.

Zum romantischen Konzept der Universalpoesie gehörte auch das Übersetzen. Nicht nur Gattungen sollten von der romantischen Poesie gesprengt werden, sondern auch die Grenzen der einzelnen Sprachen und Kulturen. «Das Romantische selbst ist eine Übersetzung», schrieb Clemens Brentano in seinem Roman *Godwi* (1801). Ein gewichtiges Zeugnis der romantischen Übersetzungsbestrebungen bilden die heute noch bekannten epochalen Übersetzungen der Dramen Shakespeares von L. Tieck und A. W. Schlegel. Daneben hatten die Frühromantiker aber auch ein breites Spektrum unterschiedlicher Übersetzungskonzeptionen formuliert. Sowohl bei Friedrich Schlegel wie bei Novalis erfährt dabei das Übersetzen eine poetologische Ausweitung und erweist sich schließlich als Grundvorgang romantischer Poesie sowie als Chiffre für die angestrebte Romantisierung der Welt. Auch in diesem Sinne also steht Dorothea Schlegels genaue und wortgetreue Übersetzung für ein genuin romantisches Unternehmen.

Unsere Ausgabe gibt den Schlegelschen Text ungekürzt nach dem Erstdruck von 1803 in Leipzig wieder. Rechtschreibung und Zeichensetzung wurden behutsam modernisiert.

Anhang

ERLÄUTERUNGEN

Kursiv gesetzte Erläuterungen stammen aus Schlegels Ausgabe (1803), diejenigen in gewöhnlicher Schrift vom Herausgeber dieses Bandes.

1 Antoine Mongez: Histoire de la reine Marguerite de Valois, première femme du roi Henri IV. Paris 1777. Mongez verfaßte die erste größere Biographie über Margaretha von Valois und führte die verschiedensten Quellen zu ihrem Leben erstmals kritisch zusammen. Seine ausgewogene und wohlwollende Darstellung räumte zu einem großen Teil mit den Fehlurteilen und Diffamierungen auf, die von den Geschichtsschreibern des 17. und 18. Jahrhunderts über Margaretha verbreitet wurden. – Die folgenden einleitenden Notizen wie auch die an Margarethas Memoiren anschließenden Zusätze und Erläuterungen geben in etwa den Forschungsstand des späten 18. Jahrhunderts wieder. Da sie Bestandteil der Schlegelschen Übersetzung sind, werden sie hier als zum Text gehörend betrachtet und mitabgedruckt. In ihrer Mischung aus faktischen Informationen und zum Teil fragwürdigen und offen widersprüchlichen Wertungen bilden sie einen spannenden Kontrast zum zurückhaltenden und ausgeglichenen Ton von Margarethas Memoiren. – Zur kritischen Beurteilung der älteren Forschung vergleiche man die Erläuterungen und das Nachwort des Herausgebers dieses Bandes.

2 *Le Divorce Satyrique* (1607) ist eine Schmähschrift, die Scheidung der Ehe von Margaretha und Heinrich IV. betreffend. Das Pamphlet, leider ein kleines Meisterwerk seiner Gattung, diffamiert mittels pikanter Details Margarethas Lebensführung als sexuell ausschweifend und pervers. Die Zuschreibung an Théodore-Agrippa d'Aubigné (1552–1630) ist unsicher.

3 *Der erste Herausgeber dieser Memoiren war der Meinung, sie wären an den Baron von la Châtegneraie, Karl von Vivonne, gerichtet. Colomiez bewies, daß sie vielmehr an Brantôme, als Beantwortung seiner übertriebenen Schmeicheleien gerichtet sein müssen.* Brantôme, Pierre de Bourdeille (1535–1614) gehörte als Kammerherr zu den Höflingen Karls IX. Er überwarf sich mit Heinrich III. und mußte den Hof verlassen. Den Rest seines Lebens verbrachte er mit der Abfassung eines umfangreichen Vitenwerks, in dem er die französischen Könige und Königinnen des 15. und 16. Jahrhunderts und andere wichtige Persönlichkeiten des Hofes verehrend porträtierte.

Margarethas Lebensbeschreibung ist durch einen besonders panegyrischen Ton gekennzeichnet. So schreibt Brantôme in seinen *Vies des dames illustres* über sie: «Nie kann eine Göttin schöner gewesen sein als sie. Um ihre Schönheiten, ihre Verdienste und Tugenden zu verkünden, müßte Gott also die Welt verlängern und den Himmel höher emporziehen, in dem der Raum der Welt und des Luftkreises viel zu eng ist für den hohen Schwung ihrer Vollkommenheit und ihres Ruhms.»

4 Karl IX. (1550–1574), König seit 1563, war einer der vier Brüder Margarethas. In seine Regierungszeit fällt

das Blutbad der Bartholomäusnacht vom 23./24. August 1572, bei dem in Paris gegen 3000 Hugenotten ermordet wurden. Die Verantwortung für das Massaker trägt indes weitgehend die Königin Mutter, Katharina von Medici, die damals über die Köpfe der Valois hinweg die Politik Frankreichs bestimmte.

5 *Ein Stoß ins Auge mit einer Lanze tötete Heinrich den II. bei einem Turniere, den 10. Julius 1559.*

6 *Margaretha von Valois war den 14. Mai 1552 geboren, damals also sieben Jahre alt, Brantôme weiß sie wegen der zwei oder drei Jahre, die sie sich jünger macht, sehr artig zu entschuldigen; solche kleine Versehen, sagt er, begegnen der Eigenliebe ganz unbewußt.* Nach der heutigen Forschung wurde Margaretha am 14. Mai 1553 in Saint-Germain-en-Laye geboren.

7 Heinrich von Lothringen (1550–1588), Herzog von Guise, Führer der Katholiken gegen die Hugenotten, einer der Mitverantwortlichen für die Bartholomäusnacht, trat 1576 an die Spitze der Liga und wurde auf Betreiben Heinrichs III. als Feind der Krone ermordet.

8 Édouard Alexandre (1551–1589), dritter Sohn von Heinrich II. und Katharina von Medici, änderte seinen Namen 1564 in Heinrich; er war Herzog von Anjou (1566–1573), König von Polen (1573–74) und wurde als Heinrich III. König von Frankreich (1574–1589). Im Gegensatz zu ihren andern Brüdern hatte Margaretha bis auf die kurze Zeitspanne, die sie einige Seiten später beschreibt, zu Heinrich III. kaum je ein gutes Verhältnis. Sie nennt ihn in ihren Memoiren vorwiegend «von Anjou».

9 Das Kolloquium von Poissy fand 1561 statt. In der Folge hatten zwischen 1562 und 1598 nicht weniger als

acht Religionskriege Frankreich erschüttert. Das Königtum wurde dabei sowohl von den Hugenotten als auch von den extremistischen Katholiken der Liga bedrängt. Spanien unterstützte die Herzöge von Guise, die die Liga anführten, England die Hugenotten.

10 Margarethas jüngerer Bruder (1554–1584) hieß zuerst Hercule, später Franz, genannt ‹Monsieur›; er war Herzog von Anjou, ab 1566 Herzog von Alençon und ab 1576 wieder Herzog von Anjou. Margaretha nennt ihn in ihren Memoiren vorwiegend «von Alençon».

König Heinrich II. von Valois (1519–1559) und Katharina von Medici (1519–1589) hatten zehn Kinder:

a) Franz II. (1544–1560), ab 1559 König von Frankreich, vermählt mit Maria Stuart;
b) Elisabeth (1545–1568), Königin von Spanien, vermählt mit Philipp II. von Spanien;
c) Claudia (1547–1575), Herzogin von Lothringen, vermählt mit Karl II., Herzog von Lothringen;
d) Ludwig (1549–1550), als Kleinkind verstorben;
e) Karl IX. (1550–1574), ab 1560 König von Frankreich, vermählt mit Elisabeth von Österreich;
f) Heinrich III. (1551–1589), Herzog von Anjou, König von Polen, ab 1574 König von Frankreich, vermählt mit Luise von Lothringen;
g) Margaretha (1553–1615), Königin von Navarra, vermählt mit Heinrich IV., König von Navarra, später König von Frankreich;
h) Hercule/Franz (1554–1584), Herzog von Alençon/Anjou, verlobt mit Königin Elisabeth I. von England;
i) zwei Zwillingsschwestern, die bei der Geburt verstarben.

11 Margaretha richtet sich hier wie auch verschiedentlich später wieder an Brantôme, den Verfasser ihrer ersten Lebensbeschreibung. Frau von Dampierre war Brantômes Tante.

12 Brantômes Cousine Catherine de Clermont Dampierre, Herzogin von Retz, war eine der besten Freundinnen Margarethas.

13 1564–1566.

14 *Katharina von Medici nahm ihre Tochter mit auf der Reise durch die mittäglichen Provinzen des Königreichs. Die scheinbare Ursache dieser Reise war das Verlangen, ihre Tochter Elisabeth, Königin von Spanien, wiederzusehen; die bald darauf folgenden Kriege entdeckten aber die wahren Beweggründe davon; das enge Bündnis zwischen dem Hofe und den Guisen gegen die Colignys und die Montmorencys, welches damals befestigt ward, die langen geheimen Unterredungen der Königin Mutter mit dem Herzog von Alba, in welchen sie jene entsetzlichen Projekte entwarfen, die sechs Jahre nachher ausgeführt wurden, beweisen wohl zur Genüge, daß es mehr Politik als mütterliche Zärtlichkeit war, die sie zur Reise bewog.*

Auf dieser Reise sah Margaretha zum ersten Mal den Prinzen von Navarra und den Herzog von Guise; beide zeichneten sich sehr vorteilhaft vor allen andern Prinzen und Herren aus; beide huldigten schon damals der jungen Prinzessin Margaretha, deren aufblühende Schönheit die Aufmerksamkeit des ganzen Hofes auf sich zog. Ihre Mutter war entzückt über das Lob, das ihrer Schönheit zuteil ward; mit Freuden sah sie ihre Tochter den Haufen der schönen Frauen vermehren, den sie, um ihre politischen Absichten zu unterstützen, um sich zu versammeln wußte.

Den Prinzen von Navarra erwähnte einer der Magistrats-

personen zu Bordeaux in drei verschiedenen Briefen, die Herr von Gomberville bekannt gemacht und die wir hier mitteilen. «Wir haben hier den Prinzen von Béarn; eine schöne Kreatur! Er ist dreizehn Jahre alt und besitzt alle Eigenschaften eines achtzehn- oder neunzehnjährigen Jünglings. Er ist angenehm, artig und gefällig gegen jedermann, man sollte glauben, er wisse noch gar nicht, wer er sei? Da ich ihn aber sehr oft bemerke, so versichre ich Ihnen, daß er es recht wohl weiß. Es drängt sich alles zu ihm, und er ist immer von Menschen umgeben, weil er jedem verbindlich zu begegnen versteht; dabei ist sein Anstand so edel, als es einem so großen Prinzen zukommt. Er führt jede Unterhaltung wie ein gebildeter Mann. Was er sagt, ist immer das Rechte, und wird etwas, das den Hof betrifft, gesprochen, so sieht man wohl, wie er von allem aufs beste unterrichtet ist; er sagt durchaus nichts, als was auf der Stelle, auf der er steht, gesagt werden muß. Mein ganzes Leben durch werde ich diese neue Religion hassen, weil sie uns eine so würdige Person entführt. Ohne diese Erbsünde wäre er sicher der erste nächst dem Könige, und man würde ihn sicher in kurzer Zeit an der Spitze der Armeen sehen.»

«Der Prinz von Béarn erhält mit jedem Tage neue Verehrer, er schmeichelt sich auf eine unglaubliche Weise in alle Herzen ein. Alle Männer achten und verehren und alle Frauen lieben ihn; obgleich er rotes Haar hat, finden sie ihn dennoch schön. Er sieht auch wirklich gut aus; er hat eine sehr regelmäßige Nase, sehr sanfte Augen, eine braune, aber frische Gesichtsfarbe, und seine ganze Gestalt ist von einer so ungewöhnlichen Lebhaftigkeit beseelt, daß wohl ein besondrer Unstern walten müßte, wenn er sich nicht sehr gut mit allen Damen stehen sollte.»

«Wir haben das lustigste Karneval von der Welt. Der

Prinz von Béarn hat unsre Damen dahin vermocht, sich zu maskieren, und alle nach der Reihe müssen Bälle geben. Er spielt gern und liebt die Fröhlichkeit. Fehlt es ihm an Geld, so weiß er sehr geschickt welches aufzutreiben, und zwar auf eine neue wohlgefällige Art; er sendet nämlich denen, die er für seine Freunde hält, eine eigenhändig geschriebene und unterzeichnete Verschreibung, mit der Bitte, ihm diese oder die darin bestimmte Summe zurückzuschicken. Urteilen Sie selbst, ob er irgendwo zurückgewiesen wird? Man rechnet es sich sehr zur Ehre, eine solche Verschreibung von ihm zu besitzen; man gibt ihm mit Freuden Geld, weil zwei Astrologen hier die Versicherung gegeben haben, dieser Prinz würde einst der größte Monarch in Europa.» –

15 *Die Insel Aiguemeau auf der Adour*

16 *Der Dauphin von Auvergne, nachmals Herzog von Montpensier, einer der Ritter der Liebe, überreichte bei diesem Feste an Margaretha eine allegorische Medaille; auf dieser war ein Nest mit drei jungen Vögeln abgebildet, denen die Mutter die Nahrung in den Schnabel reicht; ein Amor trug dieses Nest in der rechten Hand, in der linken faßte er den Bogen mit der Umschrift:* Aequus Amor. *Es war eine Anspielung auf die Liebe der Katharina von Medici für ihre drei Kinder, die damals bei ihr waren, Karl der IX., der Herzog von Anjou und Margaretha; der Herzog von Alençon war bei seinen Lehrern zu Vivonne geblieben.*

17 Dritter Religionskrieg 1568–1570.

18 Es war am französischen Hofe zu jener Zeit üblich, daß das Aufstehen und Zubettgehen offiziell von den Höflingen begleitet wurde. Das «Kabinett» ist das persönliche Wohnzimmer, das jedes Mitglied der königlichen Familie hatte; es ist mit dem Schlafzimmer verbunden.

19 *Ludwig Béranger von Guast hatte damals sich des Vertrauens des Herzogs von Anjou bemeistert. Er mußte diese Ehre teuer büßen; sein tragischer Tod im Jahre 1575 wurde der Rache der Königin Margaretha zugeschrieben.*

20 *Die Liebe des Herzogs von Guise zur Margaretha war schuld, daß sie mit ihrem Bruder, dem Herzog von Anjou, zerfiel. Der Herzog von Guise hielt sich ihrer nicht unwert; er stammte mütterlicherseits von königlichem Geblüt und vereinigte mit allen Tugenden eines Helden die größte Liebenswürdigkeit des Geistes und des Körpers. In seinem zwanzigsten Jahre kommandierte er die Arriergarde der katholischen Armee zu Jarnac und hatte Poitiers gegen den erfahrenen Admiral Coligny mit außerordentlicher Tapferkeit und vieler Klugheit verteidigt. Von seinen Ahnen hatte er den Mut, die Ehrbegierde und die Menschenfreundlichkeit geerbt, die Aufmerksamkeit des ganzen Hofs Karls des IX. war auf ihn gerichtet, und Karl selber bezeugte ihm die größte Achtung. So große Vorzüge waren wohl fähig, der jungen Prinzessin Liebe einzuflößen; ihre Feinde behaupten, sie habe ihm nicht widerstehen können und er hätte nicht Ursache gehabt, sich über zu große Strenge bei ihr zu beklagen. Der Herzog von Anjou, als er von ihrer Neigung, die sie nicht genug zu verbergen wußte, Nachricht bekam, ward ganz wütend darüber; von der Zeit an nährte er den Haß und den Neid, der in der Folge den Abgrund zu den Füßen des Herzogs von Guise öffnete, in welchen beide sich hineinstürzten. Eine heimliche Ahndung bezeichnete ihm diesen Helden als den gefährlichsten unter seinen Mitbewerbern, in seinen Augen war es also ein unverzeihliches Verbrechen, diesen Mann zu lieben, und er war von dem Augenblick an der unversöhnliche Feind seiner Schwester. Auch diese Entzweiung ist in den Libellen der Zeit entsetzlich vergiftet*

worden. Man ging so weit, in der Unzufriedenheit des Herzogs von Anjou einen Ausdruck des Zorns bemerkt haben zu wollen, der nur dem beleidigten Geliebten * *natürlich ist. Wie dem auch sei, Margaretha hatte vielen Verdruß und Leiden davon; sie selber gesteht in ihren Memoiren nichts über diese Liebe; entgehen kann es indessen nicht, daß der Herzog von Guise ihr nicht mißfiel. Ungeachtet sie aber diese unglückliche Neigung so zu verbergen wußte, so hatte der Herzog von Anjou doch nicht Unrecht, ihrer geheimen Verbindung mit den Guisen zu mißtrauen. Eine Frau hat kein Geheimnis für den Mann, den sie liebt. Karl der IX. ward endlich selbst von dieser genauen, laut gewordnen Verbindung unterrichtet.*

21 Die heutige Forschung zweifelt nicht daran, daß Margaretha mit Guise damals ein Verhältnis oder eher einen Flirt hatte. Daß es sich hierbei aber um eine große Leidenschaft und den Beginn eines Lebens in schamloser Promiskuität gehandelt hätte, gehört der Legende an. In Margarethas Memoiren sind ihre Liebesbeziehungen kein Thema. Diese Leerstelle in Sachen Erotik ist für damalige Lebensbeschreibungen typisch und darf deshalb nicht als gezieltes Verschweigen oder als falsche Beschönigung angesehen werden.

22 *Sebastian, König von Portugal, ließ durch Gesandte bei Karl dem IX. um seine Schwester Margaretha anhalten. Dieser aber hatte während der Friedensunterhandlungen von 1570 den Protestanten und der Königin von Navarra die*

* Es gehörte zu den in Umlauf gebrachten Schmähungen, daß man der Königin Margaretha neben allgemeiner sexueller Freizügigkeit auch den Inzest mit ihren Brüdern vorwarf.

Verbindung von Margaretha mit dem jungen Prinzen von Navarra angetragen, weil er wichtige Vorteile von dieser Verbindung voraussah. Papst Pius V. erfuhr einiges von diesem Projekt auf Margaretha und schickte einen Legaten an den französischen Hof, der sich für den Antrag des Sebastian von Portugal interessieren sollte. Karl der IX. gab diesem Legaten unbestimmte Antworten, der Kardinal sagte ihm aber nach einiger Zeit, er dürfe keine befriedigende Antwort vom Hofe erwarten, weil Margaretha schon mit dem Herzog von Guise versprochen sei.

Der Legat hinterbrachte auf der Stelle der Königin Mutter und dem Könige die Worte und Projekte der Guisen. Karl der IX., der über alle Beschreibung argwöhnend und gegen die allerkleinste Beleidigung aufs äußerste empfindlich war, beschloß diese Verbindung auf jede Weise zu zerstören, sowohl weil sie ein Hindernis für seine politischen Absichten war, als weil er sie als eine Verunehrung seines Hauses ansah; in seinem Ungestüm überschritt er alle Grenzen der Mäßigung; sein unehelicher Bruder, Heinrich von Angoulême, Großprior von Frankreich, ward sogleich zu ihm gerufen: «Von diesen beiden Degen», rief er ihm zu, «ist der eine bestimmt, dich zu ermorden, wo du mit dem andern morgen auf der Jagd nicht den Herzog von Guise ermordest!» Dann redete er mit ihm ab, daß er sichre und entschloßne Leute mit sich nehmen und unter dem Vorwand eines Streites den Herzog auf der Jagd ermorden sollte. Der Großprior versuchte wirklich diesen Meuchelmord zu verüben, aber sein Mangel an Mut verhinderte die Ausführung, und als ihm der König seine Feigherzigkeit in harten Ausdrücken vorwarf, beschloß er diesem zu willfahren, es koste was es wolle; der Herzog von Guise wußte es aber zu verhindern. Er war von d'Entragues, dem Vertrauten des Königs, im Geheimen benachrichtigt, daß man nach seinem Leben trachte, und er vermied daher alle Jagdpartien. Da er aber fürchten mußte, den Argwohn und die Wut des Königs nicht besänftigen zu können, wenn er nicht eine andre Verbindung schlösse, so vermählte er sich mit Katharina von Clèves, Witwe Antons von Croy, Fürsten von Porcien. Ihr zu Gunsten ward die Grafschaft Porcien oder Porcian zum Fürstentum erhoben. Diese Vermählung ward in aller Geschwindigkeit und Stille ohne alle Festlichkeit vollzogen; woraus der Hof auf die Genauigkeit des Verhältnisses mit Margaretha schloß, da er ein so entscheidendes Mittel anwenden mußte, es zu endigen. Doch soll es einem treuen Berichte zufolge zu dieser Zeit noch nicht völlig geendigt worden sein, der Herzog blieb ihr Anbeter bis zu ihrer Vermählung mit dem Prinzen von Navarra. Es ist vielleicht hier ein schicklicher Ort, etwas über den Charakter Karls des IX. zu sagen. Die Historiker waren stets zu sehr bemüht, das abscheuliche Blutbad, das unter seinem Namen angerichtet worden ist, der mit großem Recht so verhaßten Katharina von Medici allein zuzuschreiben; diese scheinen aber den Charakter Karls des IX. nicht genug studiert zu haben. Im Anfange seiner Regierung gab er einen schwachen Schimmer von Hoffnung, er war aber von Natur hart, ungestüm und blutdürstig. Bis auf seine Ergötzlichkeiten trug alles das Gepräge seines wilden Gemüts; er wollte einst einen Herrn seines Hofes, mit dem er gespielt hatte, umbringen, dieser hatte noch eben Zeit, sich in ein Kabinett zu retten und die Türe hinter sich zu verschließen. Die beabsichtigte Ermordung des Herzogs von Guise kann uns zur Bestätigung dieses Gemäldes dienen. Nach diesen Beispielen darf man wohl voraussehen, daß Karl der IX. niemand brauchte als sich selbst, zu dem Plan, eine Million seiner Untertanen in einer Nacht zu ermorden.

23 *Margaretha erzählt die Vermählung des Herzogs von Guise nicht ganz ebenso; sie schreibt es sich selber zu, sie zustande gebracht zu haben, aber ihre Memoiren weichen von allen andern der Zeit ab; überhaupt wußte sie manche Stelle ihres Lebens geschickt zu umgehen.*

24 *Philipp II.*

25 *Unter dem nichtigen Vorwande, die Prinzessin Margaretha sei noch zu jung, wurden die portugiesischen Gesandten zurückgeschickt. Kaiser Maximilian II. hielt nochmals für Rudolph, König von Ungarn, um sie an. Aber ihr unglücklicher Stern widersetzte sich dieser Verbindung, durch welche sie glücklich und zufrieden geworden wäre; sie war unwiderruflich dem Prinzen von Navarra bestimmt; Karl IX. schlug jedes andre Gesuch um sie eigensinnig und unerbittlich ab, weil jene Verbindung in seine politischen Absichten paßte, und Margaretha mußte ihre Unzufriedenheit und ihren Schmerz in sich verschließen.*

Pibrac hat die Bemerkung gemacht, daß die Gemahlinnen der Könige von Navarra nie glücklich und ruhig und nie mit ihren Gemahlen in Einigkeit gelebt haben. So war Ludwig Hutin, König von Frankreich und Navarra, und Margaretha von Burgund, die er wegen ihrer Ausschweifungen einsperren und hernach erdrosseln ließ. Philipp der Lange, König von Frankreich und Navarra, und Johanna von Burgund, die genötigt war, sich durch einen Eid von beschimpfenden Beschuldigungen zu reinigen. Karl der Schöne, König von Frankreich und Navarra, und Blanka von Burgund, die er wegen ihrer schlechten Aufführung verließ und einsperrte. Heinrich d'Albret, König von Navarra, und Margaretha von Valois, Schwester Franz I., die von ihrem Gemahl übel behandelt ward und noch mehr hätte leiden müssen, wenn er nicht ihren Bruder, den König, gefürchtet hätte.

Endlich Anton von Bourbon, König von Navarra und Vater Heinrichs IV., der ganz getrennt von seiner Gemahlin, Johanna d'Albret, lebte. Margaretha von Valois, Gemahlin Heinrichs IV., beschließt und vollendet diese traurige Reihe.

26 Heinrich IV. (1553–1610) aus dem Hause Bourbon, seit 1572 König von Navarra und seit 1589 König von Frankreich. Er war mit Margaretha von Valois zwischen 1572 und 1599 vermählt, ließ diese erste Ehe annullieren und heiratete 1600 Maria von Medici (1573–1642). Margaretha beginnt mit der Niederschrift ihrer Memoiren im Jahre 1594.

27 *Die Königin von Navarra war nach den Schwierigkeiten, die ihr einige Minister machten, sehr in Zweifel geraten; sie schrieb an mehrere verständige und gelehrte Protestanten sowohl in Frankreich als auswärts und bat sie dringend, ihr zu sagen, ob diese Vermählung sich mit dem Frieden der Kirche und ihres Gewissens vertrüge. Die Antworten, welche sie erhielt, waren ebensoviel Zeugnisse der verschiedenen Meinung eines jeden. Die, welche nichts gründlich untersuchten und nur den augenblicklichen Frieden vor Augen hatten, waren für diese Verbindung und baten die Königin, sie zu beschleunigen. Andre aber, die mehr in den Geist des Hofes eindrangen, hegten gerechten Argwohn. Sie beschworen Johanna d'Albret, sich an die Verdrießlichkeiten zu erinnern, welche der König, ihr verstorbener Gemahl, am französischen Hofe erlitten hatte; daß sie nicht vergessen möchte, daß Katharina von Medici niemals verzeihe und nicht aufhöre, den König mit den tödlichsten Feinden der Protestanten zu umgeben. Sie unterstützten von beiden Seiten diese Meinung mit vielen Gründen, sowohl theologischen als politischen, und Johanna d'Albret ward nur noch unentschlossener durch diese Verschiedenheit der Meinungen. Ihr Kanzler*

Francourt aber, der Admiral, der Marschall von Cossé und die andern Häupter der Partei machten durch ihr wiederholtes Anliegen, daß sie sich auf die Seite des Hofes neigte, und die Briefe des Königs und der Königin Mutter befestigten ihren Entschluß. Der Hof bezeigte ihr das größte Zutrauen und überließ es völlig ihr allein, alles zu bestimmen und zu ordnen. Ihr Schicksal wollte es so, daß sie ihrem Unglück freiwillig entgegengehen sollte. Sie suchte ihre Zweifel, ihre Furcht, ihre Kenntnis der italienischen List zu vergessen, reiste zum Leidwesen aller Einwohner von la Rochelle ab und begab sich mit einem großen Gefolge nach Blois, wo sich der französische Hof befand. Die Liebkosungen, mit denen sie dort empfangen ward, sind nicht zu beschreiben. Karl IX. studierte recht darauf, ihr alle nur erdenkliche Beweise der Freundschaft zu geben. Er nannte sie seine liebe Tante, seine gute Tante, sein Alles, seine Vielgeliebte; und nachdem er von ihr ging, sagte er zur Königin Mutter: «Nun, spiele ich meine Rolle nicht gut?» – «Recht gut», erwiderte diese, «aber das Ende muß erst alles krönen!»

Während des Aufenthalts des Hofes zu Blois wurde das Osterfest mit allem Glanz und aller ausschweifenden Pracht gefeiert, von welcher Katharina beständig umgeben war. Brantôme gibt uns ungefähr eine Idee davon, indem er beschreibt, wie Margaretha am Palmsonntage bei der Prozession geschmückt war. «Ich sah sie bei der Prozession, sie war so schön, als man nie wieder auf der Welt etwas so Schönes sehen wird; denn außer der Schönheit ihres Gesichts und ihres hohen, schön gebauten Körpers war sie sehr reich und prächtig gekleidet und herrlich geschmückt. Ihr schönes Angesicht glich dem Himmel in seiner freudigsten heitersten Klarheit, und ihr Kopf war von einer solchen Menge großer Perlen und glänzender Diamanten und andern Edelsteinen *in der Form von Sternen geschmückt, daß man wohl sagen konnte, die natürliche Schönheit des Gesichts und die künstliche der Sterne stritten mit dem gestirnten Himmel um den Preis der Schönheit. Ihr schöner Leib und ihr reicher hoher Wuchs waren in Goldstoff gekleidet, der vortrefflichste und reichste, den man je in Frankreich gesehen; es war ein Geschenk des Großsultans an den französischen Gesandten, Herrn von Grand-Champ; es ist seine Gewohnheit, den Gesandten der großen Höfe ein solches Stück von fünfzehn Stab zu schenken; dieser Grand-Champ sagte mir: der Stab habe hundert Taler gekostet, denn es war ein rechtes Meisterwerk. Bei seiner Zurückkunft in Frankreich wußte Grand-Champ diesen prächtigen Stoff nicht besser anzuwenden, als daß er ihn an die Prinzessin Margaretha überreichte, damit er, von ihr getragen, nach seinem vollen Wert gewürdigt erscheine. Sie ließ sich ein Kleid davon verfertigen und trug es an diesem Tage zum ersten Mal, und es stand ihr ganz unvergleichlich schön. Sie trug es den ganzen Tag, obgleich es sehr schwer war; ihr schöner, starker, reicher Wuchs konnte es wohl ertragen; wenn sie ein schwacher, kleiner, spannlanger Knirps gewesen wäre, so wie ich selbst wohl solche Damen gesehen habe, sie wäre unter der großen Last eingesunken, oder sie hätte müssen, wie es viele andre tun, ein anderes Kleid anziehen. Und wie sie nun so nach ihrem Rang mit der Prozession ging, das Gesicht unbedeckt*, um die Welt an diesem schönen Tage nicht ihres schönsten Lichtes zu berauben; in der einen Hand die Palme tragend (so wie es von jeher bei unsern Königinnen Gebrauch ist), mit königlicher*

* Zu ihrer Zeit trugen die Damen gewöhnlich Masken, wenn sie ausgingen

Majestät, mit hoher sanfter Anmut und auf eine ihr ganz eigentümliche Weise, die von allen andern verschieden war, so hätte gewiß ein jeder, auch ohne sie zu kennen, gesagt: Diese Prinzessin übertrifft alle andern! Wir Hofleute riefen auch alle einstimmig: Diese Prinzessin mag wohl die Palme tragen, denn sie übertrifft jede andre an Schönheit, Anmut und Vortrefflichkeit! Bald aber begegnete man der Königin von Navarra nicht mehr so freundlich und zuvorkommend, als anfangs geschehen war; Katharina war nun sowohl der Häupter der Protestanten als der Begierde des Prinzen von Navarra, sich mit Margaretha zu vermählen, sicher geworden, sie tat sich also weniger Gewalt an und ließ die Königin von Navarra die kränkendsten Demütigungen erfahren. Diese erklärte sich gegen ihren Sohn darüber in dem folgenden Briefe, worin sie ihn abzuraten scheint, Béarn zu verlassen. Laboureur sagt: «In diesem Briefe stehen sehr sonderbare Dinge das unsittliche Leben am Hofe betreffend, welche sichtbar die Absicht Gottes rechtfertigten, das Haus der Valois im Feuer des Bürgerkrieges zu zerstören und durch ein und dasselbe Mittel das Reich wieder herzustellen und zu vereinigen.»

«Mein Sohn, ich bin hier in großen Nöten und dermaßen aufs äußerste gebracht, daß ich viel leiden müßte, wenn ich mich nicht vorgesehen hätte. Ich sende Dir den Boten in großer Eil, wodurch ich verhindert werde, Dir wie das vorige Mal einen weitläufigen Bericht zu erstatten; ich kann ihm nur kurze Memoiren und Zettel mitgeben, das Ausführliche mag er Euch mündlich sagen. Ich hätte Euch wohl Richardieren senden können, er ist aber zu ermüdet, auch könnte er wohl diesem Boten, welchen ich wegen verschiedener Dinge besonders sende, bald folgen dürfen, da die Sachen sich so wenden und sich verhalten. Ich muß jetzt ganz anders unter-

handeln, als ich erst hoffen durfte nach den Versprechen, die ich erhielt. Man läßt mich weder mit dem Könige noch mit der Prinzessin sprechen, sondern mit der Königin Mutter allein; und diese begegnet mir sehr zweideutig und sehr spitz, so wie der Bote es Euch auch mündlich erzählen wird. Monsieur Herzog von Anjou begegnet mir sehr zutraulich, aber immer halb scherzhaft, halb verstellt, wie Ihr ihn schon kennt. Die Prinzessin sehe ich nie, außer bei der Königin, von welcher sie sich nicht entfernt; sie geht nicht eher in ihr Zimmer, als zu einer für mich sehr unbequemen Stunde, und selbst dann rührt Frau von Curton sich nicht von ihrer Seite, so daß ich ihr gar nichts sagen kann, was diese nicht hören soll. Euren Brief habe ich ihr noch nicht zeigen können, aber es soll gewiß bald geschehen. Ich sagte ihr davon, sie ist sehr zurückhaltend und antwortet mir immer in allgemeinen Ausdrücken des Gehorsams und der Achtung gegen mich und Euch, als Eure künftige Gemahlin.

Da ich nun sehe, mein Sohn, daß nichts vorwärts rückt und daß man mich dahin bringen will, die Sachen zu übereilen, anstatt sie ordentlich zu führen, so habe ich schon dreimal mit der Königin davon gesprochen; aber diese verspottet mich nur und sagt, wenn ich den Rücken wende, den Leuten ganz etwas anders wieder, als was ich ihr sagte; so daß meine Freunde mich hernach darüber tadeln, und doch kann ich die Königin keiner Unwahrheit zeihen; denn wenn ich zu ihr spreche: ‹Gnädige Frau, es heißt, ich habe Euch diese oder jene Worte gesagt›, so leugnet sie es geradezu ab, obgleich sie recht wohl weiß, daß es durch sie herkommt, lacht mir gerade ins Gesicht und behandelt mich auf eine Weise, daß ich wahrlich so viel Geduld brauche als Griseldis. Sage ich ihr meine Ursachen, warum ich glaube, sehr entfernt von den schönen Hoffnungen zu sein, die sie mir gegeben, und denke dann auf eine gute Art mit ihr zu unterhandeln, so leugnet sie alles ab. Der Überbringer wird Euch die Memoiren solcher Unterredungen geben, aus denen Ihr meine ganze Lage beurteilen könnt. Geh ich dann von ihr, so finde ich einen Schwarm Hugenotten, die mehr in der Absicht zu spionieren als mir beizustehen, mich von den Anführern und von Leuten unterhalten, denen ich hernach wieder viele Reden führen muß, welches ich doch wieder ohne Streit nicht ausweichen kann. Andre sind mir wieder auf eine andre Art hinderlich, die ich mir aber, so gut ich kann, vom Halse schaffe; das sind nämlich die Hermaphroditen der Religion. Ich kann nicht sagen, daß ich ohne Ratgeber bin, denn jeder erteilt mir einen andern. Da die Königin nun sieht, wie sehr ich schwanke, so behauptet sie, sich nicht mit mir vergleichen zu können, und verlangt, daß einige von den Eurigen sich versammeln und Mittel finden sollen. Sie hat mir die genannt, die von beiden Seiten dazu ernannt werden sollen. Es geschieht alles nur durch die Königin, und darum, mein Sohn, schicke ich Euch in Eil diesen besondern Boten. Ich bitte Euch, sendet mir meinen Kanzler, denn ich habe hier keinen Menschen, der so viel wüßte und bewerkstelligen könnte als dieser. Ich muß sonst alles verlassen, denn bisher bin ich nur durch das Versprechen herumgeführt worden, daß die Königin sich mit mir vergleichen würde. Aber sie tut nichts als spotten, will von der Messe nichts ablassen, von der sie niemals so als jetzt gesprochen hat. Von der andern Seite verlangt der König, daß ich an ihn schreiben soll. Sie haben mir erlaubt, daß ich mir darf Geistliche kommen lassen, um mir Rats bei ihnen zu erholen. Ich habe nach den Herren von Espina, von Merlin und nach einigen andern geschickt, die ich befragen will. Euch bitte ich zu bemerken, daß man Euch durchaus hier haben will; überlegt Euch das, wenn der König darauf be-

stände, wie man sagt, das wäre mir sehr unlieb. Sollte Herr von Francourt Schwierigkeiten machen, herzukommen, wie ich ihn darum ersucht habe, so bitte ich Euch, mein Sohn, ihn dazu zu überreden und es ihm zu befehlen. Gewiß, Ihr würdet mich bedauern, wenn Ihr meine Not kenntet! Es begegnen mir harte Dinge hier; anstatt ernsthaft mit mir zu unterhandeln, so wie das Geschäft es eigentlich verdient, höre ich nichts als Spöttereien und leere Worte; da ich es mir nun zum Gesetz gemacht habe, mich nicht aufbringen zu lassen, so habe ich viel Geduld nötig, auch ist meine Geduld ein wahres Wunder; ich werde ihrer immer mehr bedürfen, das weiß ich gar wohl; wenn ich nur nicht erkranke, denn ich fühle mich gar nicht wohl!

Euer Brief ist ganz nach meinem Wunsch; sobald es möglich ist, werde ich ihn der Prinzessin zeigen; was ihr Porträt betrifft, so will ich es von Paris holen lassen. Sie ist schön, anmutig und sehr verständig, aber in der verderbtesten, verruchtesten Gesellschaft auferzogen, die jedem etwas mitteilt, der hineingerät. Eure Muhme, die Marquise von Conti, ist so durch diese Gesellschaft verändert, daß sie nicht einmal mehr den Schein unsrer Religion hat, ausgenommen, daß sie keine Messe hört; diese Abgötterei ausgenommen, ist ihre übrige Lebensart ganz wie die der Papisten. Die Prinzessin, meine Schwester, macht es noch ärger; dies schreibe ich Euch im Vertrauen! – Der Überbringer wird Euch erzählen von des Königs Ausgelassenheit; es ist zum Erbarmen! Ich wollte um keinen Preis, daß Ihr hier bleiben müßtet, darum wünsche ich es sehr, Euch vermählt zu sehen und daß Ihr Euch mit Eurer Frau aus dieser Verderbnis zurückzieht, die ich noch größer finde, als ich sie vermutete. Hier werben die*

* Margaretha von Bourbon, Herzogin von Nevers

Männer nicht um die Frauen, sondern die Frauen werben um die Männer; wärt Ihr hier, so könntet Ihr ohne die besondre Gnade Gottes gar nicht davon loskommen. Ich sende Euch einen Strauß, ihn auf das Ohr zu stecken, weil Ihr verkauft werden sollt, und Knöpfe zu einer Mütze. Die Männer tragen jetzt viele Edelsteine. Für hunderttausend Taler sind schon für Euch angeschafft, und es sollen täglich mehr gekauft werden. Man sagt, die Königin ginge mit Monsieur nach Paris. Wenn ich noch hier bleibe, so gehe ich nach dem Vendômois. Ich bitte Euch, mein Sohn, sendet mir den Boten gleich zurück, und in Eurem Briefe an mich setzt: daß Ihr nicht an die Prinzessin schreiben dürft, aus Besorgnis, sie zu erzürnen, weil Ihr nicht wißt, wie sie Euren ersten Brief aufgenommen hat.

Ich bleibe bei meiner Meinung, daß Ihr wieder zurück nach dem Béarn müßt. Mein Sohn, Ihr habt aus meinem vorigen Briefe wohl schließen können, daß man im Sinne hat, Euch zu trennen von Gott und von Eurer Mutter. Dieser Brief enthält nicht das Gegenteil, und Ihr könnt wohl denken, wie besorgt ich um Euch bin. Ich bitte Euch, betet zu Gott, denn Ihr habt seinen Beistand jeder Zeit, und besonders jetzt, recht sehr nötig; so wie ich für Euch zu ihm bete. Er gebe Euch, mein Sohn, alles was Euer Herz wünscht.

Blois, den 8. März.

Eure gute beste Freundin

Johanna

P. S. Mein Sohn, seit ich diesen Brief geschrieben, habe ich der Prinzessin gesagt, was in Eurem Briefe steht, denn Ihr den Brief selber zu geben, fand ich nicht tunlich. Darauf sagte sie: Man wisse ja wohl, daß, eh' noch von irgend etwas die Rede war, sie stets dem Glauben, in welchem sie geboren sei, sehr angehängt habe. Darauf antwortete ich ihr, daß diejenigen, die diese Sache zuerst betrieben, nichts davon erwähnt hätten, sondern im Gegenteil mir die Sache wegen der Religion als etwas Leichtes vorstellten, als etwas, wozu sie selber Neigung habe; ich würde sonst gar nicht so weit gegangen sein, ich bäte sie also sehr, es zu überlegen. Ehemals hat sie nie weder so hart noch bestimmt geantwortet; ich glaube, sie sagt nichts, als was man für gut findet, sie sagen zu lassen; so wie auch alles, was man von ihrem Verlangen zu unsrer Religion behauptete, nur geschah, um uns zu betrügen. Ich verliere keine Gelegenheit, etwas aus ihr hervorzulocken, was mich befriedigen könnte. Auf den Abend fragte ich sie, ob sie Euch nichts zu bestellen habe? Sie schwieg aber ganz still, und als ich in sie drang, sagte sie, sie dürfe ohne Erlaubnis Euch nichts bestellen lassen; sonst ward mir aufgetragen, sie Euch zu empfehlen und daß Ihr herkommen müßtet! Ich aber sage Euch das Gegenteil.»

Ohngeachtet ihrer Ahndungen und ihres Widerwillens, konnte die Königin von Navarra dennoch nicht der List des Hofes entgehen, und der Heirats-Kontrakt ward zu Blois den 11. April unterzeichnet. Karl IX. verspricht seiner Schwester darin dreimal hunderttausend Taler; die Königin Mutter zweimal hunderttausend, die Herzoge von Anjou und von Alençon jeder fünfundzwanzigtausend. Das Witwengehalt ward auf vierzigtausend Livres jährlicher Renten bestimmt, nebst dem Schloß Vendôme mit den Möbeln zur Wohnung. Johanna d'Albret verschrieb ihrem Sohn darin den Nießbrauch und die Nutzung der obern und niedern Grafschaft Armagnac und überließ ihm zwölftausend Livres von ihrem Witwengehalt, die sie von der Grafschaft Harle hatte. Der Kardinal von Bourbon gab auch aus Freundschaft für seinen Neffen, den Prinzen von Navarra, alle Rechte auf, die ihm als Bourbon zukamen, und ernannte ihn zum ältesten rechtmäßigen Erben des Hauses.

Margaretha zeigte sich nach und nach etwas geneigter gegen den Prinzen von Navarra; es sei, daß die Bitten seiner Mutter sie bewegt oder daß die Heftigkeit des Königs sie erschreckt hatte oder auch, daß sie befürchtete, den Lärm wegen des Herzogs von Guise wieder aufs neue zu erregen, wenn sie länger sich weigerte. Johanna d'Albret reiste sogleich nach Paris, um Anstalten zur Vermählung zu treffen und den kostbarsten Schmuck und die schönsten Kleinodien zu kaufen. Sie wohnte in Paris im Hause des Bischofs von Chartres, Johann Guillart, der sich öffentlich für den Protestantismus erklärt hatte. Sie war kaum angelangt, so durchlief sie alle Magazine, kaufte Kleinodien und tausend Kleinigkeiten, mit denen der französische Hof sich gern schmückte.

Diese Beschäftigung konnte aber ihren innern Gram nicht zerstreuen. In dem Briefe an ihren Sohn ist es sichtbar, wie gepreßt ihr Herz war; hätte sie einen Schritt zurück tun können, so wäre diese Verbindung gewiß nie zustande gekommen. Sie sah die traurigen Folgen voraus und erhielt täglich die erschreckendsten Winke. Diese wiederholten heftigen Erschütterungen rissen sie mitten in ihrer Laufbahn dahin. Sie starb am 9. Juni in ihrem 44. Jahre. Ihre gleichzeitigen Geschichtsschreiber verbreiteten vielerlei Volksgerüchte über die Ursache ihres Todes; es hieß, sie wäre durch den Geruch vergiftet worden, von einem Paar wohlriechenden Handschuhen, die sie von dem Italiener René, einem Anhänger der Königin Mutter, gekauft hatte. Der einzige d'Aubigné gibt diese Sage für Gewißheit aus und stützt sich einzig nur auf die Weigerung der Ärzte, ihr Gehirn zu untersuchen, als auf Befehl des Königs ihr Leichnam geöffnet wurde. Man darf d'Aubignés Aussage verwerfen, wegen seiner Parteilichkeit für den Protestantismus. Außerdem gibt es keine Gründe, warum Johanna d'Albret nicht eines natürlichen Todes gestorben sei. Ihre Sorgen und der vielfache Verdruß waren genug Ursachen des Todes.

Keine Fürstin verdiente es mehr beweint zu werden als diese! Sie zeigte in ihrem sehr unruhevollen Leben einen unerschrocknen Geist und unüberwindlichen Mut. Sie war ihrer Religion sehr ergeben und sparte weder Mühe noch Reichtümer, um sie zu unterstützen. Nach Biscajen, welches zu dem Königreich Navarra gehörte, schickte sie Prediger, welche die baskische Landessprache redeten, um das Volk zu unterrichten, und ließ die Genfer Gebetbücher in diese Sprache übersetzen. «Eine sehr geistreiche Fürstin!» sagt Mathieu von ihr, «sehr kunstreich in allen schönen Erfindungen; sie liebte die Dichtkunst, machte selbst gute Verse, besaß ein starkes Gedächtnis, konnte die Psalmen auswendig hersagen und wußte jedesmal genau die Zahl des Verses. Ihre Prediger erteilten ihr die Erlaubnis, während der Predigt ihre Stickerei zu verfertigen, damit sie nicht einschlafe; und ihr Gedächtnis war so stark, daß sie hernach die ganze Predigt Wort für Wort auswendig wußte.»

Nach dem Tode des Prinzen Condé sah sie ohne Erschrekken ihre Partei beinah völlig niedergeworfen, die ganze Macht des Königs gegen sich gewendet und den Haß der Katholiken gegen ihren Sohn entflammt. Ungeachtet aller dieser Gefahren sah man sie mutig ihr Land verlassen, ins Lager eilen, ihr Leben, ihre Güter, ja ihren Sohn preisgeben, um die Sache der Protestanten zu verteidigen, ihre Häupter anzufeuern und zu unterstützen, und endlich sich ihrer Länder und ihres kostbarsten Eigentums entäußern. Sie erklärte in ihrem Testamente ihren Sohn zum einzigen rechtmäßigen

Erben, empfahl ihm, Gott zu fürchten, dem Könige zu dienen, seinen Vetter den Prinzen von Condé zu lieben, dem Rat des Admirals Coligny zu folgen, seinen Glauben nie zu verlassen und auf keine Weise zuzugeben, daß seine Schwester Katharina an einen Mann von einer andern Religion vermählt würde. Dann starb sie ruhig, von ihren Geistlichen umgeben. So war das Ende dieser Fürstin. Sie war, sagte d'Aubigné, bloß dem Geschlechte nach eine Frau; ihr Geist war der eines Mannes; ihr Verstand mächtig in großen Dingen und ihr Herz unüberwindlich im Unglück.

Wegen der Trauer um die Königin Johanna ward die Vermählung noch aufgeschoben; diese Zeit benutzte der geheime Rat, die Maschine ins Werk zu setzen. Man schmeichelte dem Admiral, den man mit den andern Häuptern der Protestanten fangen wollte, mit dem Generalgouvernement, das er in dem flandrischen Kriege zu haben wünschte; und schrieb ihm Briefe über Briefe, so daß er sich gegen die Wünsche und den Willen seiner Freunde, wie von seinem Schicksal gezogen, überreden ließ, Châtillon zu verlassen und an den Hof zu gehen. Als er zu Pferde steigen wollte, kam eine Bäuerin aus Châtillon eiligst gelaufen, warf sich zu seinen Füßen und umfaßte sie: «Ach mein guter Herr!» rief sie, «wo geht Ihr hin in Euer Verderben? Wir sehen Euch nie wieder, wenn Ihr nach Paris geht, denn dort müßt Ihr sterben, sowohl Ihr als alle, die mit Euch sind. Wenn Ihr nicht Mitleid habt mit Euch selber, so habt Mitleid mit Eurer Gemahlin, mit Euren Kindern und mit den vielen guten Leuten, die mit Euch gehen und Eurentwegen sterben werden.» Als er sie zurückstieß und sie wahnwitzig nannte, wandte sie sich zur Frau von Coligny und beschwor sie, ihren Mann abzuhalten, daß er nicht nach Paris reise, denn sie könnte versichern, daß er nie wieder zu den Seinigen kehren und Schuld an dem

Tod von mehr als Zehntausenden sein würde. L'Etoile hat dieses von einem gehört, der dabei war.

Die Handschrift, die den französischen Drucken der Memoiren als Vorlage dient, hat oben im Text an dieser Stelle eine Überlieferungslücke; die Mitteilungen über Jeanne d'Albret, die Mutter Heinrichs von Navarra, fallen deshalb bei Margaretha relativ spärlich aus.

28 *Der Admiral und die Fürsten, welche nach ihm kamen, wurden sehr wohl am Hofe aufgenommen. Die Trauerkleider, in welchen sie ihren Einzug hielten, wurden von vielen für eine traurige Vorbedeutung gehalten. Um sie in ihrem Zutrauen einzuschläfern, ließ der König im ganzen Reiche aufs neue die Bestätigung des Friedens bekanntmachen; bei allen Gelegenheiten gab er ihnen mehr, als sie verlangten, und sagte dann zu seinen Günstlingen: «Ich locke die Vögel wie der Falkonier.» Man sprach sogar ganz laut bei Hofe davon, daß die Livreen am Hochzeittage rot sein würden und daß mehr Blut dabei vergossen werden sollte. Der Kardinal von Bourbon fand irgend etwas nicht recht bestimmt in dem Päpstlichen Breve von Gregorius XIII.; er schickte es noch einmal zurück, um es gehörig ändern zu lassen. Der König, ganz ungeduldig über diesen Aufschub, sagte zu dem Admiral in einem Ton, der scherzhaft sein sollte, der aber seinen Grimm verriet: «Der alte Scheinheilige mit seinen Heucheleien bringt meine dicke Schwester Margot um viel Zeit.» Der Eifer des Königs und seine Eil hätten den dunkeln Gerüchten über jene blutigen Absichten mehr Gewicht geben müssen, aber er diente im Gegenteil vielmehr, sie zu zerstreuen und die Protestanten dergestalt zu blenden, daß sie alle Winke verachteten, die sie von allen Seiten erhielten, sowohl über die Gefahr, in welcher sie in Paris wären, als über die Truppen, welche die Guisen zusammenzogen, und*

endlich bestimmt über den entsetzlichen Ausgang der Hochzeitfeste. «Das sind Träume, Wahnwitzige», sagte dann der Admiral, «ich bin ganz fest entschlossen, die Katastrophe abzuwarten; lieber will ich mich durch die Straßen von Paris schleifen lassen, als einen vierten Bürgerkrieg veranlassen!»

29 *Der König von Frankreich, der König von Navarra, die Herzöge von Anjou und von Alençon und der Prinz von Condé trugen Uniformen, Kleider von blaßgelbem Atlas, mit Perlen und Edelsteinen reich gestickt. Es ward bemerkt, daß, ausgenommen den Bräutigam, alle Protestanten sehr einfach gekleidet waren, die katholischen Herrn sich aber in der größten Pracht zeigten.*

30 An dieser Stelle haben Margarethas Memoiren eine zweite Überlieferungslücke, wahrscheinlich von wenigen Zeilen, so daß vermutlich die Beschreibung der Messe weggefallen sein dürfte.
Sie wurden von dem Kardinal von Bourbon nach einem Formular, worüber beide Parteien übereingekommen waren, getraut, am Sonntage den 17. August. Als Margaretha gefragt wurde, ob sie den König von Navarra zum Gemahl haben wollte, antwortete sie nicht; der Kardinal stieß sie von hinten an den Kopf, um sie ein Zeichen der Einwilligung geben zu lassen, in Ermangelung der Sprache. D'Avila sagt: Der König selber habe sie an den Kopf gestoßen; darin kommen alle Historiker überein, die Prinzessin Margaretha als ein trauerndes Opfer der despotischen Gewalt zu schildern; denn ihr Bruder hatte ihr nur die Wahl zwischen dieser Heirat und dem Kloster gelassen. Dem Herzog von Guise, der sich etwas auf die Fußspitze erhob, um Margaretha in jenem Moment recht in die Augen zu sehen, warf der König einen so entsetzlich drohenden Blick zu, daß er vor Schmerz und

Entsetzen beinah ohnmächtig ward. Die Prinzessin hörte dann die Messe, während der König von Navarra und die Protestanten in der Kirche und dem Kloster Notre-Dame umhergingen. Nach diesen Zeremonien führte Heinrich von Damville, Bruder des Marschall von Montmorency, den Bräutigam zurück, der seine Braut in Gegenwart des Königs und der Königin Mutter umarmte und sich einige Zeit mit ihr unterredete. Von da ging man in die Bischöfliche Abtei, wo eine vortreffliche Mahlzeit bereitet war, während die Herolde goldne Denkmünzen mit silberner Einfassung unter dem Volke auswarfen. Auf diesen Denkmünzen befanden sich auf der einen Seite die Anfangsbuchstaben der Namen des Brautpaars: H. und M. mit der Umschrift, die zugleich die Namen umschlang: constricta hoc discordia vinclo – dieses Band fesselt die Zwietracht. *Auf der Rückseite eine weibliche Figur in sittsamem Gewande, welche einer flammenden Glut eine Schlange entgegenhält, die sich in den Schwanz beißt, mit der Umschrift:* aeterna quae munda, *welches bedeutete, daß der Frieden, den diese Verbindung stiftete, ewig dauern solle, und da die Schlangen mit ihrem Gifte das Feuer löschen, so war sie ein doppeltes Symbol des künftigen Friedens. Andre hatten ein Lamm mit dem Kreuze, mit den Worten:* vobis annuntio pacem – ich verkünde euch den Frieden.

Nach dem Mittagessen ging der Hof nach dem Louvre zurück, wo der König die Cour annahm und die Stände der Stadt aufs herrlichste bewirten ließ. Dann eröffnete er den Ball, den er aber bald wieder unterbrach, wegen des Balletts, in dem er eine der vorzüglichsten Rollen hatte. Man sah nämlich drei große Wagen in der Form von silbernen Felsen hereinkommen, auf jedem derselben saßen fünf Musiker mit verschiedenen Instrumenten; zwei stellten sich auf beide Sei-

ten des Saals, auf dem dritten, der in der Mitte blieb, stand der berühmte Sänger Le Roy. Dann kamen drei Wagen mit Nischen, die von vier silbernen Säulen getragen wurden, in jeder war eine Meernymphe. Hierauf kamen noch vier Wagen, welche Seetiere vorstellten, gleichfalls von Silber, mit einem Löwenkopf und einem Fischschwanz; auf diesem saßen Gottheiten auf vergoldeten Muscheln und in Goldstoff gekleidet. Zuletzt kam ein vergoldetes Seepferd, das den Neptun mit seinem Dreizack auf einer goldnen Muschel trug. Dieser Neptun war der König von Frankreich; auf dem ersten Wagen befanden sich der König von Navarra und die Prinzen von Geblüt. Alle diese Maschinen bewegten sich in den großen Saal des Louvre, und wenn sie stillstanden, sangen die Musiker vortreffliche Verse, die eigens von den Hofpoeten dazu gedichtet waren. Einen großen Teil der Nacht brachte man damit zu, dieses Schauspiel zu bewundern, dann ging man auseinander. Der Admiral schrieb, als er nach Hause gegangen war, Briefe an seine Gemahlin, die noch vorhanden sind, die ein ewiges Zeugnis seiner Liebe zur Einigkeit und zum Frieden bleiben, die er bei diesen Festlichkeiten fühlte, wie auch Karl IX. und seine Manifeste ihn verleumdet haben.

Den Tag darauf gab der König von Navarra in dem Hotel d'Anjou ein herrliches Mahl, der Ball im Louvre dauerte hernach bis tief in die Nacht. Die Feste am Mittwoch übertrafen alles an Pracht, was bis dahin gesehen worden war. In einem Saal des Palastes Bourbon nah am Louvre ward ein Paradies oder eine Maschinerie, den Himmel vorstellend, erbaut; den Eingang zu diesem Himmel verteidigte der König und seine beiden Brüder in völliger Rüstung; auf der andern Seite war die Hölle, in welcher sich eine große Anzahl von Teufeln und kleinen Teufelchen, ein großes Rad mit kleinen

Glöckchen, unter seltsamen Gebärden und Sprüngen mit vielem Lärm unaufhörlich herumdrehten. Ein Fluß mit dem Nachen des Charons trennte Hölle und Paradies. Weiter zurück hinter diesem sah man die elysäischen Gefilde wie einen schönen grünen Garten mit Bäumen und Blumen, den ein Sternenhimmel umgab, nämlich ein Rad mit den zwölf Zeichen des Zodiakus; den sieben Planeten und eine Menge kleiner Sterne von Kristall, welche alle durch die in dem Himmel herum verteilten Lichter erleuchtet waren. Die Bewegung des Rades drehte zugleich das Paradies umher, worin zwölf Nymphen im einfachen Gewande sichtbar waren.

Mehrere irrende Ritter, vom Könige von Navarra angeführt, nahten sich, um die Nymphen aus dem Paradiese zu entführen, sie wurden aber von den drei Rittern, die es bewachten, zurückgetrieben. Nachdem sie einige Lanzen gebrochen und eine Zeitlang mit den Degen herumgefochten hatten, wurden sie von den Hütern des Paradieses in den Tartarus gestürzt und sogleich von den Teufeln in Fesseln gelegt. Dann kamen Merkur und Kupido von einem Hahn getragen vom Himmel herab und begrüßten mit Gesängen die Wächter des Paradieses wegen ihres Siegs. Darauf gingen die Ritter hin, holten die Nymphen und tanzten mit ihnen um einen Springbrunnen, der mitten im Saale stand, wohl eine Stunde lang, worauf sie sich von dem einstimmigen Bitten aller bewegen ließen, die gefangenen Ritter zu befreien. Sie holten sie heraus und brachen einige Lanzen mit ihnen. Der ganze Saal war voller Funken und Blitze, die von dem Stoß ihrer Waffen hervorsprangen. Alles das verschwand aber, indem auf einmal ein Feuerwerk am Springbrunnen angezündet ward, mit schrecklichem Getöse, mit Feuerströmen, die in wenigen Minuten die ganze

Maschinerie zerstörten, und so endigte das gotische Schauspiel.

Niemals hatte man den König und die Königin Mutter fröhlicher gesehen, sie vergaßen ganz den Schlaf bei diesen Festen und Ergötzlichkeiten. Aber die Musik war nur die Ouvertüre zu dem darauf folgenden Trauerspiel. Durch diese Feste suchte man die Protestanten zu zerstreuen, damit sie auf die Winke, die ihnen aus ganz Frankreich gegeben wurden, nicht achten sollten; bei dem Admiral gelang es ihnen auch völlig. Einige seiner Vertrauten aber waren nicht so ruhig als er; sie machten ihn auf die Anspielung in den Festen vom Mittwoch aufmerksam; dieser Himmel, der vergeblich vom König von Navarra und den Häuptern der Partei angegriffen ward, ihre Gefangennehmung in der Hölle, das Feuer, mit welchem das Schauspiel endigte, alles hatte ihnen Verdacht eingeflößt, und sie suchten ihn dem Admiral mitzuteilen. Am Donnerstag morgen ging Langoiran zu ihm und nahm von ihm Abschied. Da er ihn um die Ursache dieser eiligen Abreise fragte, sagte Langoiran die prophetischen Worte: «Ich gehe, weil man Euch hier so gar wohl aufnimmt und bewirtet, ich mag mich lieber mit den Toren retten, als mit denen, die sich weise dünken, umkommen.» Er nahm den Geschichtsschreiber d'Aubigné mit fort, der sich wegen eines Duells entfernen mußte; so ward uns in d'Aubigné eine glaubwürdige Feder der damaligen Begebenheiten erhalten, obgleich er oft parteiisch für seine Religion ist. Diesen Fliehenden folgte der Marschall von Montmorençy und wenige andre nach. Am Mittwoch schon bat der Hauptmann Blosset, ein Burgunder, der dadurch bekannt war, daß er die Festung Vezelay so brav gegen die Katholiken verteidigt hatte, den Admiral um die Erlaubnis, nach seiner Provinz zurückgehen zu dürfen; «Warum?» fragte dieser; «Weil man uns hier nicht gewogen ist.» – «Wie meint ihr das?» fragte der Admiral; «glaubt sicher, der König ist uns gut!» – «Er ist uns gar zu gut», sagte Blosset, «eben darum habe ich gar große Lust, nach Hause zu gehen. Dächtet Ihr ebenso, das wäre für Euch und für uns sehr gut.» – Er ließ sich nicht zurückhalten und ging.

Den Donnerstag endigten die Festlichkeiten mit einem Turnier, das vor dem Louvre gehalten ward. Der König, seine beiden Brüder, die Herzoge von Guise und von Aumale erschienen als Amazonen gekleidet von der einen Seite; von der andern der König von Navarra und sein Gefolge in türkischer Kleidung von Brokat und einem Turban; sie begegneten sich und kämpften Lanze gegen Lanze. Von beiden Seiten waren Bühnen errichtet worden, auf denen die Königin Mutter, die Königin, Gemahlin Karls IX., die Königin Margaretha von Navarra, ihre Schwester, die Herzogin von Lothringen, und viele andre Damen saßen und dem Turniere zusahen!

31 Gaspard de Coligny (1519–1572), Seigneur de Châtillon, von Margaretha meist «der Admiral» genannt, war neben Prinz Louis I. von Condé (1530–1569) der wichtigste Führer der Hugenotten. Er hatte zugunsten der Hugenotten zunehmend Einfluß auf Karl IX. gewonnen und wurde deshalb von der Gegenseite ermordet.

32 *Nun wurden die festlichen Kränze gegen Trauerzypressen vertauscht, und die Ausführung des entsetzlichen Vorsatzes begann. Das erste Opfer war der brave Gaspard von Coligny; er focht und kommandierte die Armee unter Franz I., Heinrich II., Franz II. und Karl IX.; er war der Wiederhersteller der Disziplin bei den Armeen, keiner im Rat kam ihm an Weisheit gleich, noch weniger auf dem Schlachtfelde je-*

mand an Tapferkeit. Maurevert, der den Guisen angehörte, schoß nach ihm aus einem Fenster, den Freitag morgen, als er, einige Depeschen lesend, zu Fuß vom Louvre hinunterging. Die Wunde ward gleich für tödlich erklärt. Der Hof hatte geglaubt, der Anblick des verwundeten Chefs würde die Protestanten zur Rache an den Guisen, den Urhebern des Mordes, auffordern, und so würde Karl IX. seine Feinde sich untereinander selbst aufreiben sehen. Coligny faßte demohngeachtet keinen Argwohn gegen den König; auf den Tod verwundet, verteidigte er doch gegen die von seiner Partei, denen dieser Schlag die Augen vollends geöffnet hatte, noch immer die Aufrichtigkeit und die Treue Karls IX. Man drang vergeblich in ihn, sich aus Paris tragen zu lassen; er verwarf ihren Rat und Argwohn und beschäftigte sich mit nichts als mit dem Heil seiner Seele. Der König tat sehr erschrocken wegen dieses Mordes. Als man ihm die Nachricht davon brachte, spielte er grade Federball; er warf wie im Schrecken das Rakett nieder, zerbrach es und rief mit einem Fluch: «Werde ich niemals Ruhe erlangen?» Der König von Navarra und sein Vetter, der Prinz Condé, kamen sogleich zu ihm, beklagten sich und forderten Urlaub, die Stadt verlassen zu dürfen, weil ihr Leben hier nicht sicher sei. Der König war aber so voller Zorn und Ärger (er rief: er selbst wäre durch diesen Streich verwundet!), und die Königin Mutter schien so wahrhaft bekümmert, daß jene unmöglich auf ihrer Forderung bestehen konnten. Weit weniger noch, da der König eine Kommission ernannte, das Verbrechen zu untersuchen; da er selber, von seinem ganzen Hof umgeben, den Admiral besuchte, und indem er ihn mit Schwüren und Versicherungen zu beruhigen suchte, sagte er: «Ihr werdet vielleicht geheilt von Eurer Wunde; ich selbst aber empfinde eine tödliche Betrübnis; eher aber will ich Verzicht tun auf

das Heil meiner Seele, als nicht eine denkwürdige Rache ausüben!»
Den Sonnabend früh hielt man den Admiral für weniger gefährdet. Der König von Frankreich sandte seine Edelleute sehr oft, sich nach ihm zu erkundigen; der König von Navarra verließ ihn gar nicht, und auch Margaretha besuchte ihn. Das beste Vernehmen schien zwischen dem Hof und den Protestanten zu herrschen, als man des Abends zu Coligny kam und ihm sagte: Man nähme in allen Quartieren eine allgemeine Bewegung wahr, eine große Anzahl Bewaffneter würden in den Häusern der Katholiken und Lastträger, mit Waffen aller Art beladen, in dem Louvre bemerkt; nebst noch tausend andern Zurüstungen zum Krieg und zum Kampf. Aber Téligny, der Schwiegersohn des Admirals, der unglücklicherweise von seiner eignen Redlichkeit auf die der andern schloß, schalt sie feige Memmen, verwarf ihre Meinung als gar nicht gegründet und war überzeugt, die nach dem Louvre getragenen Waffen wären zum Angriff einer Festung bestimmt, die in dem Schloßhof zur Belustigung des Königs und des Hofes erbaut wäre.

33 *Es ist nie erwiesen worden, daß der Admiral wirklich Urheber des Mordes des Herzogs von Guise vor Orléans gewesen.*

34 *Charry ward von Chatellier Portant umgebracht. Wahrscheinlich hat der Bruder des Admirals, von Andelot, stillschweigend zu diesem Morde beigetragen, wenn er selbst auch unschuldig daran war.*

35 *Die Königin Mutter ging mit ihren geheimen Räten, dem Könige, der Königin, seiner Gemahlin, den Herzogen von Anjou, von Nevers, dem Bastard von Angoulême, dem Kanzler Birague, dem Marschall von Tavannes und dem Grafen von Retz in dem Garten der Tuilerien spazieren. Da ward der letzte Entschluß zum Blutbade gefaßt, das Ver-*

derben der Protestanten beschworen! Die einzige Rücksicht, die ihnen von einiger Bedeutung schien, war die auf den König von Navarra und den Prinzen Condé. Der Rat war einstimmig der Meinung, das Leben des Königs von Navarra zu schonen: die soeben geschloßne Verbindung, sagten sie, und die königliche Würde erfordern es. Überdies würde die allgemeine Metzelung schon an sich sehr verabscheut werden, weit mehr aber noch, wenn man den König, den nahen Verwandten Seiner Majestät, den Gemahl seiner Schwester, in dem Palast unter den Augen seines Schwagers, des Königs, und gleichsam in den Armen seiner Gemahlin ermorden wollte. Alles, was man tun würde, um die Schuld auf die Guisen allein zu wälzen, würde nicht hinreichen, den König jemals von dieser schrecklichen Untat zu reinigen! Mehr Schwierigkeiten gab es, den Prinzen Condé zu retten; er hatte noch den ganzen Haß gegen sich, den der Hof gegen seinen Vater gehegt; indessen retteten ihn doch noch sein Rang, seine Würden und der Herzog von Nevers, der ihn beschützte und sich für seine Treue und Unterwürfigkeit verbürgte. Die ältern Verbindungen, welche den Herzog von Nevers und den Prinzen Condé vereinigten, wurden durch die Vermählung des letztern mit Maria von Clèves, Schwester der Gemahlin des Herzogs von Nevers, erneuert und befestigt. Er ward also von der Liste der Schlachtopfer ausgestrichen, so wie auch sein Vetter, der König von Navarra. Man schaudert, wenn man sieht, wie das Leben des besten Fürsten, Heinrichs IV., und das*

* Prinz Henri I. von Condé (1552–1588) war der Sohn des Hugenottenführers Prinz Louis I. von Condé (1530–1569).

Glück, dessen Frankreich unter seiner Regierung genoß, von einem so geringen Umstand abhing!

Alles war bald bereit; die Guisen mit ihren Gendarmen umgaben den Louvre und erwarteten das Zeichen, das eine Glocke eine Stunde vor Tagesanbruch geben sollte. Katharina glaubte einige Ungewißheit bei dem Könige wahrzunehmen und ging noch um Mitternacht zu ihm in sein Zimmer, von ihren geheimen Räten begleitet; sie suchte ihn in seinen Vorsätzen zu stärken; stellte ihm vor, wie er durch diese Ungewißheit eine Gelegenheit vorübergehen ließe, seine Feinde zu verderben, die Gott selber ihm in seine Hände gegeben. «Und», setzte sie hinzu, «ist es nicht besser, diese faulen Glieder zu zerstören als den Schoß der Kirche, die Braut des Herrn?» – Wer erkennt an dieser Sprache dieselbe wieder, die, als man den übeln Ausgang einer Schlacht gegen die Protestanten fürchtete, sich mit dem größten Leichtsinn tröstete und sagte: «Nun, wenn sie siegen, so gehen wir zur Predigt, anstatt Messe zu hören!» – Ihre Vorwürfe der Lauigkeit und der Feigherzigkeit setzten Karl IX. in Wut. Er gibt den Mordbefehl, – und sogleich wurde vom nächsten Turm beim Louvre Sturm geläutet! Dies geschah Sonntags den 24. August am Tage des heiligen Barthélemy.

Auf dieses Signal liefen die Soldaten nach dem Louvre, wo die Metzelei ihren Anfang nehmen sollte. Einige protestantische Edelleute drangen mit hinein, um den Grund dieser Unruhen zu erfragen; sie erhalten die Antwort, es wären Anstalten zu einem Turnier, und als sie weiter vor in den Palast dringen wollten, um mehr zu erfahren, wurden sie von den Wachen und den Schweizern niedergestoßen. Sogleich ging der Herzog von Guise nach dem Hause des Admirals, wirft die Türen ein und macht einen Teil seiner Leute nieder. Das Geräusch der Waffen unterrichtete den heldenmütigen Coligny von seinem Schicksal und daß seine letzte Stunde gekommen sei; er stand mit großer Anstrengung auf, kleidete sich an und schickte alle zurück, die ihm Hülfe anboten. «Meine Freunde», sagte er, «menschliche Hülfe kann ich forthin nicht mehr brauchen; ich nehme aus Gottes Hand willig meinen Tod, Ihr aber eilt, Euch zu retten!» Dann kniete er bei seinem Bette nieder; die Mörder drangen ein, einer von ihnen, Besme genannt, fragte ihn, ob er der Admiral sei? «Junger Mensch», antwortete er, «billig solltest du meine grauen Haare ehren; um vieles wirst du aber mein Leben nicht abkürzen!» In demselben Moment erhielt er auch den Todesstreich und starb mit den Worten: «Stürb' ich doch durch den Arm eines Ritters, und nicht durch einen Troßbuben!»

36 *Der Herzog von Guise hatte die Grausamkeit, mit seinem Schnupftuch ihm das Blut vom Gesicht zu waschen, um es recht zu erkennen. Der wütende, blutdürstige Pöbel warf sich auf seinen entseelten Körper und schleifte ihn durch den Kot, so wie er es sich selbst prophezeit hatte.*

37 *Karl IX. hatte in dem Tumulte seinem Schwager geraten, daß er zu seiner Sicherheit und um den Anschlägen der Guisen zu entgehen, alle die von seiner Partei, auf die er das größte Vertrauen setzte, zusammenrufen und sie die Nacht bei sich im Louvre sollte zubringen lassen. Der König von Navarra folgte unvorsichtigerweise diesem Rat und schloß so seine treuesten Freunde und Anhänger mitten unter den Meuchelmördern ein.*

38 *Als der König von Navarra das Schlafzimmer seiner Gemahlin verließ, kam eine starke Wache ihm entgegen; ihm und dem Prinzen Condé ward befohlen, ihr zu folgen, und man nahm ihnen ihre Degen. Sie gehorchten, und man führte sie zum König. In dem Vorsaal mußten sie mit ansehen, wie man*

ihre Edelleute und treueste Diener ermordete. Karl IX., die Augen rot vor Zorn und ganz außer sich selbst, erklärte ihnen: Alles was sie sähen, geschehe auf seinen Befehl, weil er kein anderes Mittel finden könnte, den Bürgerkrieg zu endigen, er würde nie vergessen, welches Übel sie in seinem Reiche durch die Partei gestiftet hätten, von welcher sie selber sich als Anführer erklärt; er versicherte sie seines ganzen Hasses, er nähme jedoch mehr auf ihre nahe Verbindung und Verwandtschaft Rücksicht als auf sein Gefühl, darum wolle er ihnen verzeihen, wenn sie sich bekehren und zur katholischen Kirche zurückkehren wollten; «denn», fügte er hinzu, «ich bin entschlossen, nur eine Religion in meinen Staaten zu dulden und euch wie die übrigen Protestanten zu behandeln, wofern ihr nicht jenen Irrlehren abschwört.»

Der König von Navarra beschwor ihn demütig, sich seines Versprechens zu erinnern und des Bandes, welches sie vereinigte; übrigens versicherte er ihm, er sei bereit, ihm jede Genugtuung zu geben, wenn Se. Majestät nur auch in Betracht ziehen möchten, wie hart es ihm sein müßte, die Religion seiner Väter zu verlassen! – Der Prinz Condé antwortete ihm mit mehr Festigkeit; der König geriet aufs äußerste in Wut gegen ihn, schimpfte ihn einen Trotzigen, einen Aufrührer, Rebellen, Sohn eines Rebellen und erklärte ihm, er würde ihm den Kopf abhauen lassen, wenn er in drei Tagen seinen Entschluß nicht geändert hätte.

39 *In diesem Augenblicke wahrscheinlich bat sie den König um Gnade für ihren Gemahl, für dessen Leben sie fürchtete, denn sie wußte nichts von dem Beschluß im geheimen Rat, in Betreff seiner, und der Zorn und die Wut ihres Bruders Karl erschreckten sie. Sie sah, wie dieser ganz kaltblütig die Ermordung der Edelleute des Königs von Navarra mitansah, die im Hof des Louvre hingerichtet wurden; wie er ganz*

ruhig die Vorwürfe wegen seiner Grausamkeit und seiner Verräterei mitanhörte, die ihm Piles, der brave Verteidiger von St. Jean d'Angely, machte, in dem Augenblicke, da er schändlich ermordet wurde; sie hörte ihn aus dem Fenster des Louvre auf die armen Schlachtopfer schießen, die sich durch Schwimmen über die Seine zu erretten dachten; sie zitterte also gewiß nicht ohne Ursache für das Leben ihres Gemahls. Brantôme versichert, von einer großen Fürstin gehört zu haben, die sei ihrem Bruder zu Füßen gefallen und habe ihn beschworen, ihren Gemahl zu verschonen; und der König habe es ihr nur mit Mühe verwilligt, obgleich sie seine geliebte Schwester war. Der Autor des Lebens der Katharina von Medici, ein eifriger Protestant, versichert: Der König von Navarra verdanke einzig seine Rettung seiner Gemahlin, der Schwester Karls IX.. Sie selber sagt nichts davon in ihren Memoiren; da sie diese aber während des Lebens ihres Gemahls geschrieben, so hat sie wohl aus Delikatesse vermieden, davon zu sprechen, um ihm nicht eine Art von Vorwurf zu machen.

Das Gemetzel dauerte noch sechs Tage mit einer höllischen Blutgier fort; fünfhundert Edelleute wurden ermordet und mehr als viertausend Personen jedes Geschlechts und Alters, von dem Kinde im Mutterleibe bis zum achtzigjährigen Greis. Nicht Rang noch Wissenschaft, ja selber die Religion wurden in diesen unseligen Tagen nicht verschont. Peter Ramus, ein berühmter Mathematiker und ein guter Katholik, starb durch einen seiner Neider, der den Tumult benutzte, ihn zu ermorden. Denis Lambin, ein gelehrter Kommentator, auch gut katholisch, starb vor Schrecken, da er Ramus ermordet sah; Perrot, ein geschickter Rechtsgelehrter, ward ermordet; auch der berühmte Musiker Claude Gondimel zu Lyon; der unglückliche Francourt, Kanzler von Johanna d'Albret, der allein sie dazu bewog, in diese Verbindung zu willigen.

Die Provinzen folgten fast alle dem Beispiel der Hauptstadt, und während dem ganzen Septembermonat waren die Bürger Frankreichs in zwei Parteien geteilt; in Henker und in Hingerichtete! Einige Gouverneure in den Provinzen versagten diesem entsetzlichen Befehl den Gehorsam; ihre Namen wurden schon tausendmal genannt und verdienen immer wieder genannt zu werden und zu der spätesten Nachwelt zu gelangen. Es waren die Grafen von Tendes in der Provence und von Charni in Burgund, die Herrn von St. Huran in Auvergne, Tannegui le Veneur zu Rouen, von Gordes in der Dauphiné, von Mandelot zu Lyon, von Ortez zu Bajonne und von Strozzi in Guyenne; laßt uns zuletzt noch den Scharfrichter zu Lyon nennen, der zu den Mördern sagte, als sie ihn zum Morden aufhetzen wollten: «Meine Hände arbeiten nur für Recht und Gericht!»

Am Sonntag und Montag war das Wetter schön und heiter in Paris; der König stand am Fenster und sagte: «Ich glaube, das Wetter freut sich über die Hinrichtung der Hugenotten!»

Am Barthélemytage war auf dem Gottesacker der Innocens ein Weißdorn aufgeblüht; dies wurde für ein Wunder gehalten und trug nicht wenig dazu bei, die Einbildung des Volks zu erhitzen und ihre Wut zu erhöhen. Karl IX., seine Brüder, die drei Königinnen und alle Damen des Hofes gingen noch denselben Abend hin, das Wunder zu sehen. Auf dem Rückwege besahen sie die Körper der Erschlagenen; unter andern wollte die Königin Mutter den Leichnam des Prinzen von Soubise sehen, der mit seiner Frau im Prozeß wegen Unvermögens war.

Wer kann alle die Gotteslästerungen erzählen, die diese Ungeheuer, diese eingefleischten Teufel in der Wut und während den Mordgreueln ausstießen! Das Stürmen; das unaufhörliche Schießen; das entsetzliche Schreien der zu Tode Gemarterten und das Geheul der Mörder; die aus den Fenstern geworfenen Körper, welche man unter sonderbarem Zischen und Pfeifen durch die Straßen schleifte; das Einschlagen der Türen und Fenster mit Steinen und das Plündern von mehr als sechshundert Häusern... es ist ein ewig dauerndes Bild des Entsetzens und Elends!

40 *Der ganze Hof war damit beschäftigt, den König von Navarra und den Prinzen Condé zu bekehren; durch sie, die Häupter der Partei, glaubte man alsdenn die eigensinnigsten mitzuziehen. Zuerst hatte der König es mit sanftern Mitteln versucht; er gab ihnen zu verstehen, es wäre schon genug, wenn sie nur bei den Dankfesten zugegen sein wollten, die in allen Kirchen wegen dieses Siegs gehalten wurden. Ihr Oheim, der Kardinal von Bourbon, wandte alle seine Kräfte an, sie zu bewegen, daß sie dieser Gefahr ausweichen sollten. Der König von Navarra zeigte auch den Geistlichen, die ihn überzeugen sollten, einige Nachgiebigkeit; der Prinz Condé aber blieb unbeweglich; er wollte durchaus nichts anhören und stieß alle zurück, die an seiner Bekehrung arbeiten wollten.*

Nach drei Wochen glaubte Karl IX. die Frucht seiner Mordtaten verloren zu haben, wenn er diese beiden Pfeiler des Protestantismus nicht beugte; er blieb sanft gegen den König von Navarra, dessen geschmeidigen Geist er kannte; seinen Vetter aber beschloß er mit der äußersten Strenge zu behandeln. Er forderte seine Waffen, ließ seine Leibwache kommen und schwor darauf, den Rest der verruchten Sekte auszurotten und mit dem Prinzen Condé anzufangen. Die Königin Elisabeth, seine Gemahlin, fiel ihm zu Füßen und beschwor ihn, nicht so rasch zu strafen, sondern erst die Räte zusammen zu berufen. Ihre Tränen rührten den König, er ließ sich entwaffnen, schickte die Leibwache fort und ließ den Prinzen Condé vor sich kommen, rief ihm aber mit einem erschrecklichen Blick die drei Worte entgegen: «Messe, Tod oder Bastille!» Jeder andre wäre von diesen Worten und dem begleitenden Blick und Ton erschrocken; der Prinz Condé aber sagte mit der größten Ruhe: «Meine Pflicht erlaubt mir nicht, das erste zu erwählen, Ew. Majestät kommt es zu, zwischen den beiden andern zu entscheiden, ich aber bete zur göttlichen Vorsehung, Euch in dieser Wahl zu erleuchten.» Karl IX., von dieser Seelenruhe betroffen, schickte ihn wieder zurück. Ein Geistlicher, der zur katholischen Religion übergegangen war, erhielt den Befehl, den Prinzen Condé, seine Gemahlin, den König von Navarra und die Prinzessin Katharina, seine Schwester, zu bekehren. Seine Lehren, mehr aber noch die Langeweile ihrer gezwungenen Einschränkung, besiegten sie; sie ergaben sich einer bald nach dem andern, hörten Messe lesen und schrieben dem Papst unterwürfige Briefe.

Da Katharina es nun dahin gebracht hatte, ihren Schwiegersohn zu ihrem Glauben zurückgeführt zu sehen, gab sie ihm einen Kanzler und Diener, welche sie selber wählte, an der Stelle seiner alten, die ermordet waren. Dann mußte er in seinen Ländern ein Edikt bekannt machen lassen, nach welchem er jede Religion außer der römisch-katholischen untersagte. Sein Schicksal ward durch seine Glaubensveränderung wenig gebessert, er blieb immer genau bewacht, der geringste Einwohner von Paris genoß mehr Freiheit als er. L'Etoile erzählt: «Ich sah den König von Navarra mit dem Herzog von Guise Ball spielen; er ward schlecht behandelt, und bei jeder Gelegenheit ward der kleine gefangne König empfindlich geneckt, mit Sticheleien und Redensarten, wie der geringste Hoflakai; jedem ehrlichen Menschen, der dabei war, tat es leid.» Diese Bewegung dauerte, bis er entfloh. Er gestand nachmals: Katharina von Medici sei die einzige Frau, die er aufrichtig gehaßt habe.

41 Hier haben Margarethas Memoiren die dritte und letzte Lücke, sicher die gravierendste. So fehlt der Bericht aus der Zeit des vierten Religionskrieges unmittelbar nach der Bartholomäusnacht von 1573; der Text setzt erst wieder ein Jahr später ein mit der Verschwörung der Malcontents von 1574.

42 *Katharina von Medici hatte von ihren Wahrsagern gehört, alle ihre Kinder würden auf den Thron kommen. Bei den beiden ältesten Söhnen, Franz II. und Karl IX., war die Prophezeiung in Erfüllung gegangen; Margaretha war Königin; nun fehlten also noch die Herzoge von Anjou und von Alençon; da nun der König von Polen starb, ergriff sie die Gelegenheit, den Herzog von Anjou zum Könige von Polen wählen zu lassen. Die Geschicklichkeit ihres Geschäftträgers Montluc, Bischof von Valence, mehrere politische Rücksichten, aber mehr als alles das Gold der Königin Mutter machten, daß die Unterhandlung gelang, und Heinrich, Herzog von Anjou, wurde gewählt, obgleich man anfangs nicht für ihn geneigt war, denn sowohl die Katholiken als die deutschen Protestanten waren wegen seines Eifers bei der St. Barthélemy gegen ihn.*

Der ganze Adel des französischen Hofes ging den polnischen Gesandten bis Metz entgegen und führte sie nach Paris. Sie wunderten sich über die große Menge Volks, das zusammenlief, sie zu sehen, und glaubten, als sie alle Fenster und die Dächer voller Menschen erblickten, ganz Frankreich hätte sich in Paris zusammengedrängt. Die Pariser sahen auch mit Erstaunen die hohen Gestalten der

Fremden, ihren trotzigen Blick, ihre langen Bärte, die hohen mit Edelsteinen besetzten Pelzmützen, den gekrümmten Säbel, den Bogen und Köcher und die geschornen Hinterköpfe. «Aber», sagt Mézeray, «ungeachtet des wilden Ansehens war doch nicht einer unter ihnen, der nicht einige wissenschaftliche Kenntnisse besaß und der nicht lateinisch sprechen konnte und es sehr gut verstand. Unsre zierlich wie Jungfrauen geputzten Hofleute aber waren größtenteils so unwissend, wie nur Frauen sich erlauben dürfen zu sein, so daß sie die Fremden nur mit Reverenzen unterhalten und ihre Fragen nur mit Kopfschütteln beantworten konnten; da lernten sie über ihre Unwissenheit erröten und die Wissenschaften schätzen. Die Polen waren ebenfalls sehr erstaunt, Edelleute zu sehen, die kein Lateinisch wußten, und tadelten die schlechte Erziehung der Franzosen.»*

Sie machten zuerst dem Könige und der Königin ihre Aufwartung, dann dem Herzog von Anjou. Sie kamen in kostbarem Goldstoff gekleidet, auf prächtig geschirrten Pferden mit gestickten Satteldecken, Zaum und Gebiß von Silber und reich mit Edelsteinen besetzt. Ihre Pagen und Stallmeister gingen vorauf, vier bis fünf Fuß lange eiserne Keulen tragend. Von da führte man sie zur Audienz bei dem Könige und der Königin von Navarra. Brantôme sagt: «Die Königin von Navarra erschien ihnen so schön, so reich und herrlich geschmückt und mit solcher anmutsvollen Majestät, daß sie alle ganz verloren waren im Anstaunen dieser Schönheit; ich hörte Albert Laski, Palatinus von Sicradski, einen der

* *Die Pariser kannten damals keine andren Waffen als Spieße, Lanzen, Pistolen und Büchsen*

vornehmsten der Gesandtschaft, beim Hinausgehen sagen: ‹Nein, ich will nie wieder etwas anschauen, nun ich diese hohe Schönheit sah! Gern will ich, wie die Türken, wenn sie nach dem heiligen Grabe ihres Propheten gewallfahrtet haben, mir die Augen mit einem glühenden Erze blenden lassen, um nichts Gemeines mehr zu sehen auf eine solche Herrlichkeit!›» Mehr aber noch waren sie von ihren Kenntnissen entzückt; denn da der Bischof von Krakau ihr eine lange lateinische Anrede hielt, antwortete sie ihm mit großer Zierlichkeit in derselben Sprache, und zwar auf jeden Punkt seiner Rede besonders. Sie gingen von ihr, voll von Bewunderung, daß eine Fürstin von dem Alter so viele Kenntnisse besäße, an einem Hof, wo die Männer kaum schreiben konnten. Die Königin Katharina war nicht so gut unterrichtet und mußte sich bei den Gesandten eines Dolmetschers bedienen; zur Ehre ihres Geschlechts muß man hinzusetzen, daß eine Frau diese Stelle des Dolmetschers vertrat. Es war Frau von Annebaut, die wegen ihrer Kenntnisse sowohl als wegen ihrer Schönheit berühmt war.

Den Gesandten zu Ehren wurden viele Festlichkeiten veranstaltet, besonders aber gab die Königin Mutter ihnen ein sehr prächtiges Gastmahl in dem Garten der Tuilerien. Sie ließ, um einen großen Pavillon für die Gäste zu erbauen, einen hochstämmigen Wald umhauen, mehr um den Polen einen Begriff von ihrer Pracht zu geben, als weil es ihr sonst an Raum gefehlt hätte. Nach der Tafel war wieder ein Ballett, worin sechzehn Nymphen (alle Hofdamen der Königin Mutter) die sechzehn französischen Provinzen vorstellten. Sie sangen und rezitierten Verse von Ronsard und Daurat, zwei der größten Poeten des Jahrhunderts, zum Lobe Frankreichs und des Königs von Polen und überreichten diesem kostbare Geschenke. Die Königin Margaretha schmückte das Fest durch ihre Gegenwart. Auch diesesmal noch müssen wir Brantôme seine Beschreibung anhören; sie ist auf eine eigne Weise so übertrieben als naiv. «An diesem Tage erschien die Königin Margaretha in einem inkarnatfarbnen samtnen, reich mit Flittern und Folie gesticktem Kleide; sie trug eine Mütze von demselben Samt, mit Federn und Edelsteinen so reich und schön verziert, als man niemals vorher gesehen. Sie war so schön in diesem Anzuge, daß sie ihn seitdem noch oft trug und sich auch darin malen ließ. Als sie damals so geschmückt in den Tuilerien erschien, sagte ich zu Herrn Ronsard, der neben mir stand: ‹Erscheint die Königin in diesem Anzuge nicht wie Aurora, wenn sie die Sonne verkündet?› Herr von Ronsard fand diese Vergleichung so treffend und wahr, daß er ein sehr schönes Sonett daraus machte; er teilte es mir mit, und ich würde viel darum geben, es hier einrücken zu dürfen.» – Karl IX. begleitete mit seinem ganzen Hof den König von Polen bis an die Grenze, unter dem Vorwande der brüderlichen Liebe; der eigentliche Grund aber war, um ihn desto sichrer aus Frankreich zu schaffen, weil er besorgte, sein Bruder würde sich in einer von der Hauptstadt entlegnen Provinz niederlassen, denn er verließ Frankreich eigentlich ungern, sowohl wegen des Ruhms, den er sich daselbst erworben, als wegen seiner Liebe zur Prinzessin Condé. Doch konnte der König ihn nicht so weit begleiten, als er willens gewesen war; er ward zu Vitry schon von einem bösartigen schleichenden Fieber festgehalten; die Königin Mutter aber, der Herzog von Alençon, der König und die Königin von Navarra begleiteten ihn bis an die Grenze. Beim Abschied sagte ihm die Königin Mutter weinend die bedeutenden Worte: «Geh mein Sohn, du wirst nicht lange dort bleiben!» –

43 *Da sie ihrer Antwort mit keiner Silbe erwähnt, so war sie vermutlich eine abschlägliche. Sie war damals zu sehr einig mit Karl* IX.*, um die Partei seines Bruders zu nehmen.*

44 *Die Protestanten versuchten noch einmal den König von Navarra und den Herzog von Alençon zu entführen. Zweihundert Edelleute erschienen bei St. Germain mit Truppen. Der König von Navarra, der Vicomte von Turenne, der Herzog von Thoré und von la Nocle drangen deswegen in den Herzog von Alençon; aber er konnte sich aus Mangel an Festigkeit zu nichts entschließen; einmal waren es ihm zu viel Reiter, die durch ihr Geräusch sie verraten würden, und dann waren es wieder nicht genug zur sichern Begleitung. Während seiner Unentschlossenheit ward der ganze Plan im Schlosse entdeckt; Margaretha hört davon und verrät ihn der Königin Mutter; diese bringt sogleich den ganzen Hof in Alarm, schreit, man wolle den König entführen und töten, und läßt sogleich alle Zimmer im Schlosse durchsuchen. Um zwei Uhr in der Stadt ward der König eiligst in einer Sänfte nach Paris getragen, und der ganze Hof folgte mit der größten Hast. Den König von Navarra und den Herzog von Alençon brachte die Königin Mutter in ihrem eignen Wagen nach Vincennes, wo sie zwar nicht wie Gefangne behandelt, aber doch sehr genau bewacht wurden. Die Marschälle von Montmorency und von Cossé wurden in ein Gefängnis geworfen, La Molle und Coconnas, die Günstlinge des Herzogs von Alençon, in Verhaft genommen und inquiriert. Karl* IX. *schob alles auf La Molle, was der Herzog von Alençon verbrach. Während der Belagerung von la Rochelle schrieb er ihm zweimal und befahl ihm, La Molle aufzuhängen; da der Herzog aber nicht gehorchte, entschloß er sich selber, ihn umzubringen. Er wußte, daß La Molle oft eine Dame im Louvre auf ihrem Zimmer besuchte, er stellte sich*

also auf den Gang, durch den dieser durchgehen mußte, wenn er von dem Zimmer des Herzogs seines Herrn nach dem der Dame wollte; nahm den Herzog von Guise und noch sechs andere Edelleute mit, denen er Stricke gab, mit dem Befehl, den damit zu erwürgen, den er ihnen zeigen würde, er selber nahm ein Licht, um ihnen zu leuchten. La Molle nahm aber gerade den Abend einen andern Weg zu seiner Dame, ohne jedoch von dieser königlichen Mordpartie etwas zu wissen.

Das Pariser Volk war erschrocken, da es den Hof in solcher Bestürzung von St. Germain ankommen sah, und erbot sich selber dazu, die Marschälle zu bewachen. Diese Gelegenheit ließ die schlaue Katharina nicht entschlüpfen, alle die vom Hofe zu entfernen oder doch sicher zu bewachen, die durch ihren Einfluß oder durch Intrige verhindern könnten, daß sie die Regentschaft nicht bekommen hätte, zu der sie nun durch den nahen Tod Karls IX. die Aussicht hatte. Sie suchte also den König zu überreden, die Gefangnen hätten eine Verschwörung gegen sein Leben und seine Krone gemacht; dann ließ sie, um das Volk in seiner Stimmung zu erhalten, das Blut der sogenannten Verbrecher fließen. La Molle und Coconnas wurden auf die Folter gebracht; der erste bezeigte mehr Standhaftigkeit, als von seiner großen Jugend zu erwarten war. Er gestand zwar, daß er willens gewesen sei, den Prinzen auf ihrer Flucht zu folgen, aber ohne irgend eine andre Absicht, als ihnen die Freiheit zu verschaffen; die Verschwörung gegen den Staat und den König leugnete er standhaft. Coconnas aber war erschrocken, als er die Folterwerkzeuge erblickte, und gestand die Verschwörung in des Königs Gegenwart; er hoffte durch dieses Geständnis der Folter und dem Tode zu entgehen. Katharina überließ sie aber der ganzen Strenge der ihr zugetanen Richter, und beide junge

Männer wurden auf dem Grève-Platz enthauptet. Die letzten Worte des La Molle geben eine Idee von dem Gemisch von Religion und Galanterie der damaligen Zeit. Auf dem Gerüste rief er: «Gott und du, heilige Jungfrau, erbarme dich meiner Seele und erhalte mich in der Gunst der Königin von Navarra und der Damen.» Beim Entkleiden fand man ein Hemde von Notre-Dame de Chartres, das er als eine Reliquie beständig auf dem bloßen Leibe trug.

45 *Wahrscheinlich um den jungen La Molle zu retten, war Margaretha so tätig für die Errettung der Prinzen. Sie verwandte all ihr Genie und ihren ganzen Geist auf das Manifest für ihren Gemahl, welches immer als ein Meisterwerk in seiner Art bekannt war. Heinrich erhält sich darin mit einer heldenmütigen Festigkeit in seinem Rang und seiner königlichen Würde, mehr in dem Ton des Anklägers als des Angeklagten, indem er seine ganze Verteidigung auf die Beschimpfungen stützt, welche die Prinzen von Geblüt, und besonders er, von den Guisen, unterstützt von der Königin Mutter, erfahren haben. Diese erschrak über den Mut des Königs von Navarra und begnügte sich damit, ihn bis zum Tode des Königs in Vincennes eingesperrt zu halten.*

46 Karl IX. starb am 30. Mai 1574.

47 *Nach Karls IX. Tode bemächtigte Katharina sich der Regentschaft. Sie ließ sogleich den König von Navarra und den Herzog von Alençon, von nun an Herzog von Anjou genannt, vom Schlosse zu Vincennes nach dem Louvre bringen; hier ließ sie ihnen Zimmer dicht neben dem ihrigen einräumen, in denen vorher die Fenster mit dichten Gittern versehen wurden. Mit ihrer Macht verband sie noch List, benutzte die Jugend und die Neigung des Königs von Navarra für die Frauen, um ihn in den Banden der Liebe zu fesseln. Ihre Politik hatte immer darin bestanden, eine große*

Anzahl schöner Frauen in ihrem Gefolge zu haben; auf ihren Befehl mußten diese, nichts weniger als strenge Schönheiten, jeden in ihr Netz fangen, den sie an ihrem Hofe festhalten und dessen Geheimnisse sie erfahren wollte. Frau von Sauve rührte das Herz des Königs von Navarra und zu gleicher Zeit den Herzog von Anjou; bald vergaßen sie über diese Leidenschaft, daß sie eigentlich Gefangne waren, und unternahmen nichts für ihre Freiheit.

48 *Der König von Polen entfloh aus Krakau und eilte nach Frankreich, wohin alle seine Wünsche ihn zogen. Er vermied auf dieser Rückreise den Kurfürsten von der Pfalz, der ihm auf der Hinreise seinen Abscheu gegen die Greuel der St. Barthélemy sehr deutlich zu erkennen gab; die Art, wie er ihn empfing und behandelte, verdient hier beschrieben zu werden. Zweitausend Mann zu Pferde im stärksten Galopp empfingen ihn an der Grenze, umringten ihn wie Feinde und führten ihn wie einen Gefangenen nach dem Schloß des Kurfürsten. Dort fand er eine doppelte Wache an den Türen; Kanonen vor allen Zugängen gepflanzt, und er mußte durch zwei Reihen Soldaten mit geladenen Gewehren; der Vorhof des Schlosses still, kein Mensch ihm entgegen; nachdem er eine zeitlang gewartet hatte, entschloß er sich, allein in die Zimmer zu gehen. Mitten im großen Vorsaal erblickte er den Rheingrafen und zwei Edelleute aus Paris, die sich aus der St. Barthélemy gerettet hatten; diese kamen ihm entgegen und entschuldigten den Kurfürsten, daß er nicht selber käme, ihn unten zu empfangen, weil das Podagra ihn auf seinem Zimmer festhielte. Er erwartete den König vor der Tür seines Zimmers; dieser gegenüber und das erste, was ihm sogleich in die Augen fiel, war ein großes Gemälde, welches die St. Barthélemy so natürlich darstellte, daß man gleich auf den ersten Blick die Mörder und die Ermordeten*

erkennen mußte. Der Kurfürst fragte den König, der das Gemälde betrachtete, ob er diese Unglücklichen kenne? Und als Heinrich sagte, er kenne sie, erwiderte der Kurfürst mit einem zornentflammten Blick und im schmerzlichsten Tone: «Die Ermordeten waren ehrliche Leute und gute Franzosen; aber die Mordenden sind lauter Verräter und Bösewichter.» – Beim Abendessen ward der König von lauter Edelleuten bedient, welche jener entsetzlichen Nacht entronnen waren; er sah nichts als drohende Gesichter, häufiges Hin- und Herrennen und ein beständiges Zischeln und in die Ohren Raunen, wie geheime Befehle; andre wieder, die ganz laut auf die Urheber der Pariser Bluthochzeit schimpften, die Herzoge von Nevers und von Mayenne, Günstlinge des Königs von Polen, italienische Verräter und lothringische Schlächter nannten. Um das Entsetzen Heinrichs auf das höchste zu treiben, entstand in der Nacht ein Feuerlärm, wegen eines Schornsteines, der im Schlosse brannte. Der Lärm, der Tumult war so entsetzlich, daß er in der Tat glaubte, nun für die St. Barthélemy büßen zu müssen. Das ehrwürdige Alter des Kurfürsten berechtigte ihn wohl, dem jungen Könige von Polen diese Warnung mit auf den Weg zu geben.

49 *Er hatte einst dem von Guast Briefe zugeschickt, die er der Königin von Navarra übergeben sollte. Er ging zitternd zu ihr, denn er kannte ihren Zorn gegen ihn und wußte es wohl, daß er ihr Anlaß zur Unzufriedenheit gegeben hatte. «Herr von Guast», redete sie ihn an, «es ist ein großes Glück für Euch, daß Ihr der Überbringer der Briefe meines Bruders seid, den ich liebe und hochachte. Ohne diese hätte ich Euch wohl zeigen wollen, was es heißt, von einer Fürstin wie mir ohne die ihr schuldige Ehrfurcht zu sprechen!» Guast, mehr tot als lebendig, behauptete, er sei unschuldig und bei ihr*

verleumdet worden; die Königin wandte sich aber voller Verachtung von ihm, ohne ihn anhören zu wollen. Der König von Polen, der viel von der Königin Margaretha hoffte, trug es Frau von Dampierre auf, sie mit seinem Günstling wieder auszusöhnen. Diese glaubte einst einen günstigen Augenblick bei der Königin von Navarra gefunden zu haben und wiederholte ihr alles, was Guast ihr schon über seine Unschuld vorgebracht hatte; sie setzte noch hinzu: Sie möchte bedenken, wie wichtig es ihr sein müßte, sich mit einem Menschen zu vereinigen, der bei ihrem Bruder Heinrich alles vermöchte; dieser würde bald König von Frankreich und dadurch in Stand gesetzt werden, ihr viel Gutes, aber auch viel Böses zu erweisen. Übrigens, fügte sie noch hinzu, «habe ich zur Zeit Franz II. gesehen, daß eure Tanten, die Prinzessinnen Margaretha und Magdalena, die eine nachmals Königin von Schottland, die andre Herzogin von Savoyen, dem Herrn von Sardis sehr schmeichelten, obgleich er nur Garderobenmeister des Königs war; und das bloß weil sie viel durch ihn zu erlangen hofften.» Die Königin, welche bis dahin sie ruhig angehört hatte, fiel ihr hier lebhaft in die Rede: «Ein solches Beispiel paßt für Sie, Frau von Dampierre, denn Sie müssen sich um Gnade und um Gunst bemühen; mir aber kommen sie zu, als Tochter, Schwester und Gemahlin eines Königs, und wenn mein Bruder sie mir einem elenden Günstling zu Gefallen versagen könnte, so würde er sich selber mehr Schande dadurch zuziehen, als mir Verdruß!»

50 *Ungeachtet des Eifers und der Freimütigkeit, mit welcher der König sein Unrecht wieder gut zu machen suchte, konnte es ihm Margaretha dennoch nie vergeben; sie ward nie wieder seine Freundin. Eigensinn und eine Neigung zur Rachsucht lag in dem Charakter der Königin von Navarra; diese Fehler*

verursachten in der Folge das Unglück ihres Lebens und brachten sie um die Liebe ihres Gemahls.

Aus heutiger Sicht ist diese abwertende Charakterisierung unzutreffend.

51 *Auf der Reise nach Avignon ward auf der Rhone ein Teil des Gepäckes der Königin Margaretha verloren. Dies war damals keine unbedeutende Begebenheit. Die ungeheuren Verschwendungen des Königs und der Königin Mutter hatten alle Ressourcen und alle königlichen Schätze erschöpft. Der Mangel war so groß bei Hofe, daß die meisten Pagen des Königs ihre Mäntel auf der Reise versetzten, um sich etwas zu essen zu kaufen; hätte nicht ein Schatzmeister der Königin Mutter 5000 Livres geborgt, so wären alle ihre Damen und Hoffräulein davon gelaufen. Man sprach von nichts als von dem Teufel Geld, das, wie es damals hieß, gestorben war und dem sie eine Grabschrift in Versen setzten. Zu Avignon besuchte der König die büßenden Brüder; diese Andachtsübung ist nur in den mittäglichen Provinzen Frankreichs bekannt; sie bestand damals in Prozessionen, denen man in Sack gekleidet und sich öffentlich geißelnd folgte. In diesem Aufzuge erschien der König Heinrich III., der Kardinal von Lothringen und der König von Navarra, der aber, wie Heinrich III. bemerkte, nicht dazu paßte. Der Kardinal starb zu Avignon, und die Königin Mutter ward durch seinen Tod von einem schrecklichen Gegner bei der Administration der Reichsgeschäfte befreit. Sie eilte, den König nach Lyon zurückzuführen, der sich auch willig wieder unter ihre Vormundschaft begab.*

52 *Celestina:* Tragikomödie, vermutl. von Fernando de Rojas (1461–1541).

53 *Der Hof ging wegen der zwiefachen Zeremonie nach Reims, nämlich wegen der Vermählung des Königs mit der Prinzes-*

sin Louise von Vaudémont und wegen der königlichen Krönung. Man wollte während beiden viele üble Vorbedeutungen wahrnehmen, und man ahndete deshalb nichts Gutes von dieser Regierung. Erstlich konnte erst am Abend Messe gelesen werden, weil der König den Tag über mit seinem Anzuge, dem Haarkräuseln der Königin und mit dem Fälteln ihrer Halskrause beschäftigt war; zweitens fiel ihm die Krone wieder vom Kopfe, nachdem die Bischöfe sie ihm aufgesetzt hatten; und endlich wurde zuletzt das gebräuchliche Tedeum zu singen vergessen.*

54 Louis de Clermont d'Amboise, Herr von Bussy, genannt Bussy d'Amboise war ein Favorit des Hofes und trat als treuer Beschützer und Verehrer Margarethas auf.

55 *Heinrich III. unterdessen lebte in seiner müßigen Weichlichkeit unbekümmert fort und glaubte seinen Bruder hinlänglich bewacht. Mézeray sagt: «Die Nächte brachte er mit Gastmahlen und Balletten zu, den Morgen mit der Anordnung seines Anzuges und mit Erfindungen neuer Moden und den Rest des Tages, mit seiner Gemahlin herumzufahren und alle kleine Hunde wegzufangen, die er in den Bürgerhäusern oder in den Nonnenklöstern fand, um dann über die Klagen der Weiblein zu lachen, die mehr ihren Mops als ihre Kinder lieben.»*

Wahrscheinlich ist dies eine Anspielung von Mézeray auf Ludwig XIII., der diese Worte als ein Knabe sagte. Im Zimmer seiner Mutter, der Königin Maria von Medici, war er so unglücklich, den kleinen Hund seiner Mutter zu treten; der Hund biß ihn in den Fuß; Maria von Medici, ohne auf die

* 4. Januar 1575.

Wunde ihres Sohnes zu achten, schalt ihn in Gegenwart des Hofes, daß er den Hund getreten; darauf sagte Ludwig, als er sich den Fuß verbinden ließ: «Wahrscheinlich liebt meine Mutter ihren Hund mehr als mich!»

56 15. September 1575

57 *Der König von Navarra hatte Urlaub erhalten, bei Senlis zu jagen. Kaum war die Jagd vorüber, als zwei seiner Freunde im stärksten Galopp zu ihm gesprengt kamen und ihm berichteten: Der König argwohne etwas anders noch hinter dieser Jagdpartie, vielleicht wäre in diesem Augenblick schon der Befehl gegeben, ihn zu arretieren. Die Furcht bemeisterte sich seines Vertrauten und seines Gefolges; das unglückliche Ende von La Molle und Coconnas schwebte ihnen noch vor Augen, außerdem waren sie auch noch überzeugt, es sei Katharinas Grundsatz, die Günstlinge der Prinzen aufzuopfern, wenn sie sich der Prinzen versichern wollte. Sie bereden also den König von Navarra, diese gute Gelegenheit zu benutzen, um sich aus den Händen des Königs zu retten und wieder in alle seine Rechte zu treten. Er entschließt sich auf der Stelle dazu, schickt St. Martin, der ihm zur Aufsicht gegeben war, nach Paris, unter dem Vorwand, den Argwohn des Königs durch Versicherungen der Unterwürfigkeit zu zerstreuen. Dann ging er noch in der Nacht, von seinen Anhängern begleitet, über die Seine nach Poissy und bis nach Saumur. Von Senlis bis Saumur hatte der König von Navarra das tiefste Stillschweigen beobachtet; als er aber bei Maille über die Loire ging, rief er tief seufzend: «Gelobt sei Gott, der mich befreit hat! Meine Mutter hat man zu Paris sterben lassen, den Admiral daselbst ermordet, so wie alle meine treuen Diener, und mit mir würde man es nicht besser gemacht haben, aber Gott hat mich beschützt; ich gehe nicht wieder nach Paris, man müßte mich hinschlep-*

pen.» Dann setzte er scherzend nach seiner Weise hinzu: «Zwei Dinge nur bereue ich, die ich in Paris zurücklassen mußte: die Messe und meine Frau. Die erste will ich suchen zu entbehren; aber meine Frau will ich wieder haben, diese kann ich nicht entbehren.» Er ging mit seinen treuen Protestanten in sein Land nach Nérac, um von dort aus die Bewegungen des französischen Hofs zu beobachten.

58 3. Februar 1576

59 Margarethas Zimmerarrest dauerte gut zweieinhalb Monate.

60 Fünfter Religionskrieg 1575–1576.

61 Beim «Buch der Natur», der «Leiter» und der «Kette Homers» handelt es sich um neuplatonische Vorstellungen vom Plan und Aufbau der Welt, die eine lückenlose Verbundenheit aller Naturwesen vom Größten bis ins Kleinste voraussetzen. Margaretha bezieht sich hier auf Bildungsgut, das das ganze Mittelalter hindurch bis ins späte 18. Jahrhundert von den meisten Gebildeten geteilt wurde.

62 Friede von Beaulieu oder von Sens, 6. Mai 1576. Margarethas Bruder, der Herzog von Alençon, erhielt hier so viele Zugeständnisse, daß man auch vom Frieden des Monsieur sprach; unter anderem wurde er auch Herzog von Anjou.

63 *Von Guast ward 1575 ermordet. De Thou beschuldigt die Königin Margaretha, seine Ermordung veranlaßt zu haben. L'Etoile in seinem Tagebuche Heinrichs III. behauptet: Anton du Prat, Baron von Vittcaux, der Guast ermordete, habe es auf Anstiften des Herzogs von Anjou getan. Andre Geschichtsschreiber der Zeit schreiben es der Königin Mutter zu.*

64 *Bei einem der Feste, die auf diesen Frieden folgten, sah Dom Juan von Österreich zuerst die Königin Margaretha. Er war*

in der Blüte der Jugend und schon wegen der Schlacht bei Lepanto und wegen der unzähligen Siege über die Türken berühmt. Er war auf der Reise von Mailand nach Flandern begriffen, wo er auf Befehl seines Bruders, Philipps II., das Gouvernement antreten sollte. Philipp fürchtete irgend eine Falle vom Könige von Frankreich, obgleich dieser auf seiner Rückreise von Polen in Wien vom Kaiser sehr wohl war aufgenommen worden; Dom Juan durfte also auf seiner Durchreise in Paris nur incognito und in einer Verkleidung erscheinen. Er war einer der vorzüglichsten Fürsten seiner Zeit, von schöner Gestalt und von ausgezeichneten Geistesgaben. Er hätte wohl gewünscht, in vollem Glanz eines Kaisersohns an dem französischen Hof erscheinen zu können; mehr noch trug er Verlangen, mit der Königin Margaretha bekannt zu werden; aber der Befehl seines Bruders verhinderte ihn daran. Er mußte eine Verkleidung wählen; er nahm die eines Mohren, um sichrer unerkannt zu sein, ließ sich das Gesicht schwärzen und die Haare kraus machen und gab sich für den Sklaven des Octavio von Gonzaga, Bruder des Prinzen Amalfi, aus, der ihn auf dieser Reise begleitete. Denselben Abend, als er zu Paris ankam, war ein Ball im Louvre; die Königin Mutter beschäftigte den Hof mit Festen und Ergötzlichkeiten, damit die Staatsgeschäfte ihr in Händen blieben. «Wo die Königin Mutter hingeht», sagt Monluc, «folgt ihr ein Ball auf der Ferse nach.» Dom Juan ging hin als Mohr gekleidet und sah die schöne Königin von Navarra mit ihrem Bruder Heinrich III. tanzen. Er bewunderte die seltne Schönheit und erhob sie über alle Schönheiten Spaniens und Italiens. Er sagte zu Gonzaga, der ihn begleitete: «Aunque la hermosura desta Reyna sea mas divina que humana, es mas para perder y damnar los hombros que salvar los. *(Ob-*

gleich die Schönheit dieser Königin mehr göttlich als menschlich ist, so wird sie die Menschen doch eher zur Verdammnis als zur Seligkeit verleiten.)» Die Bewunderung, welche Margaretha bei Dom Juan erregte, blieb nicht ohne Vorteil für sie; die Wirkungen erfuhr sie nachmals auf ihrer Reise in Flandern.

65 *Philipp II., der seinen Bruder Dom Juan zum Tode verurteilt hatte, fand unter den Papieren des jungen Helden eine Original-Handschrift der Liga oder eine Vereinigung zwischen ihm und dem Herzog von Guise, die für Frankreich und für Spanien gleich gefährlich war. Philipp II. benutzte zu seinem Vorteil, was ihn verderben sollte, und tat dem Herzog von Guise den Vorschlag in seinem eignen Namen. So war Dom Juan die indirekte Ursache jener berüchtigten Liga, dieser Quelle so vieler Übel! Die erste Idee dazu kam eigentlich vom Herzog von Lothringen; er hatte sie in Trident gefaßt; der Tod seines Bruders, der von Poltrot ermordet ward, hatte die Ausführung verschoben; er nahm sie wieder vor, als sein Neffe Heinrich in dem Alter war, daran teilzunehmen; und der Tod des Kardinals verhinderte den Herzog nicht, sie wirklich auszuführen.*

Heinrich III. blieb ganz ruhig und müßig mitten unter den Unruhen. Statt die Zügellosigkeit des Hofes abzuschaffen, um seiner und um der Religion willen, stiftete er Brüderschaften und stellte sich selber öffentlich bei unanständigen Prozessionen zur Schau. Das Volk ließ sich davon nicht blenden, seine Andacht ward allgemein für eine Mummerei gehalten. Man trug sich sogar mit folgender Schrift herum: «Heinrich, durch seiner Mutter Gnaden träger König von Frankreich und in der Einbildung von Polen; Aufseher des Louvre; Küster von St. Germain; Hansens Schwiegersohn; Halskrausenfältler und Haarkräusler seiner Frau; Krämer am Gerichtshof; Besichtiger der Badestuben; Guardian der vier Bettelmönchsorden und Protector der Weißmäntel.»

66 Die Einberufung der Generalstände, die Versammlung von Geistlichkeit, Adel und Drittem Stand (Bürger und Bauern), erfolgte am 6. Dezember 1576. Die Generalstände waren zwischen 1484 und 1560 nie zusammengetreten, dagegen zwischen 1560 und 1614 sechsmal. Dies deutet auf die kritische Situation des Königtums in der Zeit der Glaubenskriege.

67 Sechster Religionskrieg 1577.

68 König Philipp II. von Spanien (1527–1598). Er erbte von seinem Vater Karl V. unter anderem die Niederlande. Seine Siege über Frankreich (1559 Friede von Cateau-Cambrésis) und die Türken (Seeschlacht von Lepanto 1571) verschafften Spanien eine hegemoniale Stellung in Europa. Philipp II. war ein entschiedener Vorkämpfer des Katholizismus und der Gegenreformation. Symbol seines Machtwillens ist der Escorial, die Residenz, das Kloster und die Grabstätte der spanischen Könige.

69 *Mondoucet wollte damit die Oberherrschaft von Frankreich über Flandern wieder herstellen. Frankreich hatte in den Traktaten von Madrid und von Cambray darauf Verzicht getan.*

70 Don Juan d'Austria (1547–1578) war ein Halbbruder König Philipps II. von Spanien und stand in dessen Dienst. Er besiegte als Oberbefehlshaber der spanisch-venezianisch-päpstlichen Flotte 1571 die Türken bei Lepanto. Seit 1576 war er Generalstatthalter der Niederlande.

71 Margarethas Reise nach Flandern fand von Juni bis November 1577 statt.

72 Lamoral Graf von Egmont (1522–1568), niederländischer Freiheitsheld, war ein Gegner des absolutistischen Regierungssystems Philipps II. Er wurde 1567 vom Herzog von Alba verhaftet und dann hingerichtet, obschon er nicht an der Aufstandsbewegung beteiligt war.

73 Wilhelm I., Prinz von Oranien (1533–1584) wandte sich mit Egmont und Hoorn gegen die spanische Herrschaft in den Niederlanden und war ein Vorkämpfer des Calvinismus. Er vereinigte 1576 die niederländischen Provinzen und erwirkte 1581 die Unabhängigkeitserklärung der sieben nördlichen Provinzen.

74 *Eine Äbtissin haben sie eigentlich nicht, sondern eine Pröpstin. Der Landesherr ist Abt dieser Stiftsdamen.*

75 *Elisabeth, Gemahlin Philipps II., der, nach mehreren Geschichtsschreibern, sie kurze Zeit nach dem Tode des unglücklichen Dom Carlos vergiften ließ.*

76 Heinrich III. pflegte sich am Hofe mit stutzerhaften jungen Männern zu umgeben, den sogenannten Mignons, die als Favoriten auf den König großen Einfluß ausübten; Dorothea Schlegel übersetzt den Begriff auch mit ‹Hofschranzen›.

77 *So entging die Königin von Navarra der größten Gefahr, die ihr jemals gedroht, allein durch ihren mutvollen Geist, der so von allen kleinlichen Rücksichten frei und so reich war an schnellen und glücklichen Ressourcen. Welche Talente hätte diese Frau entwickeln können, wären sie auf einer ihr würdigen Stelle erschienen! Ihr Schicksal hielt sie immer von den großen Geschäften entfernt und gab ihr nichts als die Intrige. Es ist sicher sehr zu bewundern, daß eine Fürstin in einem Alter von kaum 24 Jahren, die schönste Frau am französi-*

schen Hofe, die keine andre Beschäftigung hatte, als Feste und Ergötzlichkeiten, daß diese auch einer recht tiefen Politik fähig war. Sie ergründet die Menschen, die sie für ihren Bruder gewinnen will, macht Pläne zu seiner Unternehmung, setzt einer unvorhergesehenen Gefahr die bewunderungswürdigste Kühnheit entgegen und findet in der größten Verlegenheit das sicherste und verständigste Mittel.

Diese von Mongez stammende Anmerkung fällt als scharfsichtige und einfühlsame Würdigung manch andern Abwertungen gegenüber wohltuend aus dem Rahmen. Die feministische Forschung kritisiert in solchen und ähnlichen Urteilen allerdings eine gewisse Herablassung des Historikers dem «Objekt Frau» gegenüber.

78 *Der Lebhaftigkeit, mit welcher Margaretha von ihrem Bruder und ihrer Liebe zu ihm spricht, sind die verhaßten Gerüchte zuzuschreiben, welche ihre Feinde über ihr Verhältnis verbreiteten. Dem Haß dieser Leute ist ebenso wenig unbedingter Glauben beizumessen als dem Lobe des Herzogs von Anjou, von welchem Margaretha überfließt. Der Widerspruch in den Anklagen gegen sie zeugt uns für den Ungrund derselben; denn so wie ein Teil alles, was Margaretha für ihren Bruder getan, einer unerlaubten Liebe zuschreibt und in dieser allein den Grund zu ihrer Freude beim Wiedersehen findet, so fällten, nach des treuen Mézeray Bericht, sehr viele über diese Reise ein ganz entgegengesetztes Urteil. «Viele behaupteten laut, sie wäre unter dem Vorwand, für ihren Bruder zu arbeiten, bloß mit dem Vorteil des Herzogs von Guise beschäftigt gewesen, für den sie immer Anhänglichkeit behalten. Sie habe, behaupten sie, dem Dom Juan eine feste sichre Stütze zu verschaffen gesucht, damit der Herzog von Guise und die spanische Regierung*

ihre Kräfte gemeinschaftlich zur Vertreibung der Protestanten aus Frankreich und aus den Niederlanden anwenden können; und alles das, setzen sie hinzu, um während den Unruhen eine anständige Entschuldigung zu finden, nicht zu ihrem Gemahl zu gehen, dessen Religion und mehr noch dessen Person sie haßte.»

Man tut besser, diese weithergeholten Gründe nicht anzunehmen; natürlicher ist es, da die scharfsichtigsten Hofleute den Zweck und die wahre Absicht ihrer Reise nach Spa so falsch beurteilten, ihrer simpeln naiven Erzählung zu trauen; daß sie nämlich für ihren Bruder gearbeitet und daß ihre Zuneigung zu ihm auf reine schwesterliche Zuneigung gegründet war. Wenn ihre Verbindung mit Dom Juan von der Art war, wie jene annehmen, was hätte sie dann abgehalten, sich mit den Spaniern zu vereinigen und die Truppen des Herrn von Barlemont in Dinant einzulassen?

79 Louise von Lothringen, Gattin Heinrichs III.

80 *Tanz und Festlichkeiten fingen bei Hofe wieder an, die wegen des Kriegs, wegen der Reise des Königs nach Poitou und vorzüglich wegen der Abwesenheit der Königin von Navarra aufgehoben waren; denn sie war die Zierde des Hofes, die Seele der Feste und der Freude. Täglich kamen Fremde eigentlich nach Paris, diese hohe Schönheit zu sehen, die, wie sie sagten, in ganz Europa berühmt war. Unter andern war auch ein Edelmann aus Neapel aus eben derselben Neugierde nach Paris gekommen; und da die Königin grade auf ihrer Reise nach Spa begriffen war, als er daselbst ankam, so verschob er seine Abreise um zwei Monate, um sie zu sehen; da er sie gesehen hatte, sagte er: «Ehemals hatte die Fürstin von Salerno einen solchen Ruf der Schönheit in unsrer Stadt Neapel, daß ein Reisender, der sich dort aufgehalten und nach Hause ging, ohne sie gesehen zu haben, nicht sagen*

durfte, er habe Neapel gesehen. So würde auch ich weder Frankreich noch den Hof gesehen zu haben mich rühmen können, ohne den Anblick dieser Königin, seine Zierde und seinen Reichtum. Nun ich sie aber so wohl betrachtet und angeschaut, so darf ich wohl sagen, ich habe das Schönste in der Welt gesehen, und unsre Prinzessin von Salerno ist gegen diese Königin für nichts zu achten. Ich gehe vergnügt über einen so herrlichen Anblick von hier. Ihr glücklichen Franzosen, die ihr täglich dieses Antlitz schauen dürft!» –

Brantôme hat uns das größte Detail erhalten über alles, was ihren Anzug und ihre Lieblingsfarben, ihre Anmut in der Anordnung der geringsten Zierraten betrifft, so auch den Einfluß, den ihre Art, sich zu kleiden, bei Hofe hatte. Aus den Memoiren ihrer Zeit erfährt man, wie sehr sie die Pracht in Kleidungen und in Schmuck liebte. Sie hatte auch die Mode aufgebracht, den Busen bloß zu tragen. Nach den Gemälden, die von ihr vorhanden sind, hat sie diese Mode bis in ihr Alter beibehalten und bis zu einer Zeit, wo Maria von Medici eine Sittsamkeit einführte, welche den Frauen unter den Regierungen Heinrichs III. und Heinrichs IV. unbekannt war. Margaretha ist wohl zu entschuldigen, da sie an dem Hof ihrer Mutter lebte, der das Beispiel des Prunks, der Schwelgerei und aller Ausschweifungen gab, wenn sie Hang zum Leichtsinn und zur Verschwendung verriet. Es schien auch alles sich zu vereinigen, um sie zu diesen beiden Fehlern zu verleiten. Der Hof ihres Bruders bot jeden Augenblick ganz bewundernswürdige Dinge dieser Art dar. Am heiligen Dreikönigstage, da Fräulein von Pons (nachmalige Marquise von Guercheville) Bohnenkönigin geworden war, ward sie von Heinrich III. vom Louvre bis zur Kapelle Bourbon zur Messe geführt. Der König verzweifelt schön gekräuselt und gepufft, seine Mignons (so nannte man da-

mals spottweise seine Günstlinge) ebenso geputzt; Bussy war auch bei dieser Zeremonie im Gefolge seines Herrn, des Herzogs von Anjou, auf die einfachste und bescheidenste Weise gekleidet, und sagte ganz laut, da er die sechs Prinzen des Königs in Goldstoff gekleidet sah: «Es ist nun die Jahreszeit so; die größten Lumpenkerle sind am prächtigsten!» So suchten die Leute des Herzogs von Anjou und die Mignons des Königs sich gegenseitig zu necken; daher kam aller Streit und die Zwietracht, die Paris und den Hof so lange entzweiten, und die endlich an der Verbannung der Königin Margaretha schuld waren. Weil sie mit dem Herzog von Anjou einig war, suchte man, um ihn zu ärgern, sie aufs lebhafteste zu kränken. Der König von Navarra indessen suchte sich seinen Aufenthalt zu Agen durch galante Intrigen angenehm zu machen. Frau von Sauves war zur Zeit seiner Gefangenschaft im Louvre seine erste Geliebte; Fräulein von Tignonville, die Tochter der Oberhofmeisterin seiner Schwester, der Prinzessin Katharina von Navarra, ersetzte die Frau von Sauves bald bei ihm; nicht lange, so ward sie von der schönen Corisande verdrängt; dies war die Gemahlin von Philibert von Gramont, Graf von Guiche. Margaretha wußte sehr wohl um alle Liebeshändel ihres Gemahls.

81 *Über seine Figur ließ der Herzog von Anjou nicht mit sich scherzen. Bussy, sein erster Günstling, sein Freund, hat es mit dem Leben bezahlen müssen. Er spielte mit ihm und mit andern jungen Leuten aus seinem Gefolge ein Spiel, in welchem einer sich muß von den andern verspotten lassen. Der Herzog verschonte Bussy hiebei nicht; da er an die Reihe kam, forderte er Bussy zu ähnlicher Freimütigkeit auf; der Günstling benutzte diese Erlaubnis und zog den Herzog mit seiner häßlichen Gestalt auf. Dies ging aber über den Scherz, und der Herzog vergab es ihm niemals. Er versöhnte*

sich mit seinem Bruder Heinrich III., und hinterbrachte diesem die Liebeshändel von Bussy und besonders die Zusammenkünfte, die ihm die Gemahlin des Grafen von Montsoreau gestattete. Der König benutzte das nach seiner Gewohnheit sogleich, um Bussy zu verderben; entdeckte dem Grafen Montsoreau das Verständnis seiner Gemahlin mit Bussy; der Graf lockte ihn zu sich ins Haus und ermordete ihn.

82 Rehabeam, Sohn des Salomo, König von Juda (926–910 v. Chr.). Jesus Sirach schreibt über Rehabeam, Salomo habe einen starrköpfigen Sohn hinterlassen, reich an Torheit und arm an Einsicht, der für den Abfall des Volkes von Gott verantwortlich sei (Sir 47,27). Im Mittelalter gilt Rehabeam als abschreckendes Beispiel für ungerechte und strenge Staatsführung und erscheint zudem als Vertreter der hoffärtigen Könige.

83 *Dieser Heinrich, sagt ein Geschichtschreiber aus jener Zeit, kleidete sich wie ein Büßender, folgte den Prozessionen, geißelte sich zu gewissen Tagen, beobachtete das Stillschweigen wie ein Karthäuser; dann ging er auf einmal wieder bedeckt von reicher Stickerei und machte den Damen die Aufwartung, gab prächtige Feste und überließ sich der größten Ausgelassenheit und allen ersinnlichen Ausschweifungen.*

84 *Der Geschichtschreiber Dupleix, der aus dem Munde der Königin Margaretha selbst manchen besondern Umstand zu erfahren Gelegenheit hatte, versichert, sie oft sagen gehört zu haben: Sie könne die Tyrannei ihres Gemahls und des Königs nicht länger ertragen und habe ihr ganzes Herz und alle ihre Zuneigung dem Herzoge von Anjou geschenkt, für dessen Heil sie gern ihr Leben gebe.*

85 *Der eigentliche Zweck der Katharina zu dieser Reise war, die Macht der Protestanten, ihre Verbindungen und den Geist und die Leidenschaften ihrer Anführer auszukundschaften, um sie leichter zu entzweien und zu besiegen.*

86 Die Reise begann im August 1578.

87 *Zu Bordeaux hielt Margaretha ihren Einzug mit allem Pomp einer Monarchin. Sie trug ein Kleid mit orangefarbnem Grunde (Orange war ihre Lieblingsfarbe), bedeckt mit Edelsteinen und reicher Stickerei. Sie ritt einen weißen Zelter, und ihre hohe Schönheit und königlicher Anstand wurde von dem zahlreichen Volke, das sich bei ihrem Einzuge versammelt hatte, laut bewundert. Die Stände huldigten ihr, und sie beantwortete die verschiedenen Anreden des Erzbischofs im Namen der Geistlichkeit, des Marschalls von Biron als Maire im Namen der Munizipalität, dann noch eine als Generalleutnant des Königs dem Präsidenten für seinen Stand und so jedem besonders mit einer Beredsamkeit, Zierlichkeit und Leichtigkeit, wodurch die Einwohner von Bordeaux an die Königinnen Margaretha und Johanna d'Albret erinnert wurden, denen sie an Kenntnissen gleich war und an Schönheit bei weitem überlegen.*

88 *Die Vereinigung von Margaretha mit ihrem Gemahl schien aufrichtig und herzlich; während die beiden Höfe zusammen waren, machten sie sich unaufhörlich Liebkosungen. Sie schienen die alten Zwistigkeiten während den Tänzen und Festlichkeiten vergessen zu wollen.*

89 *Während die Königin Mutter den König von Navarra mit Tänzen und Turnieren ergötzte, suchte sie zwischen ihm und dem Vicomte von Turenne Zwietracht zu stiften. Sie schien einzig mit den Lustbarkeiten beschäftigt und hörte doch nicht auf, Anschläge gegen die Protestanten zu schmieden. Einen Beweis davon gab sie am zweiten Tag ihrer An-*

kunft zu Auch. Ein alter Edelmann Namens Ussac kommandierte die Protestanten in La Réole; sein Alter und sein Gesicht voll Narben machten ihn ehrwürdig, und der König von Navarra hatte viel Zutrauen zu ihm. Während der Hof sich zu La Réole aufhielt, verliebte sich der alte Mann in eine der Hofdamen der Königin Mutter. Seine Leidenschaft war bald kein Geheimnis mehr, und seine Dame und der Hof verspotteten ihn und lachten über seine ungeziemende Torheit. Er ward böse, daß man ihn auslache, besonders geriet er sehr in Zorn, da der König von Navarra und der Vicomte von Turenne ihn nicht verschonten. Aus Rache ergab er sich und seine Festung der Königin Mutter. Der König von Navarra war auf dem Ball, als sein Kammerdiener ihm diese verdrießliche Nachricht brachte. Ohne sich irgend etwas merken zu lassen, ging er zu Rosny, nachmaligem Herzog von Sully, und zu vier oder fünf seiner übrigen Getreuen und sagte zu ihnen: «So geheim als möglich bestellt alle meine Freunde vor das Stadttor, in einer Stunde werde ich zu Pferde bei ihnen sein, mit dem Harnisch unter dem Jagdkleide. Wer mich liebt und die Ehre, der wird mir folgen!»

Sie gehorchten ihm so pünktlich, daß er sich mit Anbruch des Tages schon vor Florence (einer Stadt in der Gascogne in der Grafschaft Armagnac) befand; die Einwohner, wegen des Friedens unbewaffnet, mußten sich gleich ohne Widerstand ergeben. Die Königin Mutter glaubte ihn noch ganz ruhig in Auch und war sehr überrascht, als sie den Morgen beim Erwachen die Nachricht erhielt. Sie rief lachend: «Das soll für Réole gelten; der König von Navarra will Wurst wider Wurst, aber ich habe doch die fetteste!»

Diese Feindseligkeiten machten eine Zeitlang die beiden Höfe kälter gegen einander, und die Königin Mutter ging nach Agen. Von dort sandte sie Deputierte an den König von Navarra, um eine Aussöhnung zustande zu bringen. Der König war sehr leicht zu bereden, und sie vereinigten sich in Nérac, wo er sich mit seinem ganzen Hofe befand.

Der Kardinal von Bourbon, den die Liga nachmals zum Könige machte unter dem Namen Karls X., ermahnte eines Tages den König von Navarra, doch recht ernst und aufrichtig die katholische Religion anzunehmen. Der König merkte in seiner Anrede einigen Sauerteig von der Liga, die sich seit zwei Jahren bildete, und antwortete ihm scherzend: «Mein Oheim, hier behauptet man, Ihr würdet zu Paris zum Könige erwählt werden; ratet ihnen doch lieber, Euch zum Papst zu erwählen! Diese Rolle ziemt Euch weit besser und erhebt Euch nicht allein über Eure Wahlherrn, sondern auch über sämtliche Könige der Erde.»

90 Jaques Lallier, Herr von Pin.

91 *Der Frieden zwischen dem König von Navarra und Margaretha ward also wieder gebrochen und ist von dieser Zeit an nie wieder recht zustande gekommen. Von hier an enthält das Leben der Margaretha nichts als wiederholte Beweise ihrer Uneinigkeiten, bis der König von Navarra endlich sich von ihr scheiden ließ und dadurch die Freiheit erhielt, eine andre Gemahlin zu wählen; von da an begegnete er Margarethen mehr gleichgültig als feindlich.*

92 *Margaretha bildete sich damals ein, daß ihr Kanzler Pibrac in sie verliebt sei, und er wünsche deshalb, sie möchte sich von ihrem Gemahl trennen und nach Paris zurückkehren. Diese Beschuldigung war aber ganz ungegründet; Pibrac rechtfertigte sich hinlänglich deshalb in seiner Apologie, und Margaretha kam zuletzt auch davon zurück; zum Beweise trug sie ihm nachmals wieder die Führung des wichtigen Geschäfts mit dem Könige ihrem Bruder auf.*

93 Margaretha täuscht sich; diese glückliche Zeit dauerte kaum zweieinhalb Jahre, nämlich von August 1579 bis Januar 1582.

94 *Dieser augenblicklichen Versöhnung muß man die Gleichgültigkeit und den Unglauben zuschreiben, mit welcher der König von Navarra die gehässigen Gerüchte aufnahm, welche über Margaretha und den Vicomte von Turenne verbreitet wurden. Philipp von Strozzi wollte die Schwester des Vicomte von Turenne heiraten und bat deshalb bei Heinrich III. um Urlaub, an den Hof von Navarra reisen zu dürfen. Heinrich hatte aber diese reiche Partie für einen seiner Mignons bestimmt; jene Verbindung war ihm also verdrießlich; da er jedoch an Strozzi den Urlaub nicht verweigern konnte, suchte er wenigstens den Vicomte und Margaretha, die er haßte, zu ärgern. Er gab also an Strozzi einen Brief für den König von Navarra mit dem Befehl, ihn ihm zu eignen Händen zu übergeben. In diesem Briefe nun gab er ihm Nachricht von dem Verständnis der Margaretha mit dem Vicomte von Turenne. Er gab ihm den Rat, diesem Liebeshandel ein Ende zu machen, ohne sich über ihn etwas merken zu lassen. Der König von Navarra gab diesen Brief mit der größten Ruhe der Margaretha zu lesen und hernach dem Vicomte. Dieser Schritt des Königs von Frankreich hatte traurige Folgen; er hätte sie wohl voraussehen können! Margaretha war höchst aufgebracht, sie verschaffte sich eine glänzende Rache; sie zündete einen neuen Krieg an! – Man glaubte die Unruhen durch die Zusammenkunft zu Nérac gestillt, und Heinrich III. schien ganz unbesorgt wegen der Guyenne. Er und seine Mignons erlaubten sich Spöttereien über den König, seinen Schwager, dem er sehr verächtlich begegnete. Der Herzog von Guise war während der Abwesenheit des Königs von Navarra allein im Besitz der Gunst*

der Frau von Sauve geblieben und machte sich auch über ihn wie über einen unglücklichen Liebhaber lustig. Margaretha hatte vor ihrer Abreise vom französischen Hof sich Leute bestellt, die ihr von allem dem sehr genau Nachricht gaben. Da sie nun entschlossen war, sich an ihrem Bruder zu rächen, konnte sie keine beßre Gelegenheit dazu finden, als die Protestanten wider ihn zu waffnen. Zu dem Ende erzählte sie der Fosseuse alle jene Berichte von Paris und die Spöttereien, die man sich über ihren Gemahl erlaube; die Fosseuse ermangelte dann nicht, es sogleich ihrem Geliebten zu hinterbringen. Sie war aber freilich noch zu jung zu einer solchen Intrige und vernachlässigte manche Gelegenheit, den König von Navarra gegen den französischen Hof aufzubringen; Margaretha suchte also ein Fräulein Xainetet, der er auch günstig war, auf ihre Seite zu bringen, hernach gewann sie die Geliebten der Staatsräte, die am meisten Einfluß im Staatsrat hatten. Nachdem alles zu ihrem Vorteil stimmte, ließ sie die Mine springen. In einem Moment stand das ganze mittägliche Frankreich im Kriegsfeuer und die Völker wieder unter den kaum niedergelegten Waffen. Durch die Intrige der Königin von Navarra bekam dieser Krieg den Namen des Kriegs der Verliebten; denn alle, die Anteil daran nahmen, und die meisten im Staatsrat waren verliebt und wurden durch ihre Geliebten zum Kriege verleitet. Hier erkannte man die Tochter der Katharina von Medici und ihre Lehren.

Die hier erhobenen Vorwürfe und Einschätzungen sind falsch; die heutige Quellenbasis widerlegt sie eindeutig. Sie gehen zurück auf die *Histoire universelle* von Théodore-Agrippa d'Aubigné (1552–1630), die zwischen 1616 und 1620 erschien. D'Aubigné, ein strenger Calvinist aus dem Gefolge Heinrichs von Navarra, schrieb seine Geschichte der Religionskriege zur Rechtfertigung und Entlastung Heinrichs IV. Er scheute nicht davor zurück, zu diesem Zwecke Margaretha von Valois mit falschen Anschuldigungen zu belasten. Die Geschichtsforschung gelangte erst Ende 19. Jahrhunderts zur Richtigstellung der Sachlage. Insbesondere gibt es einen Brief vom 10. April 1580, in dem Heinrich von Navarra sich bei seiner Frau dafür entschuldigt, diesen Krieg hinter ihrem Rücken und gegen ihren Willen initiiert zu haben. Anstatt von Intrigen und Rache, welche wenig zu Margarethas Charakter passen, wäre vielmehr von den Friedensbestrebungen der Königin von Navarra zu sprechen. Margaretha nahm in jener Zeit – genau wie ihre Memoiren berichten – am Hof von Nérac sehr gewissenhaft die Aufgabe wahr, zwischen dem französischen König und den Hugenotten, an deren Spitze ihr Mann stand, zu vermitteln. Es ist also gerade das Gegenteil von dem richtig, was in der Anmerkung behauptet wird. – Auch die folgenden Anmerkungen sind diesbezüglich zu korrigieren.

95 Siebter Religionskrieg, sog. Krieg der Verliebten 1580.

96 *Margaretha hätte es sehr ungern gesehen, wenn man am französischen Hof von ihren Intrigen gewußt und sich durch Gegenanstalten geschützt hätte. Sie schrieb also an Pibrac, die Protestanten wären mehr als je entfernt von allen Kriegsgedanken; das Wohlwollen ihres Gemahls sei ihr Bürge für den Frieden und die Ruhe, – und diese Briefe befahl sie ihm dem König von Frankreich zu zeigen. Da diese friedfertigen Aussichten seiner Trägheit sehr angenehm waren, merkte er die Falle nicht, machte sogar seiner Schwester ein Geschenk von fünfzigtausend Livres und schrieb ihr*

schmeichelhafte Briefe voller Versicherungen seiner Freundschaft.

Er fing an, einigen Verdacht zu schöpfen, als man ihm aus Toulouse und Guyenne schrieb, daß der Krieg wieder losbräche, daß die Leute seiner Schwester öffentlich Waffen trügen, bei den Plünderungen der Städte zugegen wären und täglich sich mit den Katholiken schlügen. Er gab Pibrac Nachricht davon, trug ihm auf, es der Königin Margaretha zu berichten und ihr mit seinem ganzen Zorne zu drohen. Sie ließ aber, ohne im mindesten zu erschrecken, durch Pibrac alles ableugnen, und Heinrich schlummerte sorglos wieder ein. – Wie sehr wurde er durch die Nachricht aufgeschreckt: der König von Navarra habe Cahors belagert, erobert und geplündert. Cahors gehörte eigentlich mit zur Apanage der Königin Margaretha von Valois. Der König, ihr Bruder, hatte ihr zur Mitgift die Quercyschen und Agenschen Landvogteien gegeben. Die Rechtsgelehrten Frankreichs waren schon sehr erstaunt darüber, daß ihr Heiratsgut gegen den Gebrauch in Ländereien angewiesen wurde; denn eigentlich sollten die Töchter von Frankreich keine andere Mitgift erhalten als Geld. Sie erstaunten aber noch weit mehr, da ihr Bruder, um ihre Lage ehrenvoller zu machen, durch Diplome ihr alle von der Krone unzertrennliche Rechte überließ; so wie die Ernennung der Bischöfe und Äbte. Man hatte ihr sogar, wie schon erwähnt, einen besondern Kanzler gegeben. Diese Teilung war den Einwohnern von Quercy zuwider; sie waren geschworne Feinde der Protestanten, hatten diese Feindschaft während dem letzten Kriege hinlänglich gezeigt, sie waren also nichts weniger als geneigt, dem Könige von Navarra zu gehorsamen. Überdies hielten sich gerade zu Cahors mehrere von denen auf, die sich bei den Massakern nach der St. Barthélemy sehr tätig gezeigt; Mar-

garetha hatte große Lust, diesen Ort als zu ihrer Apanage gehörig zu besitzen, sie arbeitete also unaufhörlich daran, den König ihren Gemahl zu dieser Belagerung zu überreden, und dieser brachte die andern Häupter der Protestanten auch bald dahin.

Da nun der Krieg nicht länger vor Heinrich III. verhehlt werden konnte, geriet er in heftigen Zorn; er bemächtigte sich der Güter der Revoltierten, besonders derer des Königs von Navarra; sie wurden in Sequestration in die Hände der Generaleinnehmer gegeben, um den Krieg damit zu bestreiten und das Volk um so viel von seinen Abgaben zu erleichtern; dann gab er, um die Protestanten zu veruneinigen, ein Edikt, nach welchem er alle vorigen Edikte zu Gunsten der Protestanten bestätigte, unter der Bedingung, daß jeder ruhig bei sich zu Hause bleibe; und zuletzt errichtete er drei Armeen und gab dem Marschall von Biron das Kommando der einen, die nach der Guyenne bestimmt war.

97 *Gleich am Anfang dieses Kriegs entging der König von Navarra einer sehr großen Gefahr bloß durch einen Wink, den Margaretha ihm gab. Sie schrieb ihm, es läge ein Trupp Katholiken, die der Marschall von Biron gesendet, in der Gegend bei Mazères im Hinterhalte, um ihn zu fangen, es sei tot oder lebend. Der König von Navarra erkannte die Größe dieser Gefahr und rettete sich sogleich, indem er durch die Garonne ritt, nach Nérac, wo sich Margaretha befand. Dort ward auch sie von einer Furcht beunruhigt, die aber nicht ebenso gegründet war. Ihr Kanzler Pibrac hatte bei seiner Ankunft zu Paris sowohl durch die öffentliche Sage als durch Heinrich III. und die Königin Mutter erfahren: Die Königin Margaretha werde im Monat März von einer sehr großen Gefahr bedroht, vorzüglich zwischen dem 20.*

und dem 28. desselben Monats. Den Ursprung dieses Volksgerüchts fand Pibrac in der Weissagung des Astrologen Juntin. * *Er ließ ihn zu sich kommen und erfuhr von ihm, daß er allen Fürsten, von denen er die Stunde der Geburt wisse, die Nativität stelle; da er sich nun mit dem Schicksale der Königin Margaretha beschäftigt, habe er jene Gefahr gefunden. Pibrac war vernünftig genug, um seine Fürstin nicht mit einem solchen Volksgeschwätz zu beunruhigen. Da er aber den König von Frankreich selbst und die Königin Mutter dasselbe wiederholen hörte, fürchtete er eine Nachlässigkeit zu begehen, wenn er es der Königin von Navarra nicht mitteilte. Er schrieb es ihr also, suchte sie über dergleichen törichte Weissagungen zu beruhigen, riet ihr aber dennoch, indem er ihr von seiner Treue und seinem Diensteifer sprach, sich auf einige Tage von Nérac zu entfernen, denn der Astrologe hatte hinzugefügt, sie werde von der Hand des Königs, ihres Gemahls, getötet werden, und sich nach Agen oder nach dem nah liegenden Port St. Marie begeben. Die Königin tat es aber nicht; nicht etwa, als ob sie die Weissagung des Astrologen nicht gefürchtet hätte; sondern weil sie in ihrer Verblendung das Ganze für eine Erfindung von Pibrac ansah, sie von Nérac zu entfernen und nach Paris zu ziehen.*

98 Friede von Fleix, Ende 1580. Margarethas Verdienste bei diesem Frieden waren beträchtlich, denn sie nahm, obwohl sie in ihren Memoiren nichts davon erwähnt, vermittelnd an den Verhandlungen teil.

* *Aus Florenz; man hat verschiedene astronomische und astrologische Werke von ihm. Er ward von den Trümmern seiner Bibliothek erschlagen; er hatte sich aber eine andere Todesart geweissagt.*

99 *Der Krieg der Verliebten dauerte kein volles Jahr. Heinrich III., ein Feind aller Anstrengung und jeder Mühe, sparte keine Mittel zum Frieden und nahm sehr gern die Vorschläge dazu von seinem Bruder an. Dieser suchte unter irgend einem honetten Vorwand die Niederlande wieder zu verlassen; er war des Kriegs in Flandern überdrüssig geworden, wo er sich mehr wie ein Abenteurer als wie ein Held betragen, und alles, was Margaretha vorgearbeitet hatte, um ihm den Weg zu bahnen, hatte er wieder zerstört.*

100 An dieser Stelle ist Margarethas konsequentes Schweigen zu ihren eigenen Liebesverhältnissen doch auffallend. Sie hatte sich im Winter 1580 in Jacques von Harlay, Herrn von Champvallon, den Oberstallmeister ihres Bruders, verliebt. Diese Liebe, die mehrere Jahre dauerte, geht weit über ihre sonstigen galanten Beziehungen hinaus und ist in einer größeren Anzahl von Briefen dokumentiert, in denen Margaretha mit ihrem Geliebten leidenschaftlich eine höhere Liebe nach neuplatonischem Muster praktiziert.

101 Die Rückreise nach Paris fand zwischen Januar und Juni 1582 statt.

102 *Ihre häuslichen Leiden machten ihr den Aufenthalt zu Nérac dennoch nie zuwider und konnten sie nie bestimmen, nach Paris zurückzugehen, denn sie ließ noch in demselben Jahre das Haus dort verkaufen, das der König, ihr Bruder, ihr ehemals geschenkt hatte; es war wegen seiner Größe und wegen der Nähe des Louvres eins der ansehnlichsten in Paris. Sie zwang ihren Kanzler, ohngeachtet seiner häufigen Gegenvorstellungen, es erst an sich zu kaufen und es hernach mit Verlust an die Herzogin von Longueville zu verkaufen. Vielleicht wollte sie ihre beträchtlichen Schulden damit bezahlen, die sie sehr beunruhigten; sie war allein an Pibrac*

an 35 000 Taler schuldig, ohne ihre andren häufigen Verschwendungen zu erwähnen. Niemals gab es eine freigebigere Fürstin, sie schien in sich allein alle Prachtliebe und allen Aufwand des Hauses Valois zu vereinigen.

103 Weshalb Margarethas Memoiren hier abbrechen, ist nicht bekannt. Sicherlich haben sie das Ziel, das Margaretha einleitend umschreibt, an dieser Stelle noch nicht erreicht. Denn nun folgen erst eigentlich die umstrittenen Jahre, die Margaretha Brantôme gegenüber in einem andern Licht hatte darstellen wollen. Für den Abbruch des Textes hat man zwei Erklärungen: Margaretha hat ihr Vorhaben aufgegeben, oder der Text ist infolge von Verlust oder Zensur unvollständig überliefert.

Die hier folgende Fortführung von Margarethas Lebensgeschichte durch einen unbekannten Verfasser bildet einen Bestandteil der Schlegelschen Übersetzung. Sie dokumentiert das Bild Margarethas aufgrund von Quellenlage und Forschungsstand des späten 18. Jahrhunderts und bleibt trotz zeitbedingten Verzeichnungen von ihrem informativen Gehalt her in manchem durchaus nützlich.

Auffallend an ihr sind die negativen Wertungen, die Margaretha von Valois gegenüber verschiedentlich eingenommen werden. Sie sind für das unfreundliche Bild typisch, das die Historiker sowohl im 17. Jahrhundert wie auch vermehrt wieder im Vorfeld der Französischen Revolution von der Königin zeichneten. Da die Fortsetzung indes genuin zum Schlegelschen Text gehört, wird sie hier vollständig und unverändert mitabgedruckt. Wo die Geschehnisse zu sehr verzerrt erscheinen oder Zusätze unerläßlich werden, sind erläuternde Anmerkungen aus heutiger Sicht beigefügt. Im übrigen sei auf das Nachwort und die weiterführenden Literaturangaben am Schluß verwiesen.

104 Diese Ausführungen zur Ermordung des Joyeuse, zu den Vorwürfen Heinrichs III. sowie zur Abreise Margarethas von Paris im Sommer 1583 sind den Briefen des Barons von Busbec entnommen, die 1632 erschienen. Busbec weilte als Gesandter Kaiser Rudolphs II. am französischen Hofe. Man nimmt heute an, daß seine Äußerungen, zumal sie die einzige Quelle für diese Version der Geschehnisse darstellen, wenig zutreffend sind. Wahrscheinlich besser informiert war der englische Gesandte Cobham, der davon berichtet, daß Heinrich III. den Briefwechsel zwischen Margaretha und ihrem Bruder d'Alençon entdeckt hatte und über die politische Allianz seiner Geschwister so in Zorn geriet, daß er Margaretha vom Hofe verbannte.

105 Margarethas Bruder Hercule/François, Herzog von Alençon, später von Anjou, starb am 11. Juni 1584. Da König Heinrich III. wie alle seine Brüder keine legitimen Nachkommen hatte und mit seinem Bruder der letzte thronberechtigte Valois tot war, wurde nun Margarethas Mann Heinrich von Bourbon, König von Navarra, designierter Thronfolger.

106 Achter Religionskrieg 1585.

107 Nach dem Fall von Agens vom 25. September 1585 floh Margaretha ins Ungewisse. Ihr kriegerisches Engagement auf Seite der Liga war ein Fiasko, vom französischen Königshof war sie durch ihren Bruder Heinrich III. verstoßen und von ihrem Manne Hein-

rich von Navarra hatte sie sich abgewandt, nachdem sie keinen Einfluß mehr auf ihn hatte ausüben können und er sich definitiv mehr für seine Mätressen als für sie zu interessieren pflegte.

108 Beim *Divorce satyrique* handelt es sich um eine sehr parteiische Quelle, der mit größter Reserve zu begegnen ist. Vgl. dazu auch das Nachwort.

109 Auch dieses Geschehen rund um den Marquis von Canillac dürfte sich etwas anders zugetragen haben, als hier berichtet wird. Brantôme, der es überliefert, bezieht seine Informationen aus dem parteiischen Umfeld Heinrichs III. Wie man in den einleitenden Passagen ihrer Memoiren nachlesen kann, schreibt Margaretha ihre Lebensgeschichte wesentlich deshalb, weil sie «Irrtümer» wie die über ihre Zeit in Agen oder über den «Abzug aus dem Ort des Marquis von Canillac» (vgl. a. a. O.) zu korrigieren gedenkt.

110 Ob der Herzog von Guise und die Liga tatsächlich in dieser Sache mithalfen, ist heute umstritten. Tatsache ist, daß der Marquis von Canillac Margaretha die Festung von Usson nach gut einem halben Jahr Gefangenschaft übergab, so daß Margaretha ab Mitte 1586 für die folgenden 19 Jahre in diesem Refugium relativ frei und zurückgezogen residieren konnte.

111 5. Januar 1589.

112 Brantôme, der um 1580 am Hof in Ungnade gefallen war und seitdem zurückgezogen auf seinen Gütern lebte, nahm um 1590 mit Margaretha, die er als letzte Valois sehr verehrte, wieder Kontakt auf und wechselte Briefe mit ihr. Durch die wohlwollende Zuwendung der Königin ermutigt, verfaßte er in den Jahren 1591–92 eine Lebensbeschreibung von ihr, die dann

wiederum Margaretha Anlaß gab, ihre eigenen Memoiren zu schreiben. Sie begann mit der Abfassung in Usson im Frühjahr 1594 – etwa zu derselben Zeit, als Heinrich IV. die Annullierung ihrer Ehe zu betreiben anfing.

113 Heinrich III. wurde am 1. August 1589 von dem fanatischen Mönch Jacques Clément erdolcht.

114 Die von Dorothea Schlegel nicht übersetzte Stelle lautet im Original: «une telle descriée bagacée» (solch eine verrufene Dirne).

115 Margarethas Schulden waren so beträchtlich, daß ihr die Geschichtsschreiber Verschwendungssucht nachsagten. In jenen Zeiten der Bürgerkriege hatte indes der gesamte Adel Schulden; bei Margaretha resultierten sie aus ihrem standesgemäßen Lebensstil, aus den mehrjährigen Reisen und ihrem Kriegsengagement. Ihre Einwilligung in die Scheidung erlöste sie nicht nur von einer politisch und menschlich längst überholten Ehe, sondern verschaffte ihr endlich auch finanziell die Unabhängigkeit. Margaretha gelangte auf diese Weise im Jahr 1599 richtiggehend zu einer neuen Identität. Von nun an war sie selbständig und frei von engeren politischen Verpflichtungen. Sie hatte die Mitglieder ihrer Familie und deren Kampf um die Macht überlebt.

116 Maria von Medici (1573–1642), Tochter des Großherzogs Franz I. von Toskana, wurde 1600 Heinrichs IV. zweite Gemahlin. Sie gebar am 27. September 1601 den Thronfolger Louis, den späteren Ludwig XIII. (1614–1643), an dessen Stelle sie während seiner Unmündigkeit nach dem Tod Heinrichs IV. auch regierte. Unter ihr ist Richelieu zur Macht aufgestiegen.

117 Die Passage, in ihrer Gewichtung reichlich mißgünstig, deutet nur ungenügend an, was für Margarethas letzten Lebensabschnitt in Paris 1606–1615 prägend war: Margaretha, selbst äußerst gebildet, wurde zu einer der großen Mäzeninnen ihrer Zeit und versammelte viele Künstler und Gelehrte um sich. Damit nahm sie vorweg, was in späterer Zeit Salonkultur genannt werden sollte. Ihr Interesse für Dichtung, Musik und Philosophie führte zur nachhaltigen Förderung der aktuellen Künste und Wissenschaften. Ihre häufigen Feste haben ihre Bedeutung in diesem Zusammenhang und sind keinesfalls als verschwenderische Vergnügungen zu mißdeuten. Daneben wurde Margaretha zur großzügigen Wohltäterin des Volkes, dem sie an ihren Geburtstagen und bei weiteren Gelegenheiten hohe Summen spendete.

118 Heinrich IV. wurde am 14. Mai 1610 auf offener Straße von Ravaillac, einem ehemaligen Anhänger der Liga, niedergestochen. Margaretha reagierte auf diese Tat sehr betroffen, denn im Verlaufe der letzten Pariser Jahre hatte sie sich mit ihrem früheren Gemahl versöhnt und stand in einem geschwisterlich-verbündeten Verhältnis mit ihm und seiner Familie.

ZEITTAFEL

1509 Geburt von Calvin.

1517 Luthers 95 Thesen in Wittenberg: Beginn der Reformation.

1553 14. Mai 1553: Geburt von Margaretha in Saint-Germain-en-Laye; Geburt von Heinrich von Navarra.

1556 Philipp II. wird König von Spanien.

1559 Friede von Cateau-Cambrésis zwischen Frankreich und Spanien; Unfalltod Heinrichs II.: Franz II. wird König von Frankreich; Diktatur der Guisen: Beginn der Hugenottenverfolgungen.

1560 Tod Franz' II.: Karl IX. wird König von Frankreich; die Königin Mutter Katharina von Medici regiert im Namen ihres unmündigen Sohnes.

1561 Kolloquium von Poissy zwischen Katholiken und Protestanten.

1563 Erster Religionskrieg: Ermordung des Herzogs Franz von Guise; Friede von Amboise.

1564 Tod von Calvin.

1564–66 «Große Reise» durch Frankreich: Katharina von Medici stellt ihren Sohn Karl IX. den Reichsfürsten vor.

1567 Zweiter Religionskrieg.

1568–70 Dritter Religionskrieg: protestantisches Bündnis zwischen Condé, Coligny, Jeanne d'Albret und Heinrich von Navarra.

1569 Niederlagen der Protestanten bei Jarnac und Moncontour: Margaretha im Dienst ihres Bruders von Anjou.

1570 Exkommunikation Elisabeths I. von England; Friede von Saint-Germain.

1571 Don Juan d'Austria besiegt die türkische Flotte bei Lepanto.

1572 Tod von Jeanne d'Albret; Heirat Margarethas mit König Heinrich von Navarra; Massaker der Bartholomäusnacht.

1573 Vierter Religionskrieg und Friede von La Rochelle; Heinrich von Navarra unter Aufsicht am französischen Hof; Heinrich von Anjou wird König von Polen.

1574 Verschwörung der Malcontents unter de La Molle, Coconnas und dem Herzog von Alençon; Margaretha redigiert für ihren Mann das *Mémoire justificatif*; Tod Karls IX.: Heinrich III. wird König von Frankreich; Margaretha verbindet sich mit Bussy d'Amboise.

1575 Krönung Heinrichs III.; Flucht des Herzogs von Alençon vom französischen Hof; Margaretha im Louvre unter Hausarrest; Tod des Herrn von Guast; fünfter Religionskrieg.

1576 Flucht Heinrichs von Navarra vom französischen Hof; Margaretha im Louvre unter Hausarrest; Friede von Beaulieu; Einberufung der Generalstände.

1577 Sechster Religionskrieg und Friede von Bergerac; Margarethas Reise nach Flandern.

1578 Margaretha im Dienst ihres Bruders von Alençon-Anjou für die Niederlande; Margaretha zieht zu ihrem Mann in die Gascogne; Zusammenkunft in Nérac.

1580 Siebter Religionskrieg oder «Krieg der Verliebten» und Friede von Fleix; Margaretha begegnet Champvallon; Montaigne veröffentlicht seine Essays.

1581 Der Herzog Franz von Alençon-Anjou begibt sich wegen seiner Verlobung mit Königin Elisabeth nach England.

1582–83 Margaretha lebt am Hof Heinrichs III.

1584 Rückkehr Margarethas nach Nérac nach der Verstoßung vom französischen Hof; Tod des Herzogs von Alençon-Anjou; Heinrich von Navarra wird erster Thronanwärter.

1585 Die Liga greift zu den Waffen; achter Religionskrieg; Margaretha befestigt sich in Agen und flieht dann nach Carlat.

1586 Margaretha wird für einige Monate in der Festung von Usson gefangen gehalten und richtet darauf dort ihren Wohnsitz ein.

1587 Die Armee Heinrichs III. wird in Coutras von Heinrich von Navarra geschlagen.

1588 Revolte in Paris gegen Heinrich III.; Untergang der Armada; Ermordung des Herzogs von Guise.

1589 Tod Katharinas von Medici; Bündnis gegen die Liga zwischen Heinrich III. und Heinrich von Navarra; Ermordung Heinrichs III.: Heinrich IV. wird König von Frankreich.

1593 Heinrich IV. konvertiert zum Katholizismus («Paris ist eine Messe wert»); mit Margaretha werden Verhandlungen zur Annullation ihrer Ehe aufgenommen.

1594 Heinrich IV. zieht in Paris ein und wird in Chartres gekrönt; Margaretha beginnt mit ihren Memoiren.

1598 Das Edikt von Nantes regelt die religiösen Rechte von Hugenotten und Katholiken und führt zur Beendigung der Religionskriege.

1599 Annullation von Margarethas Ehe; sie behält den Titel «Königin Margaretha».

1600 Heirat Heinrichs IV. mit Maria von Medici.

1605 Rückkehr Margarethas nach Paris.

1607 Margaretha bezieht ihren Palast an der Rue de Seine und setzt den Dauphin Ludwig als ihren Universalerben ein.

1610 Ermordung Heinrichs IV.; Maria von Medici wird für den unmündigen Dauphin Regentin von Frankreich.

1615 27. März: Tod Margarethas von Valois.

LITERATUR

a) Historische Darstellungen zum Leben Margarethas von Valois

Lauzun, Philippe: Itinéraire raisonné de Marguerite de Valois en Gascogne d'après ses livres de comptes, 1578–1586. Paris 1902.

Mariéjol, Jean-Hippolyte: La Vie de Marguerite de Valois, reine de Navarre et de France, 1553–1615. Paris 1928.

Merki, Charles: La Reine Margot et la fin des Valois, 1553–1615. Paris 1905.

Ratel, Simone: La Cour de la reine Marguerite. In: Revue du XVIe siècle 11, 1924, S. 1–29, 193–207; 12, 1925, S. 1–43.

Saint-Poncy, Léo, comte de: Histoire de Marguerite de Valois, reine de France et de Navarre. 2 Bde. Paris 1887.

Viennot, Éliane: Marguerite de Valois. Histoire d'une femme, histoire d'un mythe. Paris 1993.

Williams, Hugh Noel: Queen Margot, wife of Henry of Navarre. New York 1907.

b) Historische Darstellungen zum Frankreich der Renaissance

Berriot-Salvadore, Evelyne: Les Femmes dans la société française de la Renaissance. Genf 1990.

Cazaux, Yves: Henri IV ou la Grande Victoire. Paris 1977.

Cazaux, Yves: Henri IV, les Horizons du Règne. Paris 1986.

Cocula-Vaillières, Anne-Marie: Brantôme, amour et gloire au temps des Valois. Paris 1986.

Delumeau, Jean: La Civilisation de la Renaissance. Paris 1967.

Haase-Dubosc, Danielle / Eliane Viennot (Hgg.): Femmes et pouvoirs sous l'Ancien Régime. Paris 1991.

Le Roy Ladurie, Emmanuel: L'État royal, 1460–1610. Paris 1987.

c) Margaretha von Valois in literarischen Werken, geordnet nach Erscheinungsjahr

Shakespeare: Love's Labour's lost. (Liebes Leid und Lust). 1598.

Urfée, Honoré d': L'Astrée. Paris 1607.

Anonym (oft fälschlich Margaretha von Valois selber zugeschrieben): La Ruelle mal assortie. In: Nouveau Recueil des pièces les plus agréables de ce temps. Paris 1644, S. 95–101.

Gédéon Tallemant des Réaux (1619–1692): Historiettes. Paris (Bibliothèque de la Pléiade) 1960. Bd. 1, S. 59: «La Reyne Marguerite».

Mérimée, Prosper: Chronique du roi Charles IX. Paris 1829.

Stendhal: Le Rouge et le Noir. Paris 1830.

Dumas, Alexandre: La Reine Margot. Paris 1852.

Mann, Heinrich: Die Jugend des Königs Henri Quatre. Amsterdam 1935.

Mann, Heinrich: Die Vollendung des Königs Henri Quatre. Amsterdam 1938.

d) Filme (nach dem Roman von Alexandre Dumas)

La Reine Margot. Regie: Jean Dréville. Mit Jeanne Moreau als Marguerite de Valois. Italien / Frankreich 1954.

La Reine Margot. Regie: Patrice Chéreau. Mit Isabelle Adjani als Marguerite de Valois.
Frankreich / Deutschland / Italien 1994.

REGISTER

kursiv: Örtlichkeiten

Diese Buchausgabe der *Manesse Bibliothek der Weltgeschichte*
wurde aus der Berthold Bembo gesetzt,
im Offset gedruckt und in Fadenheftung gebunden.
Alle verwendeten Materialien entsprechen
alterungsbeständiger Qualität, und die Papiere
sind chlor- und säurefrei.

Die Deutsche Bibliothek – CIP-Einheitsaufnahme

Marguerite ⟨France, Reine⟩ :
Geschichte der Margaretha von Valois,
Gemahlin Heinrichs IV. : von ihr selbst beschrieben;
nebst Zusätzen und Ergänzungen
aus anderen französischen Quellen /
übers. von Dorothea Schlegel.
Zsgest. und mit einer Vorr. vers. von Friedrich Schlegel.
Hrsg. und mit einem Nachw. vers. von
Michael Andermatt. –
Zürich: Manesse Verlag, 1998
(Manesse-Bibliothek der Weltgeschichte)
Einheitssacht. : Mèmoires ⟨dt.⟩
ISBN 3-7175-8222-4 Gewebe
ISBN 3-7175-8223-2 Leder

Umschlag und typographisches Konzept:
Hans Peter Willberg, Epstein